rowohlts monographien

HERAUSGEGEBEN

VON

KURT KUSENBERG

GUSTAVE FLAUBERT

IN
SELBSTZEUGNISSEN
UND
BILDDOKUMENTEN

DARGESTELLT
VON
JEAN DE LA VARENDE

ROWOHLT

Aus dem Französischen übertragen von Hans Magnus Enzensberger
Umschlagentwurf: Werner Rebhuhn
Vorderseite: Archiv für Kunst und Geschichte
Rückseite: Der Pavillon in Croisset. Foto: Ellebè

1.–25. Tausend   November 1958
26.–33. Tausend   September 1977

Veröffentlicht im Rowohlt Taschenbuch Verlag GmbH,
Hamburg, November 1958
Mit Genehmigung des Verlages Éditions du Seuil, Paris
© Rowohlt Taschenbuch Verlag GmbH, Hamburg, 1958
Alle Rechte an dieser Ausgabe vorbehalten
Satz Aldus (Linotron 505 C)
Gesamtherstellung Clausen & Bosse, Leck/Schleswig
Printed in Germany
680-ISBN 3 499 50020 5

INHALT

DAS LEBEN   7

  EIN BLONDER NORMANNE   7

  FREUNDE UND LIEBSCHAFTEN   18

  DIE GROSSEN REISEN   31

  DER ARISTOKRATISCHE BÜRGER   35

  GEMÄLDE AUS WORTEN   42

  «EIN WILDES, NÄRRISCHES LEBEN»   49

  DIE LETZTEN JAHRE   54

DIE WERKE   57

  «ERINNERUNGEN EINES NARREN» – «NOVEMBER»   57

  «ERINNERUNGEN EINES NARREN»: TEXTE   62

  «NOVEMBER»: TEXTE   65

  «DIE VERSUCHUNG DES HEILIGEN ANTONIUS»   65

  «DIE VERSUCHUNG DES HEILIGEN ANTONIUS»: TEXTE   73

  «MADAME BOVARY»   78

  «MADAME BOVARY»: TEXTE   91

  «SALAMBO»   98

  «SALAMBO»: TEXTE   109

  OFFENER BRIEF AN M. FROEHNER   111

  «DIE SCHULE DER EMPFINDSAMKEIT»   115

  «DIE SCHULE DER EMPFINDSAMKEIT»: TEXTE   123

  «DREI ERZÄHLUNGEN»   125

  «EIN EINFACHES HERZ»: TEXT   136

  «DIE LEGENDE VOM HEILIGEN JULIAN DEM GASTFREIEN»: TEXT   136

  «HERODIAS»: TEXT   139

  «BOUVARD UND PÉCUCHET»   142

  «BOUVARD UND PÉCUCHET»: TEXT   146

ZEITTAFEL   150

ZEUGNISSE   151

BIBLIOGRAPHIE   154

NAMENREGISTER   165

QUELLENNACHWEIS DER ABBILDUNGEN   168

Gustave Flaubert. Zeichnung von Michel Fréchon

DAS LEBEN

EIN BLONDER NORMANNE

Gustave Flaubert gehört zu den normannischen Autoren von ganz unstrittigem Rang. Eine Schule im eigentlichen Sinn hat er nicht gegründet; dazu war sein künstlerischer Maßstab zu streng und sein Geist zu eigenwillig. Mittelbar aber hat sein Beitrag zur Romandichtung allerhöchste Bedeutung erlangt. Durch ihn kam der Stand des Romanschriftstellers zu neuer Würde: er wurde zum Wortführer der menschlichen, philosophischen und geschichtlichen Errungenschaften, die das späte 19. und das beginnende 20. Jahrhundert auszeichnen. Die besten Romanciers Frankreichs und aller anderen Nationen haben der Geisteshaltung und Bewußtseinsschärfe Flauberts noch immer, noch da, wo sie sich von ihm lossagen, viel zu verdanken.

Geboren wurde Gustave Flaubert am 12. Dezember 1821, unter der Restauration also, im städtischen Krankenhaus zu Rouen, wo sein Vater als Chirurg tätig war. Er stammte aus einer Familie von Bürgern und Ärzten. Unter seinen Vorfahren findet man einen Wundarzt, fünf Tierärzte und drei Maréchaux-experts, das heißt praktische Ärzte, die gleichzeitig als Hufschmiede arbeiteten. Und diese medizinisch geschulten Hammerschmiede passen gut zu ihm.

Sein Vater, Achille-Cléophas Flaubert, wurde 1784 geboren; er stammte aus der Champagne, besuchte das städtische Gymnasium zu Sens und studierte Medizin in Paris. Er war arm, doch seine Leistungen waren so glänzend, daß er bald ein Stipendium erhielt. Dupuytren, bei dem er praktizierte, nahm seine angegriffene Gesundheit zum Anlaß, ihn zur Übersiedlung in die Provinz zu bewegen – ob aus Bewunderung oder Berufsneid ist schwer zu sagen; er veranlaßte seine Ernennung zum Vorstand der Anatomie in Rouen; hier arbeitete Cléophas Flaubert als chirurgischer Assistent bei Dr. Laumonier, dem er 1818 ins Amt folgte.

Dieser Dr. Flaubert war ein hervorragender Arzt und zählte zu den Kapazitäten seiner Zeit. Seine Tatkraft, sein sicheres Auftreten und sein hohes Pflichtgefühl bildeten eine ganze Generation von Ärzten heran; man brachte ihm eine Verehrung entgegen, wie sie nur eine sehr entschiedene Persönlichkeit, eine große Seele und überlegene Sachkenntnis eingeben können. Er selbst war von einem Jähzorn, gegen den nur sein gutes Herz aufkommen konnte. Sein Geschick und seine Gewissenhaftigkeit wogen die technischen Mängel der damaligen Medizin auf. Hingabe und Selbstlosigkeit machten ihn zu einem Vorkämpfer seines Berufs und bewahrten ihn vor dem Schicksal des ärztlichen Routiniers.

Als wohlhabender und angesehener Mann wurde er 1824 wegen seiner atheistischen Haltung angezeigt; aber selbst die Polizeiakten mußten noch seine persönlichen Qualitäten und die hohe Achtung zubilligen, die man ihm überall entgegenbrachte. Er starb früh, 1845, im Alter von 61 Jahren. Die Hafenarbeiter von Rouen baten um die Ehre, seinen Sarg zu tragen.

Flauberts Mutter, Caroline Fleuriot, 1794 geboren, war gleichfalls die Tochter eines Arztes, eines Dr. Fleuriot aus Pont-Lévêque. Er galt als royalistischer Schwärmer. Seine Frau soll er aus dem Kloster entführt haben. Diese Frau, Camille Cambremer de Croixmare, starb bei der Geburt ihrer Tochter, und ihr Mann überlebte sie nur um kurze Zeit.

Der Name Croixmare, den Flauberts Nichte aus Snobismus annahm, und der Flaubert später selbst anhing, hat nichts mit dem Adelsgeschlecht gleichen Namens zu tun, das tatsächlich zu den ältesten der Normandie gehört. Die Cambremer trugen ihn als reinen Herkunftsnamen, er bezeichnete keine Verbindung zur Aristokratie. Immerhin war die Mutter von Camille eine geborene Fouet; und die Fouets waren eine Familie königlicher Staatsanwälte, von denen einer ein adeliges Amt kaufte und den Namen de Crémanville

Geburtshoroskop für Flaubert

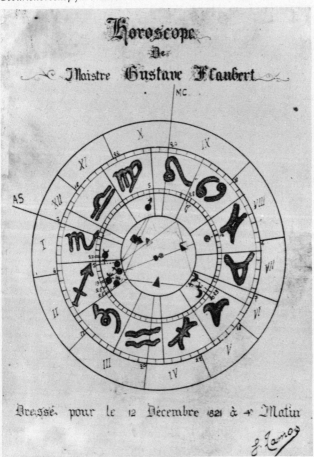

Der Vater: Doktor Achille-Cléophas Flaubert

annahm; er trat als Edelmann auf und heiratete in zweiter Ehe eine gewisse Danycan d'Annebault, die aus einer vornehmen Familie der normannischen Küste stammte. Aus ihm machte Flaubert später den Marquis de Grémanville in *Ein einfaches Herz (Un Cœur simple)* und den Grémonville aus der *Schule der Empfindsamkeit (L'Éducation sentimentale)*. Dies sind seine einzigen verwandtschaftlichen Beziehungen zu einer Welt, die er nur als Karikatur zur Kenntnis nehmen und beschreiben wollte.

Die Mutter. Zeichnung von Franz Xaver Winterhalter

Die Tochter des Dr. Fleuriot wurde als Waise in einem Nonnenkloster aufgezogen. Später nahm ein Verwandter namens Laumonier sie auf; dort lernte der Vater Flauberts sie kennen und heiratete die Achtzehnjährige. Sie besaß ein ansehnliches Bauerngut in der Landschaft Auge, das 5000 Livres Pacht einbrachte, mehr als 5000 Mark heutigen Geldes.

Die junge Frau scheint sich am Freidenkertum ihres Gatten nicht gestoßen zu haben. Durch ihren Aufenthalt im Hause Laumonier, einer aufgeklärten Familie, hatte sie offenbar selbst ihren Glauben verloren. Die Kinder wurden zwar getauft, und M. de Poittevin, der Vater des späteren Freundes von Gustave und der Mutter von Guy de Maupassant, stand Taufpate bei dem jungen Flaubert. Aber es ist unwahrscheinlich, daß die Kinder des Dr. Flaubert jemals zur Erstkommunion gegangen sind.

Caroline Flaubert war eine freundliche, vornehme, zurückhaltende Frau; sie war ihrer Familie sehr zugetan, ein wenig in sich gekehrt, rechthaberisch im späteren Alter. Gustave liebte sie über alles; auch lebte sie als alte Frau nur noch ihrem Sohn und ihrer Enkelin. Von ihnen betrauert starb sie 1872. Flaubert gehört psychologisch einem Typus an, der immer seltener wird:

dem Typus des alternden Sohns mit künstlerischer Begabung, der sich von der Welt mißverstanden, aber von seiner Mutter behütet fühlt.

Von seinen fünf Geschwistern blieben nur zwei am Leben. Der um neun Jahre ältere Achille spielte kaum eine Rolle im Leben von Gustave. Er war weiter nichts als ein blasses Abbild seines Vaters, dessen Stelle im Krankenhaus von Rouen er übernahm, und er war sich seiner eigenen Mittelmäßigkeit bewußt. Seine Schwester Caroline dagegen, um drei Jahre jünger als Gustave, war unzertrennlich mit ihrem älteren Bruder verbunden; und dieses Verhältnis zärtlicher Zuneigung blieb auch später bestehen. Caroline war als erste von der Größe ihres Bruders überzeugt. 1845 verheiratete sie sich mit Émile Hamard. Sie starb, wie ihre Großmutter, bei der Geburt ihrer Tochter – der späteren Madame Commanville, Flauberts geliebter Nichte. Flaubert war von ihrem Tod tief betroffen, um so mehr, als sein Vater kurz vorher gestorben war. Der Tod der Brüder hatte schon vorher einen Schatten über die Familie geworfen. Schwer ließ sich nun die Trauer herab.

Das Geburtshaus tat ein übriges, um Gustave in seiner Neigung zur Schwermut noch zu bestärken. Das Krankenhaus, in dem die Familie einen Seitenflügel bewohnte, ist ein Gebäude, das noch heute bedrückend wirkt. Ein bedrohlicher Hang zur Grübelei hat sich hier in Flaubert entwickelt, etwas Verschlossenes, Düsteres und die Liebe zum Schweigen.

Das Krankenhaus zu Rouen

Die ganzen Jahre ihrer Entwicklung hindurch wirkte dieses Haus des Leidens auf die Kinder. Gustave und Caroline hatten zudem noch ein besonderes Spiel erfunden: heimlich pflegten sie auf das Gitter zu klettern, hinter dem der Anatomiesaal lag, und beobachteten aus ihrem Versteck die Autopsien, die ihr Vater vorzunehmen hatte. Schmerz und Tod standen über dem riesigen Bau; die Eltern kannten keine Fröhlichkeit. Wenn die Kinder ihren Vater zu Gesicht bekamen, war er noch erhitzt und erschöpft von seinem Kampf gegen den Tod, in dem er öfter unterlag als siegte. Morgens um sieben Uhr trat Dr. Flaubert zum Gefecht an, und er gönnte sich keine Schonung, bis es zu Ende geführt war. Das Mitgefühl für seine Kranken stumpfte niemals ab, und stets nahm die ganze Familie Anteil an seinen ärztlichen Sorgen.

So kann man vielleicht sagen, daß der Beruf seines Vaters dem Dichter Flaubert den scharfen Blick für die Wirklichkeit, die Fähigkeit zur Diagnose und die materialistische Grundhaltung vermittelt hat; daß Gustave als Mensch dem Arzt Flaubert seine Zähigkeit verdankte, seine Achtung vor der Arbeit und einen gewissen sublimierten Fatalismus. Flaubert hat ihn dargestellt in der Figur des Dr. Larivière, der beim Tod der Madame Bovary auftritt.

Als Kind war Gustave schwierig. Er galt als ein bißchen «zurückgeblieben». Trotzdem waren diese Jahre fröhlicher, als man annehmen möchte. Man weiß von Theaterstücken, die Gustave schon im Alter von neun Jahren verfaßt und im Billardzimmer der elterlichen Wohnung aufgeführt hat. Julie, die treue Haushälterin, die 52 Jahre lang in der Familie diente, erzählte ihm mancherlei Geschichten: ein Nachklang von ihr taucht später in *Ein einfaches Herz* wieder auf. Auch der alte Mignot sorgte dafür, daß ihm der Stoff zum Nachdenken nicht ausging, indem er ihm von seinen Büchern erzählte; er war ein Pensionär, wie man sie in Kleinstädten findet, der sich ganz aufs Lesen verlegt hatte und sich gerne reden hörte. Dem «Vater Mignot» verdankte Flaubert seine erste literarische Begeisterung, sie galt dem «Don Quijote». Er schloß in dieser Zeit Freundschaft mit Ernest Chevalier, den er von da an sein ganzes Leben lang nicht mehr aus den Augen verlor.

Eines Verwandten ist noch zu gedenken, der rasch Einfluß auf den Knaben gewann: des Onkels Parain, lustig und leichtsinnig, liederlich sogar, der Gustave in seinem Künstlertum, aber sicherlich ebenso in einer gewissen Zügellosigkeit bestärkte. Man kann ihnen nicht genug mißtrauen, diesen Onkeln, die keine elterliche Verantwortung tragen, aber ihren Spaß an dem frühreifen Neffen haben und ihn in seinem Vorwitz ermutigen.

Immerhin muß angemerkt werden, daß der Onkel Parain Goldschmied war und daß die Familie Flaubert einmal im Jahr zu ihm nach Nogent-sur-Seine auf Besuch kam. Ich halte das für sehr wichtig: hier fand Gustave Geschmack an Juwelen, an edlen Metallen, an Gold, an Glanz und Pracht. Schon Rouen hatte mit seinem vielfältigen, ungewöhnlichen Antlitz auf Flaubert gewirkt, wobei der stoffliche Reiz den formalen überwog, denn Sinn für Form schien Flaubert nur auf literarischem Gebiet zu haben; erst in der Werkstatt dieses Goldschmieds festigte sich, wie ich glaube, die Vorliebe des Knaben für das Glänzende, Seltene, Ziselierte. *Salambo* ist ein Widerhall aus Nogent-sur-Seine, und es ist merkwürdig, daß man darauf bisher so wenig geachtet hat.

Das Gymnasium von Rouen hat mächtig, mehr als alles andere, auf den heranwachsenden Knaben eingewirkt, mit einer geradezu erschreckenden

Der Garten des Krankenhauses in Rouen. In einem Seitenflügel des Hospitals lag die Wohnung der Flauberts

Gewalt. Es läßt sich daran ermessen, wie wichtig die Wahl der Schule ist, die sich so oft durch reine Zufälle entscheidet. Zum Glück hat Gustave diese Schule nur als Externer besucht; das Leben im Internat hätte er wohl kaum ertragen. Mit elf Jahren, erheblich verspätet also, trat er in die Sexta ein. Hier erfaßte ihn zum erstenmal ein Gefühl der Minderwertigkeit, gleichzeitig aber auch der Überlegenheit über andere. Er fühlte sich schikaniert, mißverstanden und zugleich getragen von seiner Größe, der Weite seines Geistes, über die anderen erhoben durch seinen Protest und seine Ironie. «Sein Hirn ist zu groß, das verwirrt ihn...» Zum Teil hatte seine Schüchternheit hier ihren Ursprung – und sein früher Ekel vor dem Leben. Es war eine Umwelt, die später, in den höheren Klassen, morbide Züge für ihn annahm, sich in allerlei Fiebrigkeiten, Verdrängungen und Schwärmereien hineinsteigerte. Einige Schüler begingen Selbstmord; andere kamen bei Ausschweifungen ums Leben. Die Kunst blieb das einzige, was Respekt gebieten konnte; aber seltsamerweise eine gestrige, verzerrte Kunst, die erkaltete Schlacke der Romantik. Davon hat Flaubert sich erst nach seiner Schlußprüfung freimachen können, die er spät, mit neunzehn Jahren, 1840 ablegte. Er bot damals das Bild eines illusionslosen, verbitterten jungen Mannes von unbedenklicher Sinnlichkeit (aus reinem Trotz hatte er schon mit fünfzehn Jahren seine ersten Liebeserfahrungen gemacht), der vorwiegend intellektuell beschäftigt war, mit der Literatur, der Geschichte, mit einem willkürlichen Studium, dem er selbst kein festes Ziel setzte. Er war ein überdurchschnittlicher Schüler. Schließlich, gegen Ende seiner Schulzeit, kam seine Chance: er bekam Chéruel, einen Anhänger von Michelet, als neuen Geschichtslehrer, einen leidenschaftlichen Redner, der in seinen Stunden frei und schwungvoll vorzutragen pflegte. Flaubert erhielt im selben Jahr noch den ersten Preis für Geschichte. Seine Prüfungsarbeit hatte den Rang einer Dissertation.

Die grausame Schulzeit, seine Vereinsamung aber hatten ihn schwer und nachhaltig vergiftet. Er lebte nun nur noch für sich allein. Die ständigen Quälereien hatten seinen Hang zur Einsamkeit verstärkt, und in dieser Einsamkeit kam er ins Sinnieren und Phantasieren. Das war in ihm angelegt, aber es wurde übermächtig im Alleinsein: und je tiefer er in diese Isolation geriet, desto mehr verrannte er sich in die Phantasiewelt, die er sich selbst geschaffen hatte. Es war eine Schraube ohne Ende. Aus dem freundlichen Kind war ein zorniger Jüngling geworden, der unerbittlich, rasch, ein für allemal sein Urteil fällte. Es waren, wenn man so will, seine «Flegeljahre», aber er entwuchs ihnen sein ganzes Leben lang nicht mehr; und das unsichere, stets bedrohte Vertrauen auf seine Überlegenheit verstärkte den Zwiespalt noch. Sein abgrundtiefer Haß auf die Bourgeoisie entstand in diesen Jahren, in denen er bei sich selbst Zuflucht suchte und sich zurückzog aus einer Umgebung, die ihm zuwider war und ihn ihre Mißbilligung spüren ließ.

Seine auffallende Schönheit brachte ihm Komplimente ein, die ihn kalt ließen. Er war ein hochgewachsener Normanne, blond, mit einem regelmäßigen, frischen Gesicht, blauen Augen und weichem Haar. Sein hoher, schlanker Wuchs war apollinisch; seine Schönheit konnte eine Art von Begeisterung erregen: als er eines Abends mit seiner jüngeren Schwester das Theater betrat, klatschte man ihnen spontan Beifall. In späteren Jahren nahm er zu, sein Gesicht rötete sich, rasch verlor er sein schönes Haar, das er schulterlang, «à la Béranger» zu tragen pflegte. Seine Augen weiteten sich und bekamen Tränensäcke, ein Schnauzbart vergröberte sein Gesicht. Hatte einst seine Schönheit etwas Rührendes, so konnte er jetzt leicht lächerlich wirken. Madame Alphonse Daudet schrieb: «Er war nicht eben bäurisch, aber doch recht gewöhnlich, mit einem offenen Blick aus blauen Augen, der liebevoll und zart war.» Und Maurice Dreyfous: «Zwei Augen von einem zarten Blau, die guten Augen eines großen Hundes, sehr zärtlich und voller Kraft.» Und Taine: «. . . die schweren Augen eines Stiers.» Und Roujen: «. . . Seine großen Bauernaugen.» Zuletzt Émile Bergerat: «Augen von auffallender Zartheit, weite Kinderaugen, blau, klar und gut, beschattet von sehr langen goldenen Wimpern.»

Flaubert als Knabe, nach einer Zeichnung seines Bruders Achille

Der Neunjährige.
Zeichnung von E. H. Langlois, 1830

Seine Unerfahrenheit und sein Zynismus standen im Widerstreit miteinander und warfen ihn immer wieder aus dem Gleichgewicht; und dieser Mangel an Balance war es wohl, was ihn so schüchtern machte. Vielleicht war er auch von seiner Nervosität geängstigt und hat so das Vertrauen auf seine männliche Kraft verloren. Es kam hinzu, daß sich seine jugendliche Begierde fehlleiten ließ und sich am Phantastischen zu sättigen begann; die lebendigen Bilder seiner Phantasie entfremdeten ihn der Wirklichkeit. Nichts als Bitterkeit und den Geschmack von Asche lernte der blonde Normanne kennen, er, der über die Geschmeidigkeit eines wilden Tiers und eine gebieterische

*Gustave Flaubert.
Anonymes Gemälde*

Gestalt verfügte, die in allerlei fremdländischen Kostümen erst recht zur Geltung kamen: Flaubert hatte nämlich eine Neigung zum Dandytum. Er verwandte große Sorgfalt auf seine Kleidung und kaufte nur bei guten Schneidern. Dieser wuchtig gebaute Mann pflegte sich aufs ausgesuchteste, badete täglich, duftete nach Eau de Cologne. Nichts durfte an den schlechtgewaschenen jungen Mann mit den Kopfschuppen erinnern, an den Pauker, den Unermüdlichen. Für die Leute in Rouen war er der «Herr in Rot», der Mann, der den «Saruel» trug, die Türkenhose, die aufreizende persische Gandhura, oder auch «ein hünenhafter Mann mit hochrotem Gesicht und einem

*Gesamtansicht von Rouen.
Lithographie von Daniaud (1845)*

Schnurrbart wie ein mongolischer Krieger, sehr herausgeputzt, mit wunderschöner Wäsche und sogar einer kleinen Andeutung einer Hemdkrause[1], der mit funkelnden Lackstiefeln knarrend über die Wiesen läuft...» (François Coppée).

Flaubert war nicht etwa auf Eroberungen aus, aber seine Erscheinung gefiel ihm und gab ihm Sicherheit. Er schmeichelte sich, wie ein Wilder auszusehen; er wollte am liebsten einer sein.

Aber er liebte den Komfort. Der schöne junge Mann hatte immer genug zum Leben und zum Vergnügen. Er änderte seinen vornehmen Lebensstil auch nicht, als er sich dadurch fast ruinierte; im übrigen hatte der Arzt Flaubert seine Kinder großzügig versorgt. Sein Sohn hatte kaum unter Dürftigkeit zu leiden und hatte es nicht nötig, armselige Berechnungen anzustellen, um «auszukommen». In Paris lebte er als Sohn aus gutem Hause. Seine Reisen kosteten ihn später ein Vermögen. Er fiel durch seinen Snobismus auf, und sei es nur den der melancholischen Geste. In der Provinz von 1840 galt es als schick, sich traurig zu geben. Übrigens hat er selbst erkannt, welchen Anteil die Eitelkeit an dieser Trauer hatte. Er schrieb: *Vorsicht. Es macht Vergnügen, sich zu ärgern. Man läßt sich da leicht gehen.*

Freunde und Liebschaften

Seine literarische Begabung war früh entwickelt und sehr fruchtbar. Sie wies auf eine große Zukunft voraus: er war Schriftsteller von Anfang an. In Nachbildungen und Bearbeitungen vorgegebener Stoffe trat sie zuerst her-

---

[1] Gewöhnlich dem Adel vorbehalten.

vor, ohne Selbständigkeit des Gedankens noch, aber schon gezeichnet von einem eigenen Ausdruckswillen, von der Besessenheit des Stils. Und das ist schon echt Flaubert: der Stil ist wesentlicher als jeder gedankliche Inhalt. Im Billardzimmer in Rouen wurden *L' Amant avare* und *Poursognac* von Gustave Flaubert erstaufgeführt. Im Alter von elf Jahren schon reizte ihn die Geschichte: von einem Schüler in der ersten Klasse ließ das in der Tat manches erwarten. 1835 schrieb er ein Schultagebuch von merkwürdigem Ernst, das er geheimhielt. In den folgenden Jahren entstanden: *Matteo Falcone* (oder *Deux Cercueils pour un proscrit*), *La Mort de Marguerite de Bourgogne*, *Le Portrait de Lord Byron* (1836) und die Novellen *Deux Mains sur une couronne*, *Un Secret de Philippe le Prudent*, *Le Parfum à sentir*, *La Femme du monde*, *Une Chronique Normande au Xe siècle*, *La Main de Fer* und *Rêves d'Enfer* (1837).

Endlich erscheint im «Colibri», einer Lokalzeitschrift, die erste Veröffentlichung: *Une Leçon d'histoire naturelle, genre commis*, und etwa zur selben Zeit *Der Büchernarr (Bibliomanie)*, zwei Novellen. Im selben Jahr verfaßt er ein Schauspiel in fünf Akten *Louis XI* und zwei Novellen: *Passion et Vertu* und *Quidquid Volueris*. 1839 folgen *Agonies*, *Pensées sceptiques*, *Danse des morts* und schließlich *Erinnerungen eines Narren (Mémoires d'un fou)*, eine Erzählung, die bei aller Unlesbarkeit bleibende Qualitäten hat. Dann, während seiner Vorbereitungen auf die Schlußprüfung (1839/40), entstanden *Smarh*, *Rome et les Césars*, *Rabelais* und *Les Funérailles du Docteur Mathurin*.

Allein an der Zahl dieser Arbeiten, zu denen noch eine Reihe von lateinischen Übungsstücken hinzukommt, läßt sich die jugendliche Kraft dieses Geistes ablesen.

Alle diese Stücke zeigen noch eine romantische Überspannung, etwas Aufgeblähtes; sie entstanden unter dem Druck eines Gärungsprozesses, der nach außen hin nirgends ein Ventil fand. Flauberts innere Einstellung des Widerstands, der Empörung prägte sich unter diesem Druck immer deutlicher aus. Immer mehr vertiefte sich der Riß zwischen ihm und seiner Umgebung, seiner Umwelt.

Seine Empfindlichkeit erreichte nun ein fast krankhaftes Maß. Sein Hochmut steigerte sich so weit, daß jede Bewegung ins Stocken kam. Mit Stolz und Scham zugleich betrachtete er seine literarischen Arbeiten. Bei jeder Anspielung auf seine heimliche Beschäftigung stieg ihm das Blut zu Kopf. Alle, die an dieser Schwäche ihren Spaß hatten, wurden zu seinen Feinden. Auch hat er über sich sehr strenge Urteile hören müssen. Bourdet de Vallée sagte einmal: «Gustave? Der hat nur eines im Kopf: einen Hanswurst aus sich zu machen . . .»

Seine Erholungsreisen hätten ihn, sollte man denken, zerstreuen und ablenken sollen. Aber ihre Wirkung hielt immer nur kurze Zeit an und vermochte nicht, ihn zu einer beständigen Ausgeglichenheit zu bringen. Dr. Flaubert hat anscheinend selbst nach einem Ausgleich für die schädliche Krankenhausluft gesucht und mit Sorgfalt für seine Familie freundliche und ruhige Orte der Erholung ausgewählt. So kam Gustave, lange noch vor seinen großen Reisen, in die ländliche Stille und an den Strand von Yonville, einer Villa in der weiteren Umgebung von Rouen, nach Croisset, einem großen, fast schloßartigen Landhaus am Seineufer, ins Seebad Trouville, das damals schon in Mode war. In Trouville wohnten die Flauberts im Hotel, obwohl sie in Deauville (am gegenüberliegenden Ufer) ein eigenes Grundstück besaßen. Croisset wurde später zu einer wichtigen Station in der geistigen Entwicklung Gustaves: dorthin zog er sich zurück, um seine großen Werke zu schreiben. In Trouville ergab sich auch Gelegenheit für die ersten flüchtigen und rein platonischen Liebesgeschichten. Schließlich ist noch Nogent zu nennen, wo er seinen Onkel Parain wiedersah.

Dann kam Paris. Nach der Schlußprüfung an der Schule verging fast ein ganzes Jahr scheinbarer Untätigkeit über eigenen Studien und Versuchen. Er immatrikulierte sich zwar an der Juristischen Fakultät der Sorbonne, denn so war es von der Familie entschieden worden: Achille sollte die Laufbahn seines Vaters einschlagen, Gustave ein juristisches Brotstudium anfangen – ein Arzt und ein Anwalt, das schien das Rechte für eine wohlgeordnete bürgerliche Familie zu sein. Aber Gustave blieb fast die ganze Zeit über in Rouen; es war ihm bereits klar, daß die Jurisprudenz für ihn niemals mehr sein würde als ein saurer Broterwerb, und der Gedanke daran wurde ihm mehr und mehr zuwider.

«Am 2. März (1842)», schreibt René Dumesnil in seinem ausgezeichneten Buch über Flaubert, «wird Gustave Flaubert, Student der Rechte aus dem Jahrgang 1841, 1,81 groß, auf Grund der Nummer (548), die ihm zufällt, vom Militärdienst befreit.»

War das ein glücklicher oder ein verhängnisvoller Zufall? Jedenfalls übersiedelte er nun endlich nach Paris, nahm sich ein Zimmer in der Rue de l'Odéon und stürzte sich in die Lektüre juristischer Bücher, die ihn mehr und mehr anekelten, so daß er schließlich vom Juliexamen zurücktrat und nach Trouville, wo ihn seine Familie erwartete, zurückfuhr. Im Dezember holte er die Prüfung nach. Er wohnte damals in der Rue de l'Est, der heutigen Rue Denfert-Rochereau. Vor seinem Fenster lag der Jardin du Luxembourg, aber

20

Das Landhaus der Familie Flaubert in Déville-les-Rouen (1825–45)

er hatte keine Freude daran. Die Schönheiten der Natur waren ihm ziemlich gleichgültig. Er haßte Paris, er fühlte sich unruhig und eingesperrt; oder genauer: ungeborgen. Noch wurzelte er erstaunlich tief im Boden der Provinz.

Nach seinem Austritt aus der Schule durfte er eine Ferienreise nach Korsika unternehmen; er wurde von einer gewissen Familie Cloquet, einem Arzt und seiner Frau mitgenommen. Seine Begeisterung hielt sich in Grenzen.

Vertraute Freunde boten ihm nun eine Zuflucht. Bei ihnen gewann er sein Selbstvertrauen zurück, seine Zuversicht, die sich vor den Philistern verflüchtigte. Wie die Schüchternheit eigentlich entsteht, hat noch niemand genau genug untersucht; und doch gehört dieses Versagen des eigenen Verstandes, dieses Irrewerden des Gefühls zu den schmerzlichsten Erfahrungen des heranwachsenden Menschen. Gewöhnlich erklärt man sie so, daß man sagt, der Betreffende sei durch den Umgang mit Unbekannten, durch eine Zumutung, in seinem Stolz und seinem Selbstgefühl verletzt worden. Aber das ist nur die halbe Wahrheit: auch physische Faktoren kommen dabei mit ins Spiel, am ehesten solche nervöser Art. Das Lampenfieber, die gesteigerte Form der Schüchternheit, scheint direkt abhängig zu sein von der Zahl der Zuhörer, ihrem Rang und ihrer Wichtigkeit. Diese Erfahrung tritt bei manchen auch in der Umkehrung auf, als ein Berauschtsein, das oft unvermittelt in den Zustand der Bedrückung umschlägt. Jedenfalls sieht es so aus, als könnten nur körperliche Mittel gegen das Lampenfieber etwas ausrichten;

alles Zureden hilft da weniger als ein doppelter Cognac oder eine kleine Massage. Eine freundliche Unterhaltung wirkt vielleicht auch, aber mehr durch eine Entspannung der Nerven, als durch den Sinn dessen, was gesagt wird.

Mit allen möglichen Stärkungsmitteln, mit Alkohol, Tabak und heißen Bädern versuchten seine Freunde die lähmende Überreizung zu beruhigen, die seltsame Wunde zu lindern, und die Erleichterung, die er bei ihnen fand, erklärte zu einem Teil die Treue, die er seinen Freunden hielt; er brauchte ihren Umgang wie eine heilsame Arznei.

Hier machte sich besonders die Wirkung von Le Poittevin mit seiner Zuverlässigkeit und seiner unerschütterlichen Autorität geltend. Er war eine grüblerische Natur mit einem Hang zum Tiefsinn, dabei von vornehmem Wesen und ohne die verletzenden Ausfälle von Gustave. Flaubert hatte vor ihm eine so hohe Achtung, daß die Neigung seines Freundes zur Melancholie und zum Pessimismus schließlich auch auf ihn abfärbte. So teilte Le Poittevin diesem jungen Geist seine eigene kritische Grundhaltung mit, über den er, um fünf Jahre älter, eine leicht erklärliche Macht hatte. Er war lange Jahre hindurch mehr sein Lehrer als sein Vertrauter.

Auch seine Schwester war ihm eine ständige Stütze, weniger bei seiner literarischen Arbeit, die ihr unzugänglich blieb, als durch ihre liebende Anteilnahme für den Bruder. Die Briefe, die Gustave an sie richtete, zeigen, wie eng sie einander verbunden waren. Eine ganz andere Seite von Flaubert kommt darin zum Vorschein: das gute Herz, das nie aufgehört hat, in diesem literarischen Vivisekteur zu schlagen. Es ist wirklich so: der reizbare, angriffslustige Flaubert hatte einen Doppelgänger: einen einfältigen, empfindsamen und liebevollen Menschen.

Chevalier war ein Freund, dem er immer mit vollem Vertrauen entgegenkam; mit Louis Bouilhet, der sich später in allen Kämpfen auf seine Seite stellte, und für den er, solange er lebte, eine unverbrüchliche Zuneigung hegte, schloß er erst im Jahre 1844 Freundschaft.

Ein Jahr vorher war in seinem Leben eine sehr umstrittene Gestalt aufgetaucht. Alle Anhänger von Flaubert sprechen von ihm mit offener Verachtung und strenger Mißbilligung: Maxime Du Camp. Leichtfertigkeit und Strebertum wirft man diesem jungen Mann vor und spricht ihm jede Begabung ab. Das ist nicht richtig. Er war vielleicht kein sehr tiefer oder ursprünglicher Kopf, aber er hatte einen weiten Horizont, eine rasche Auffassungsgabe und ein bemerkenswertes Formgefühl. Ein Mann, der von Flaubert schrieb: «Sein Geist verfügte irgendwie über ein System von Linsen, das alle Dinge vergrößerte . . .» war mehr als ein schwatzhafter Hohlkopf. Außerdem ist kaum anzunehmen, daß Flaubert, der so mißtrauisch und vorsichtig war, sich ganz und gar in ihm getäuscht haben sollte; um so mehr, als seiner eigenen Zuneigung für Du Camp später auch die von Bouilhet folgte, eines fast zu empfindlichen, dünnhäutigen Mannes! Was man Maxime Du Camp nie verziehen hat ist seine gesellschaftliche Gewandtheit, die sich neben dem ungehobelten Flaubert wie süffisante Überheblichkeit ausnehmen mußte. Nicht alle Menschen sind eben für ein Einsiedlerleben geschaffen; nicht alle wollen das Leben nur von außen betrachten . . . Maxime Du Camp ist in die Académie aufgenommen worden: darüber kommt man nicht hinweg. Daß er schließlich zeit seines Lebens auf Flaubert eifersüchtig gewesen sei, auch

Flauberts Schwester Caroline

dieser Vorwurf scheint mir nicht genügend belegt. Er erkennt Flaubert «mehr Talent als Genie» zu, was verständlich wird, sobald man bedenkt, wie genau er in die Ängste seines Freundes eingeweiht war, in seine Gewissenskämpfe, die dieser, auch seiner Dichtung wegen, mit sich ausfocht. Um 1840 herum, der Epoche Victor Hugos, galten Fruchtbarkeit und Selbstsicherheit als Maßstäbe für das Genie eines Mannes. Maxime Du Camp mußte einfach über den Schwächen Flauberts die außergewöhnliche Spannweite dieses Geistes übersehen, die schöpferische Kraft, die Energie, die sich hinter den endlosen Korrekturen verbargen.

Flaubert verkehrte bei dem Bildhauer Pradier, dessen Arbeiten er hoch einschätzte – nicht gerade eine Empfehlung für sein ästhetisches Urteil. Er wurde von einem Schulfreund namens d'Arcet oder Darcet dort eingeführt, einem Schwager des Bildhauers. Dieser d'Arcet starb früh; mit seinem Bruder indessen, Jean, der später Mitglied der Académie des Sciences wurde und ein dem Schriftsteller ebenbürtiger Kopf war, schloß Flaubert nähere Bekanntschaft. Pradiers Frau mag zu der Gestalt von Emma Bovary einige Züge beigesteuert haben.

Bei Pradier lernte Flaubert Victor Hugo kennen; die blinde und echt provinzlerische Bewunderung, die er ihm zollte, grenzte schon beinahe an einen Kult.

Seine ersten Liebschaften zeigen ihn noch als einen unverdorbenen Jungen: es waren platonische Verhältnisse, die seinen inneren Zwiespalt noch mehr vertieften. Für sein ganzes späteres Leben waren sie von großer Bedeutung: Flaubert war als Liebhaber so treu wie als Freund.

Ihr Schauplatz war – wie könnte es anders sein – die Sommerfrische, wo Flaubert sich aus seiner Selbstbesessenheit lösen und entspannen konnte. Das Mädchen seiner ersten, harmlosen Zuneigung – kaum daß es zu einem Flirt kam – war die Tochter des englischen Marineattachés in Frankreich, Henriette Collier. Es war eine Idylle der Unschuld und der großen Gefühle; später, im Gymnasium, wollte sie der fünfzehnjährige Zyniker nicht mehr wahrhaben und hütete sich, darüber zu sprechen.

Dann aber traf ihn die Leidenschaft wie ein Blitzschlag: er begegnete Élisa Foucault, genannt Schlésinger. Sie lebte mit dem Geschäftsmann Maurice Schlésinger zusammen und galt als dessen Frau. Geheimnisvolle und romantische Begebenheiten in ihrem Leben umgaben sie mit einem Hauch von Trauer; anläßlich der *Schule der Empfindsamkeit* werden wir darauf zurückkommen. Ihr Ernst muß sie mit einem poetischen Glanz umgeben haben, der neben der Roheit ihres falschen Ehemanns noch stärker zur Geltung kam. Sie war sehr schön. Flaubert sehnte sich nach einer Verbindung mit ihr, nach ihrer Gegenliebe, ohne selbst allzu fest daran zu glauben. Er spürte ihren Widerstand und sah ein, daß eine Erfüllung unmöglich war. Doch immer blieb diese Frau von 26 Jahren für ihn die große Liebe, zu der er aus dem Taumel zurückkehrte, die ihn in ein höheres, übermenschliches Reich der Liebe versetzen konnte. Diese Madame Schlésinger ließ ihn niemals den Glauben an die Frau verlieren, an die Möglichkeit einer heiligen, romantischen Liebe. Sie vertrat in ihm die Zentralfigur des romantischen Ichverständnisses, das Heiligtum, das auf dem Altar der Seele verehrt wird. Es läßt sich gut denken, daß er sie im Augenblick der Erfüllung verlassen hätte, um sich diese Hoffnung zu bewahren, dieses Vertrauen und den Glauben an ein himmlisches Glück im Einswerden von Seele und Leib. Élisa Schlésinger tritt in seinen Werken in verschiedener Gestalt auf: als Maria in den schwelgenden, sinnlichen Phantasien des *November* und als die zarte, feinfühlige, verstehende Marie Arnoux aus der *Schule der Empfindsamkeit*. Diese überwältigende Begegnung fiel ins Jahr 1836; daß Flaubert sich dieser Frau nach so langer Zeit noch so liebevoll und sehnsüchtig erinnerte ist ein klarer Beweis dafür, daß seine Ausschweifungen nur literarischer Art waren. In einem zügellosen Leben wäre der Eindruck einer Frau wie Élisa wohl schnell verblaßt; und das gilt noch mehr für seine anderen Begegnungen: die rührende Eulalie Foucauld, die er mit neunzehn Jahren in Marseille kennenlernte und in die er sich stracks verliebte – sie wollte in die Kolonien auswandern, gerade als er aus Korsika mit der Familie Cloquet zurückkam; oder die Tänzerin Rouchouk Hanem, die er am Nil geliebt hatte und an die er mit Sehnsucht zurückdachte. Oder auch die anderen Frauen, die in seinem Leben eine Rolle spielten. Ich glaube, daß es mit Flauberts Liebesleben nach 1850 nicht mehr weit her war; nichts jedenfalls von jener unbedenklichen Triebhaftigkeit, in der er seinen Schüler Maupassant bestärkt hat, mit einer zynischen Freude gleichsam, den kleinen Stier aus Étretat zu etwas anzutreiben, was er sich selbst versagen mußte.

Überdies trat nun seine Krankheit auf und verschärfte die nervösen Spannungen, die ihn aufrieben und bedrückten durch die quälende Angst vor ihren Anfällen. Man spricht von Epilepsie und beruft sich dabei auf Maxime

Maxime Du Camp

Du Camp, dem man gemeine Motive dafür unterschoben hat, daß er das erschreckende und zerrüttende Leiden Flauberts so genannt hat. Die Epilepsie ist ja eine der letzten Krankheiten, die immer noch als eine Schande gelten, wohl weil sie sich auf eine so brutale und extreme Weise äußert. Ich glaube nicht, daß das Wort seinerzeit einen beleidigenden Nebenton gehabt hat. Man hatte Mitleid mit den bedauernswerten Menschen, die von der Fallsucht, der heiligen Krankheit berührt, von einem bösen Geist besessen waren, aber man fand sie nicht verächtlich. Man kann heute mit einiger Sicherheit sagen, daß es sich um eine neurotische Erkrankung gehandelt hat. Damals aber hätte man ein Spezialist sein müssen, um die erschreckenden Anfälle Flauberts nicht mit der Fallsucht zu verwechseln. Auch Jules de Goncourt schrieb später, Flaubert sei an einem «epileptischen Anfall» gestorben, aber niemand wirft ihm deswegen offene Feindseligkeit gegen Flaubert vor. Dieses grauenhafte Unglück prägte sich tief in das Wesen Flauberts ein, es hatte entscheidende Wirkungen auf seine Seele und seinen Verstand wie

*Der Bruder:
Achille Flaubert.
Gemälde
von Bellangé*

auf seinen Körper und ist von erstrangiger Bedeutung für das Verständnis seiner Person.

Im Januar 1844 kehrte Gustave mit seinem Bruder aus Trouville nach Rouen zurück; er selbst lenkte die Pferde; plötzlich fiel er bewußtlos in den Wagen zurück. In Pont-Lévêque war er noch immer nicht zu sich gekommen. Der Arzt glaubte an einen Schlagfluß, wurde kopflos und ließ Gustave immer stärker zur Ader (gleichzeitig an drei Stellen), ohne zu einer richtigen Diagnose zu kommen.

Das wurde klar, als sich seine Störungen wiederholten, zu sogenannten «nervösen Anfällen» wurden: mit diesem Namen bezeichnete man damals eine ganze Reihe verschiedener Krankheiten. Ein dunkles Angstgefühl warnte den Kranken vor ihnen, so daß er sich noch rechtzeitig hinlegen und die Anwesenden vorbereiten konnte; das scheint die Annahme einer echten Epilepsie auszuschließen. Flaubert behauptete sogar, während der kataleptischen Zustände bei vollem Bewußtsein zu bleiben.

Das nahm der Krankheit einiges von ihrer Gefährlichkeit und Wucht; trotzdem wurde die Angst vor der plötzlich eintretenden Ohnmacht eine Zwangsvorstellung für Flaubert; sie hemmte ihn in jeder Hinsicht, richtete geradezu eine Wand rings um ihn auf. Ganze Monate verbrachte Flaubert mitten unter den blühenden Gärten an den Ufern der Seine, in einem freundlichen, offenen Land, ohne auch nur einmal seinen Park, sein kleines Stück Flußufer zu verlassen. Immer lieber reiste er ins Ausland, um der demütigenden Neugierde seiner Nachbarn zu entgehen. Seine Empfindlichkeit in diesem Punkt wurde so groß, daß ihn im späteren Alter ein Freund abholen mußte, wenn er auswärts essen wollte.

Sein tägliches Leben war dadurch schwer behindert; an eine Ehe war nicht zu denken. Flaubert als Ehemann ... eine absurde Vorstellung! Die ständige Bedrohung nahm ihm den Mut zu vielen Unternehmungen und hemmte ihn wohl auch in seinem Umgang mit Frauen.

Seinem Körper fehlte die Bewegung; dadurch wurde seine Lebenshaltung noch ungesunder als zuvor. Er wurde so reizbar, daß er vor Zorn schreien konnte, wenn Radiergummi oder Federmesser einmal nicht zur Hand waren. Dabei dachte er nicht daran, ein etwas vernünftigeres Leben zu führen: seine Mahlzeiten waren unmäßig, er schlang sie mit dem Heißhunger nervöser Leute hastig hinunter. Er rauchte Tag und Nacht, pflegte schwer zu trinken, untertags zu schlafen, übermäßig heiße und lange Bäder zu nehmen. Aus

Blick auf die Seine von Flauberts Pavillon in Croisset

dem schönen Knaben von früher wurde nun ein grobschlächtiger Mann mit einem mächtigen Bauch und tiefen Falten auf der Stirn, eine «Kirsche in Spiritus», wie Maupassant es ausdrückte. René Dumesnil hält es für sicher, daß er schon mit 35 Jahren an Arterienverkalkung gelitten hat.

Dazu kam noch die Unentschlossenheit des Stubenmenschen, seine Kleinlichkeit, die sich bald auch auf i n t e l l e k t u e l l e m Gebiet geltend machten. So verlor sich schließlich die geistige Überfülle und Beweglichkeit seiner Jugend, immer mehr verwickelte sich der Schriftsteller in seine Entwürfe, änderte um, formte neu, kämpfte mit jedem Satz. Die Gründe dafür sind ebensosehr in seinem Temperament wie in ästhetischen Notwendigkeiten zu suchen, nicht zuletzt auch in dem reichlichen Genuß von Brompräparaten, die bekanntlich die Fähigkeit der Verknüpfung und Assoziation vermindern.

Sein Liebeshunger fand Verständnis bei Louise Colet, einer Schriftstellerin, die 1808 in Aix geboren war. Er lernte sie bei Pradier kennen. Sie war verheiratet mit einem Preisträger des Prix de Rome für Musik, der schon lendenlahm war und in ständiger Angst vor ihren Launen lebte. Louise Colet und Flaubert paßten äußerlich gut zueinander. Auch sie war blond, groß und ein wenig beleibt. Sie gefiel ihm sofort und blieb gegen seine Werbung nicht lange taub. Ihre Bekanntschaft fällt in den Juni 1846. Sie war damals also 38 Jahre alt, Flaubert 25. Sie war schon eine berühmte Frau und hatte eine Position in der Gesellschaft, zu der ihr ihre Liebhaber mehr noch als ihre Schwatzhaftigkeit verholfen hatten. Sie war – und blieb – die Geliebte von Victor Cousin, aber auch gegen andere war sie nicht spröde. Von der Académie Française wurde sie ständig preisgekrönt, sozusagen in Anerkennung ihrer außerehelichen Rechte. Sie konnte leicht lächerlich wirken, was Flaubert dazu bestimmte, nicht mit ihr zusammen zu leben und sie nur zu kurzen Liebesstunden zu besuchen. Sie wirkte etwas zu heftig, laut und theatralisch. Spät bekam sie noch ein Kind. Alphonse Karr sprach von einer «piqûre de cousin», das ist «Mückenstich» – sobald man «cousin» klein schreibt. Louise Colet kaufte daraufhin ein Küchenmesser und stieß es ihm zwischen die Schultern. Karr rächte sich, indem er den etwas hausbackenen Dolch zusammen mit dem durchlöcherten Mantel ausstellte und dazu schrieb: «Als Geschenk von Madame Colet erhalten, in den Rücken.»

Flaubert hoffte, daß ihr rein erotisch bestimmtes Verhältnis sich durch eine geistige Freundschaft bereichern würde und daß er damit vollkommene Erfüllung finden könnte. Aber es blieb bei einseitiger Befriedigung, mehr vielleicht, als ihm lieb war; nach der anderen Seite wurde er arg mißverstanden: Louise wollte sich zum Beschützer machen für den Neuling, das junge literarische Talent ... Trotzdem überdauerte ihr Verhältnis neun volle Jahre; wir verdanken ihm den größten Teil von Flauberts Briefwechsel, einen höchst interessanten Teil überdies, weil in dieser Zeit das Genie Flauberts ans Licht zu treten begann und er sich in diesen Briefen rückhaltlos mitteilte und anvertraute. Obwohl er zuletzt auf diese Frau etwas herabblickte, entstand aus ihrer körperlichen Gemeinschaft doch auch eine Intimität in geistigen Dingen. Er hatte wohl auch das Verlangen, ihr Verständnis zu erweitern; jedenfalls half er ihr in materieller Hinsicht. Er schrieb ihr, und sobald er am Schreibtisch saß, entstand eine neue erdichtete Gestalt, die sich mühelos über den anderen Flaubert erhob: *Ich habe auf dem Papier eine Fähigkeit zur Leidenschaft* ...

Louise Colet im Reitkostüm. Gemälde von Gustave Courbet

Louise Colet war das große, sinnliche Erlebnis seiner Jugend, eine Liebschaft, hinter der sich eine Verachtung verbarg, wie sie dem großen Zyniker und Arbeiter anstand. Es war eine Verbindung, die nicht störend zwischen ihn und seine Arbeit trat, eine Verbindung ohne Schwärmerei, ohne Hingabe, ohne Hörigkeit. Sie trafen sich in Paris, in Rouen; meistens aber in Mantes, auf halbem Weg. Louise hat niemals nach Croisset kommen dürfen; dabei wäre sie so gern der alten Madame Flaubert vorgestellt worden. Ja, wenn ihr Liebhaber sie wirklich geliebt hätte . . . Aber er konnte sich niemals dazu entschließen, seine Mätresse seiner Mutter vorzuführen, so nachsichtig und großzügig die alte Dame auch war. Darüber kam es zum Bruch. Schließlich war sie, als sie Streit anfing, auch schon 47 Jahre alt und über das Alter von Liebesaffären hinaus.

Sie hat die Größe des Mannes, mit dem sie lebte, nie begriffen. Am ehesten bewunderte sie an ihm noch seine schöpferische Kraft, seine Leidenschaftlichkeit, seine Härte, aber tiefer ging ihr Verständnis nie. Erst das Erstaunen und die Bewunderung anderer brachten sie am Ende dazu, etwas von seiner seltsamen Größe zu ahnen. *Die Frau ist die Verzweiflung des Gerechten*, sagte Flaubert nach einem Wort von Proudhon.

Andere Liebschaften folgten, ein wenig verborgener jetzt, denn Flaubert nahm Gesittung an und wurde beinahe zu einem Mann von Welt. Mit Jeanne de Tourbey (oder Detourbey) hat er offenbar ein flüchtiges Liebesverhältnis unterhalten, der späteren Comtesse de Loynes, die man «die Dame mit den Veilchen» nannte und deren zarte Schönheit uns auf einigen Bildern erhalten ist. Sie war eine vielgenannte, leicht anrüchige Dame mit gesellschaftlichen Ambitionen, die einen literarischen Salon pflegte. An der Seite von Louise Colet hatte Flaubert bessere Figur gemacht. Neben der Grande Dame um jeden Preis, die er *die Wonne seines Lebens* nannte, wirkte er nun noch gewöhnlicher und bäuerlicher. Er erlaubte sich keinerlei Zwanglosigkeit mehr, wollte aus sich einen scharfsinnigen und witzigen Gesellschafter machen; sogar wenn er schrieb tat er sich Zwang an. Die ganze Geschichte war ein wenig peinlich.

Die Ungezwungenheit kehrte zurück mit der liebenswürdigen Apollonie Sabatier, der gefeierten «Präsidentin». Sie war eine kultivierte und tolerante Frau, bei der man sich Ausgelassenheiten und laute Fröhlichkeit erlauben konnte. Eine ganze Tafelrunde von literarischen Größen traf sich Sonntag abends bei ihr zum Essen; alle hatten sie gern. Von den Spitznamen, die man sich dort gab, sind einige geblieben: «Der Vater» war Victor Hugo, «der Onkel» Sainte-Beuve, «der Konnetabel» Barbey d'Aurevilly. «Sire de Vaufrilard» für Flaubert hat sich nicht gehalten; aber Gautier heißt noch immer «Théo»; Bouilhet endlich hieß «Monseigneur», und das paßte gut zu seiner urbanen und höflichen Art.

Ein ganz merkwürdiger Anfall von plötzlicher Schüchternheit entfremdete ihn mit einem Schlag der Prinzessin Mathilde[1], der man im übrigen ein sehr harmloses und umgängliches Wesen nachsagte. Er schien von ihr fasziniert zu sein; mit großen Augen pflegte er sie anzusehen, ohne den Blick abwenden zu können. Er versuchte, ihr seine Empfindung einzugestehen, aber in letzter Minute, gerade im kritischen Augenblick, der den Erfolg bringen konnte, schreckte ihn das Wagnis, eine kopflose Angst erfaßte ihn, und er, der Zyniker, wurde ausgelacht, weil er sich wie ein kleiner Schuljunge benahm. Dieses Mißgeschick fällt ins Jahr 1868, und man muß annehmen, daß er sich, obwohl er noch ziemlich jung war, nach diesem vereitelten Versuch zu einem fast völligen Verzicht entschloß: «. . . Die Frauen kümmerten ihn kaum mehr. Damit war es ein für allemal vorbei» (Émile Zola).

Mit Amélie Bosquet verband ihn nur ein Vertrauensverhältnis, eine Brieffreundschaft; sie war auch schon 57 Jahre alt, als er ihr zum erstenmal schrieb. Madame des Genettes, die Freundin von Louise Colet, war um neunzehn Jahre jünger, als sie eine Korrespondenz mit Flaubert begann, die

---

1 Prinzessin Mathilde Bonaparte (1820–1904), Tochter Jérôme Bonapartes, des jüngsten Bruders von Napoleon I.

30

*«Die Präsidentin»,
Madame Sabatier*

bis zu seinem Tode andauerte. Seine letzte Freundin endlich war George Sand, die sich von all ihren Affären und Vernarrtheiten gelöst hatte und damals schon eine abgeklärte Frau war.

Amélie Bosquet hatte ihn übrigens recht genau durchschaut: Flaubert kannte nur eine Leidenschaft, seine Arbeit, alles andere bedeutete ihm lediglich Zerstreuung und Ablenkung.

Die grossen Reisen

Seine großen Reisen waren ihm von seinem Vater schon seit seiner nervösen Erkrankung empfohlen worden, und zweifellos gab dieser väterliche Rat bei der späteren Entscheidung des gehorsamen Sohns den letzten Ausschlag. Außerdem hatte ihm die Reise nach Korsika, so ungern er sie unternommen hatte, Wohlbefinden und Erleichterung gebracht. Seine zweite derartige Unternehmung war höchst merkwürdig: Als Caroline sich mit Émile Hamard verheiratet hatte, beschloß die Verwandtschaft, sie auf der Hochzeitsreise nach Italien – wohin auch sonst! – zu begleiten. Sie wurde für die ganze Familie zu einem kompletten Fiasko. Alle langweilten sich tödlich, und der «unausstehliche Junge» war nicht der einzige, dem die Veranstaltung unerträglich wurde. Die Familie Flaubert war nahe daran, sich zu verfeinden. In diesen Jahrzehnten brachen ja überall die Familien auseinander. Der beschauliche Zusammenhalt, die Familientage zu allen festlichen Gelegenheiten, bei denen sich das Bürgertum zu treffen, sich selbst zu bestätigen pflegte, starben langsam aus. In diesen Jahren um 1850 begannen die Kinder, das «unnütze Gepäck» zurückzulassen . . . Die Reise wurde abgebrochen; man hatte weder den Petersdom noch den Vesuv gesehen; man kehrte zurück, nach Hause . . .

Es hatte ja so kommen müssen. Italien hatte nichts zu bieten als seinen südlichen Frühling, und in dieser Jahreszeit ist die Normandie so herrlich, daß sie es damit wohl aufnehmen kann. Am Ende hatten sie auch gar kein Organ für diese blühende Schönheit; in dem Werk von Flaubert wenigstens spielt die Natur nur eine geringe Rolle. Und die Kunst sagte ihnen sowieso nichts. Der echte Bourgeois macht da seine Augen recht fest zu. Es blieb bei ein bißchen Neugierde, beim Aufsammeln von Sehenswürdigkeiten, auf die man später stolz sein konnte. Gustave scheint keinerlei Sinn gehabt zu haben für die Schönheit von Bildern, Skulpturen, Architektur, für alle gestaltete Schönheit. Er äußert sich nur sehr selten darüber. Nirgendwo findet sich ein Anzeichen von einer ersten leidenschaftlichen Begeisterung, ja, überhaupt von einem echten Verhältnis, einer tieferen Begegnung mit einem Werk der bildenden Kunst. Man braucht sich nur die abscheuliche Einrichtung seines hübschen Hauses in Croisset vor Augen zu halten, diese vollgestopften, überladenen Zimmer mit den geschmacklosesten Reproduktionen. Wenn man seine Bücher liest, kommt man gar nicht auf die Idee, daß sie mitten in der herrlichen Normandie geschrieben worden sind, daß er in einer Zeit lebte, in der die Museen schon reich an Schätzen, die Schlösser keinem mehr versperrt waren. Die großen Musiker waren ihm unbekannt. Wenn er in seinen Briefen auch auf alle Probleme der Dichtung eingeht: auf die Kunst im allgemeinen kommt er fast nie zu sprechen. Er zeigt dafür nirgends ein echtes Interesse; und selbst wenn er sich damit einmal ernsthaft beschäftigte, nachforschte, Aufzeichnungen und Hypothesen ausarbeitete, blieb er immer merkwürdig weit davon entfernt, in der Kunst etwas anderes als das Erlebnis zu suchen, eben jenes eminent wichtige Erlebnis der Romantik: die Ergriffenheit. Auf seinen Reisen erregte ihn die Schönheit einer Landschaft weit weniger als das Gefühl der Weite, der Fremde, der Ferne, weniger auch als das Gefühl, in die Vergangenheit zurückzukehren, sobald er einen historischen Ort betrat.

Von diesen Reisen brachte er eine Sehnsucht zurück, die ihn nach der Rückkehr zuweilen plötzlich überfiel. Seine Vorstellungswelt wurde dadurch durch ein ganz neuartiges Erlebnis bereichert: eine Unruhe, eine Art Trunkenheit befiel ihn und es standen Reiseerlebnisse und Landschaften wieder vor ihm auf, deren Eindruck vorher gar nicht so stark gewesen zu sein schien. So konnte man später von ihm sagen, daß er von seinem Schreibtisch aus die ganze Welt sah.

Die Reise in die Bretagne, die er später in der Erzählung *Über Feld und Strand (Par les champs et par les grèves)* beschrieb, war nur ein erster Versuch; er glückte trotz eines nervösen Anfalls bei der Abreise. Maxime Du

Camp begleitete ihn. Flaubert war voller Fröhlichkeit, lief sich müde in langen Wanderungen und lernte das Glück von einer ganz neuen Seite kennen.

Dann, im Herbst 1849, begann die große Fahrt. Louise Colet wußte nichts davon. Maxime Du Camp und Flaubert hatten vom Landwirtschaftsministerium einen Auftrag für die Reise übernommen. Eigentlich war es Maxime gewesen, der, vom fernen Zauber des Orients angezogen, die jugendlichen Träumereien Gustaves wieder geweckt hatte; bald fühlten sie sich vom gleichen Ziel begeistert. Aber wieder wurde Flaubert von seiner Unsicherheit überwältigt und scheute vor dem entscheidenden Schritt zurück. Am Vorabend der Abreise brach er völlig zusammen: «Noch nie habe ich jemanden so haltlos gesehen. Bei seiner großen Gestalt und seinen Bärenkräften nahm sich das recht seltsam aus . . .» – *Warum fahren wir überhaupt? Das ist doch Tollheit!* – Im Orient sehnte er sich nach der Normandie; in der Normandie sehnte er sich nach dem Orient zurück. Sie scheuten keine Anstrengung, um das Neue und Großartige auf ihrem Weg aufzuspüren. Am 15. November erreichten sie Alexandria; sie fuhren nilaufwärts bis zum zweiten Katarakt, setzten sich den Gefahren der Wüste, der Sonne, sogar des Durstes aus. Dann ging die Reise wieder flußabwärts und gegen Syrien zu; über den Libanon erreichten sie Galiläa in der heißesten Zeit der Hundstage. Im November 1850 waren sie wieder in Konstantinopel und hielten sich dort einen Monat lang auf. Ihre Ausdauer und Wißbegier hielt an; sie wollten eine wirkliche Reise unternehmen, kein hastiges Programm von Sehenswürdigkeiten abwickeln. Sie erreichten Griechenland und nahmen von dort ein Schiff über Korfu nach Neapel. Dort erwartete sie Madame Flaubert. Den April verbrachten sie in Rom. Am 6. Mai betrat Flaubert nach einer Reise von achtzehn Monaten wieder heimatlichen Boden. Er war 30 Jahre alt, als er diese gewaltige Anstrengung unternommen hatte, und man sollte glauben, daß die bloße Energie, die dazu nötig gewesen war, seiner ewigen Unsicherheit ein Ende gemacht hätte. Aber sofort setzte das alte Leben mit seinen Anstrengungen und Bedrängnissen wieder ein, und er kehrte so selbstverständlich zu seiner Arbeit zurück, als sei er von einem Ausflug nach Paris heimgekommen.

1858 entschloß er sich zu einer zweiten Reise nach dem Süden; diesmal ohne Zögern und mit einer ganz bestimmten Absicht: es war eine Studienreise, die er unternahm, um den Roman *Salambo (Salammbô)* zu *dokumentieren*, ein Ausdruck eigener Prägung beinahe; jedenfalls hat er ihm einen neuen Klang von Kraft und Rechtschaffenheit verliehen. Am 12. April fuhr er nach Marseille, gestattete sich einen nachdenklichen Besuch in dem Hotel, in dem er Eulalie Foucauld getroffen hatte, und schiffte sich ein nach Philippeville, Constantine und Tunis. Tunis: hier suchte er in den Ruinen von Karthago umher, den armseligen Resten der Stadt und des kleinen, runden Hafens, über dessen Winzigkeit er sich so sehr den Kopf zerbrach. Er drang in die glühende Wüste vor. Oft war er erschöpft. Oft freute er sich über eine Entdeckung. Aber all das hielt ihn nicht auf; er hatte ein festes Programm. Er behandelte dieses Land wie ein etwas schwer zu lesendes Buch, verglich, notierte, sammelte Material. Anfang Juni war er wieder zu Hause, in der milden, feuchten Luft von Croisset. Dort legte er sich nieder, schlief 48 Stunden lang und setzte sich mit einem glücklichen Eifer, den er sonst nur selten gekannt hat, an den Schreibtisch, um das Material zu sichten.

Der Pavillon Flauberts in Croisset

So sehr er die Zurückgezogenheit liebte, sperrte er sich doch nicht ganz und gar zu Hause ein. Die Einsamkeit war nötig und wichtig für ihn, aber er unterbrach sie des öfteren. Gelegentlich kam er noch nach Paris (1856 am Boulevard de Temple 42; 1869 in der Rue Murillo 4; 1875 im Faubourg Saint-Honoré 240, der Wohnung seiner Nichte); er ließ sich sogar dazu bewegen, ab und zu bei einem allwöchentlichen Abendessen, dem Dîner Magny, zu erscheinen, wo er mit anderen Schriftstellern zusammentraf; zuweilen fuhr er nach Trouville oder besuchte Nogent, wie in alten Tagen. Er verkehrte in der besten Gesellschaft. Der Kaiser wurde auf ihn aufmerksam und lud ihn nach Compiègne ein; bei der Hochzeit von Judith Gautier mit Catulle Mendès war er Trauzeuge; er war zu Gast bei der Prinzessin Mathilde in Saint-Gratien. Er fuhr sogar nach Baden-Baden, das damals ein sehr fashionables Bad war. Wieder scheint die «Dokumentation», das Sammeln von «Belegen», nicht das reine Vergnügen, den Anlaß zu diesen Reisen gegeben zu haben. Seine Werke zwangen ihn zum Sachwissen, zum tieferen Nachforschen, und wenn er dabei mit Büchern nicht auskam, informierte er sich an Ort und Stelle; auch Fachleute befragte er, wälzte alte Jahrgänge von Zeitschriften. Nach dem Krieg von 1870/71 unternahm er noch eine Reise nach Brüssel, um die Prinzessin Mathilde wiederzusehen; er fuhr mit seiner Nichte nach Luchon; nach Concarneau in der Bretagne; später noch nach Nohant zu George Sand; dazwischen liegen viele kurze Aufenthalte in Paris. Es ist also etwas übertrieben, wenn man ihn als einen grimmigen Einsiedler hinstellt. Croisset, wo er freilich ganz zu Hause war, hielt ihn so sehr gar nicht gefangen. Er ging unter die Menschen, so oft er es für nötig hielt, und grub sich keineswegs ganz und gar ein. Flaubert gehört zu den großen Arbeitern, aber aus freier Wahl; er wurde niemals ein Opfer jener Kraft, die man so oft hinter großem Fleiß oder großer Faulheit findet: der Schwerfälligkeit.

DER ARISTOKRATISCHE BÜRGER

Die Freunde seines reifen Alters lassen sich in zwei Gruppen aufteilen: die einen wurden von Flaubert als Dichter in Bann gezogen; die anderen hielten sich an den Menschen, der sich hinter dem Künstler verbirgt: diese hat er immer weit höher geschätzt. Jenen gegenüber blieb er mißtrauisch und unsicher, da es ihm an Selbstvertrauen gebrach. Er wußte von seiner Größe, aber auch von seinem plötzlichen Versagen. Die Erschöpfung zerrüttete und ängstigte ihn, demütigte ihn oft. Über Musset, der damals seine große Zeit hatte, war er sich genau im klaren; er verachtete seine Kunst zutiefst; und doch war er duldsam gegenüber dem Menschen, so wenig er auch zu seiner eigenen Art passen mochte. Sainte-Beuve trat er mit einer merkwürdigen Hochachtung gegenüber. Man hat den Eindruck, daß er ihn nur als Kritiker betrachtete und von seiner Person ganz absah. Wenn Sainte-Beuve einmal grob wurde, brachte Flaubert ihn bald wieder zur Raison, nicht etwa durch vorsichtige Taktik, sondern mit einem scharfen Gegenstoß, denn Flaubert war mutig und oft waghalsig – solange er es nicht mit Frauen zu tun hatte. Vielleicht hat er bei Sainte-Beuve eine Zähigkeit gespürt, die ihm Respekt einflößte. Sainte-Beuve war, wie er selbst, ein Besessener, ganz und gar kein Amateur; vor seiner Arbeitskraft mußte der Vorwurf der Niedertracht und der Rücksichtslosigkeit verstummen. Flaubert fühlte sich seiner Art verwandt. Sein Ruhm, oder sagen wir besser: sein bekannter Name gab ihm die Möglichkeit, mit vielen hervorragenden Leuten in Verbindung zu treten. Lamartine – man faßt sich an den Kopf – Lamartine wurde zu einem seiner Verteidiger; der Autor von *Graziella* trat schützend vor *Madame Bovary*: daraus spricht in der Tat eine souveräne Urteilskraft. Barbey d'Aurevilly rückte nach halbherzigem Eintreten für Flaubert bald endgültig von ihm ab.

Baudelaire aber hat immer zu ihm gehalten, und das bleibt ein Ruhmestitel dieses großen Dichters. Théophile Gautier schätzte und liebte Flaubert aufrichtig als echten Dichter und guten Freund. Überhaupt haben sich die Lyriker seiner angenommen. Théodore de Banville hat ihn stets verteidigt. Die Brüder Goncourt verkehrten mit ihm, aber das Verhältnis blieb ohne besondere Herzlichkeit und wurde nie zur Freundschaft, während Turgenjev ihn wie einen Bruder liebte. Sie paßten ja auch gut zueinander, diese zwei mürrischen Riesen! Und noch einer Freundschaft ist zu gedenken, der erstaunlichsten vielleicht von allen: es ist die mit Alphonse Daudet, dem gegenüber sich Flaubert von seiner liebenswürdigsten und freundlichsten Seite zeigte. Daudet sagte einmal über Flaubert, indem er dessen Diktion nachahmte: «... ohne ihn ist nichts mehr los, niemand kommt mehr, niemand schmatzt mehr, niemand brüllt mehr ...»

Die junge Generation riß sich um ihn, allen voran Guy de Maupassant, der mehr noch sein Schüler als ein Verfechter seiner Sache war. Man hat die Behauptung aufgestellt, daß er Flauberts natürlicher Sohn gewesen sei; offenbar ist ihre Verbundenheit sehr eng gewesen, mehr geht daraus nicht hervor, da Laure de Poittevin eine Frau von unbedingter Tugend war; wenn schon nicht ihr, muß man doch wenigstens dem Kalender glauben (man bedenke doch nur, wie Flaubert sich gegenüber seinem Zögling verhalten hat: niemals hätte sich der so ausgesprochen bürgerliche Mensch, der in dem Zyniker Flaubert steckte, seinem Sohn gegenüber so unbedenklich geäußert). Zola hat er gefördert, vielleicht aus Freude am Affront, aber gewiß auch, weil er sich für die jungen Autoren verantwortlich fühlte; gemocht hat er ihn anscheinend nie so recht; er schien ihm auf dem richtigen Weg zu sein, aber erst an dessen Anfang, und seine Zustimmung war mehr theoretischer Art. Dasselbe gilt für Feydeau, dessen «Fanny» wir heute nicht mehr sehr aufregend finden; damals glaubte man, diese Gestalt ohne weiteres Emma Bovary an die Seite stellen zu können, und tatsächlich verdankt das Buch seine wichtigste Szene einer Reminiszenz an die *Erinnerungen eines Narren*: der Szene, in der die Liebende zusehen muß, wie der Ehemann sich mit der geliebten Frau vergnügt ... Andere, wie Huysmans, Céard, Hennique, zählten sich ganz zu seiner Partei.

Aber neben diesen Köpfen, die durch den Schriftstellerberuf mit Flaubert verbunden sind, tauchen andere Figuren auf: die Verleger und – ein trübes Kapitel! – die Theaterdirektoren. Michel Lévy, ein wunderlicher jüdischer Kaufmann, von einer Raffgier, die ebenso erstaunlich war wie sein literarischer Instinkt, besaß lange Jahre alle Rechte an Flauberts Manuskripten. Seine Honorare waren unglaublich armselig, besonders wenn man den Erfolg dieser Werke bedenkt: 800 Francs für *Madame Bovary* (Rechte nur auf fünf Jahre); für *Salambo* (Rechte auf zehn Jahre) konnte Flaubert mit Mühe 10000 Francs herausschlagen, während Lévy später von 30000 sprach ... 1872 bekamen die beiden Streit anläßlich der *Dernières Chansons* von Bouilhet, deren Veröffentlichung Flaubert aus Anhänglichkeit an die Familie durchsetzen wollte, und schließlich überwarfen sie sich endgültig.

Auch die Theaterdirektoren sind nicht besser mit ihm umgesprungen. *Die geraubten Herzen (Le Château des cœurs)*, ein Märchenstück, übrigens keineswegs ein Meisterwerk, bekam er zurückgeschickt. Alle lehnten es nacheinander ab: Marc Fournier vom Theater Porte-Saint-Martin; Hostein

Guy de Maupassant

vom Châtelet; Noriac vom Variétés; Dumaine und später Weinschenk von der Gaïeté: Flaubert ließ da nicht locker. Nicht besser erging es einem zweiten Stück *Das schwache Geschlecht (Le Sexe faible)*, nach einem Entwurf von Bouilhet, den Flaubert nach dem Tod des Freundes ausarbeitete, um dessen Familie zu helfen. Schließlich wurde 1874 *Der Landtagskandidat (Le Candidat)* im Vaudeville aufgeführt, mit Carvalho in der Hauptrolle, hatte aber eine so schlechte Presse, daß Flaubert sein Stück nach der vierten Vorstellung zurückzog, obwohl das Publikum nach weiteren Aufführungen verlangte. Dabei war das Stück eine recht gut gebaute Komödie; aber in dieser Zeit galt es noch als Verstoß, wenn man als Autor nicht bei seiner «Sparte» blieb.

Als seine Verträge mit Lévy im Jahre 1873 abgelaufen waren und Flaubert sich mit ihm zerstritten hatte, wurde er von dem Verleger Charpentier auf eine hochanständige und opferfreudige Weise gefördert. Charpentier war der Herausgeber der berühmten Bibliothèque jaune, der «Gelben Bücher», deren praktische und überaus häßliche Uniform der französische Roman nun anzog, jenes Gelb, das keine Sonne bleichen, kein Staub zudecken kann. Im

Caroline Hamard, die Nichte Flauberts

Vergleich zu Lévy (und dessen «Grünen Büchern», Preis: 1 Franc) erscheint Georges Charpentier als Wohltäter der Kunst, um so mehr, als er dem verlegerischen Geschäft einen ganz neuen aristokratischen Anstrich gab. Er öffnete sein Haus allen Schriftstellern, die er verlegte, und machte es sich zu seiner vornehmsten Aufgabe, alle großen Autoren der französischen Literatur herauszubringen. Die Empfänge bei dem Ehepaar Charpentier waren stets gelungene Abende, und Flaubert kam gerne in das gastfreundliche Haus. Der Druck, unter dem er bis jetzt mit seiner Arbeit gestanden war, hatte ein Ende.

Hilfsbereite Freundschaft fand er auch bei den beiden Brüdern Duplan, dem Notar Duplan und seinem Bruder Jules, der ihn mit Laporte bekannt machte. Laporte war der Direktor einer Spitzenmanufaktur in Grand-Couronne, einem Ort, der nahe bei Croisset, aber am anderen Seineufer liegt. Laporte war ein schlanker, kräftiger Mann von 35 Jahren, sehr elegant, ein leidenschaftlicher Jäger und im übrigen ein aufgeschlossener, witziger und großzügiger Mensch. Ihre Freundschaft war durchaus nicht einseitig und schien unzertrennlich, und doch brach sie schließlich ein Jahr vor dem Tode

Flauberts ab. Laporte erfüllte ihm jeden Wunsch. Flaubert erfand eine Unzahl, eine wahre Flut von Benennungen und Beinamen für ihn, die oft ein wenig ungeschickt waren; gegenüber seinen vielen Freunden drückte er sich immer recht grob aus. Er nannte ihn *El Bab* (arabisch für La Porte, der Palast), *Goldnugget, Profitbruder, Bürogockel, Boudoirfrettchen.* Doch hat ihn, wenigstens am Anfang, dieser Herrenreiter etwas eingeschüchtert. Flaubert hat ihn auch nie geduzt; er entschädigte sich dafür mit seinen freigebigen Grobheiten, die er freilich nicht ernst meinte. Seine Mutter nannte Flaubert *meine Alte,* und wenn das auf französisch auch etwas milder klingt, bleibt es doch für die damalige Zeit noch merkwürdig genug. Den Tod von Bouilhet, der ihn tief geschmerzt hat, nannte er *eine arge Maulschelle.* Laporte war dem großen Schriftsteller ein wahrhaft aufopfernder Freund. Sobald er Hilfe brauchte, wandte Flaubert sich an ihn. Bändeweise stellte Laporte Belege für ihn zusammen und erledigte alles, was Flaubert ihm auftrug. Er brauchte dazu nur einen Brief in einer Mappe zu dem kleinen Kohlendampfer zu bringen, der Laporte dann am gleichen Tag noch erreichte. Laporte begleitete ihn auf vielen Reisen. Als Flaubert sich einmal das Bein brach, kam er trotz einer gefährlichen Überschwemmung über den Fluß und pflegte ihn, ohne seine Kräfte und seine Zeit zu sparen. Er leistete auch eine Bürgschaft für Commanville, den Gatten von Flauberts Nichte, ein Freundschaftsdienst, der später zu dem schmerzlichen Bruch zwischen den beiden Männern führen sollte; die Familie Commanville hat dabei eine recht üble Rolle gespielt.

Die Nichte Flauberts hatte einen merkwürdigen jungen Mann geheiratet, der sich Commanville nannte, aber nicht angeben konnte, wer seine Eltern waren, und im Heiratsregister unter seinen Vornamen eingetragen werden mußte. Man hat später entdeckt, daß er recht fürchterliche Vorfahren hatte; sie hießen Ballu und Lacaille und waren Henker in Fécamp. Commanville unterhielt ein Handelsgeschäft mit skandinavischem Holz, das 1875/76 in schwere Bedrängnis geriet und bankrott gegangen wäre, wenn nicht Flaubert, damals schon in hohem Alter, ihm mit bewundernswerter Großzügigkeit alles, was er besaß, mit einem einzigen Federstrich vermacht hätte. Nach Madame des Genettes waren das rund 1 200 000 Francs. Damit war Flaubert ein armer Mann. Er hat nie darüber geklagt, so schwer er darunter auch gelitten hat.

Der gutherzige Bürger blieb in seinem dreifach gestuften Wesen weiter lebendig: er, der der Idee des Bürgertums mit einem Ekel, einem wütenden Haß ohnegleichen gegenüberstand, blieb blind dafür, wie sehr er von ihr geprägt war, wo nicht in seiner Redeweise, so doch in seiner ganzen übrigen Erscheinung. Das Bürgerliche bedeutete für ihn vor allem ein untergeordnetes, schwerfälliges, rein praktisches D e n k e n. Aber darüber hinaus verstehe man darunter doch auch eine gewisse Weise zu l e b e n : Der Bürger schätzt seine Bequemlichkeit, er ist seinen Gewohnheiten ausgeliefert, hat einen ausgeprägten Hang zum Geld, und treue Zuneigung oder flüchtiges Vergnügen ersetzt ihm die Leidenschaft, die ihm fehlt. G e d a c h t hat Flaubert nie wie ein Bürger, aber g e l e b t, und man könnte sagen, er hat auch wie ein Bürger g e l i e b t. Sein Beruf hat ihn auf diese höchst merkwürdige Weise verdorben. Nur im Bereich der Kunst, genauer gesagt: seiner Kunst, der Literatur, blieb er frei von aller Durchschnittlichkeit. Sie allein unterscheidet ihn von dem reinen Vertreter der Mittelklasse seiner Zeit, einer Epoche, in der die Kapital-

39

renten, die sichere Währung, die Handelsverträge streng geregelte Lebensformen, blinde Selbstbezogenheit und eine allgemeine Erstarrung herbeiführten. Flaubert, das vergißt man allzu leicht neben seiner literarischen Modernität, war ein echter Zeitgenosse der Juli-Monarchie. Sein Vater war glücklich über den Thronwechsel und wußte den schweren Reichtum, der mit der neuen Regierung ins Land strömte, die neugestärkte Macht des Bürgertums wohl zu nutzen. Gustave war begütert, ohne festen Beruf, er liebte gutes Essen, zweideutige Witze und spottete über die Kirche. Wenn ihm gelegentlich auch die Galle überlief, hatte er doch großen Respekt vor der Staatsgewalt, besonders wenn er ihr in persona gegenüberstand. Kurz, ohne seine dichterische Berufung wäre er ein höchst gewöhnlicher, etwas rüpelhafter Mensch gewesen. Zu Hause machte er sich's behaglich, zog seinen Schlafrock, seine Mütze und die Pantoffeln an; zwar schnupfte er nicht mehr, rauchte aber unaufhörlich aus kurzen Pfeifchen aus glasiertem Ton, wie hausbackene Leute sie lieben. Nach dem Essen pflegte er lange bei Kaffee und Likör zu sitzen. In der ganzen Einrichtung kam nur der Eßtisch an die Größe des Schreibtischs heran. Nur einmal am Tag machte er sich Bewegung: wenn er zum Mittagessen ging.

Auch sein Klassenbewußtsein war durch und durch bürgerlich; unter Menschen aus einer anderen Gesellschaftsschicht fühlte er sich als Außenstehender. Einem Adeligen, einem Bauern oder einem Soldaten begegnete er mit dem gleichen prüfenden und etwas ängstlichen Blick. Und wenn in seinen Büchern Soldaten vorkommen, sind es entweder Karthager oder Römer. Auch die starke Bindung an die Familie hatte in dieser Haltung ihren Ursprung; er opferte alles, um seiner Nichte zu helfen. Und das zeichnet doch gerade das Bürgertum gegenüber anderen Gesellschaftsklassen aus, diese lebendige und feste Bindung an die Familie, die fast einer Unterwerfung gleichkommt. Der Umkreis der engeren persönlichen Beziehungen Flauberts war tabu: wer sie antastete, verletzte Flaubert selbst. Wer an Bouilhet, der zu diesem Kreis zählte, etwas aussetzte, hatte keine Nachsicht zu erwarten. Mit Sainte-Beuve, der seine Bücher vernichtend kritisierte, geriet er nicht in Streit, wohl aber mit Barbey, der gegen Bouilhet stichelte. Seiner Mutter begegnete er stets mit Rücksicht, mit rührendem Zartgefühl und einer kindlichen Anhänglichkeit. Nach ihrem Tod weinte er zum erstenmal, als er den Schal und den Hut seiner Mutter nicht mehr an der Garderobe fand.

Er war verschwenderisch, aber innerhalb sehr bürgerlicher Grenzen: denen seiner Kapitalrente. Nie hat er Schulden gemacht. Der Gedanke an einen Bankrott versetzte ihn in furchtbare Aufregung und war, von der Liebe zu seiner Nichte abgesehen, Grund genug für ihn, seinen Verwandten Bürgschaft zu leisten.

Flaubert war patriotisch bis auf die Knochen. Als die Preußen das Land besetzten, traf ihn vor Zorn fast der Schlag. Er ließ sich sogar zum Offizier in der Bürgerwehr ernennen.

Für die Aristokratie empfand er eine rücksichtslose Verachtung, die unter den Literaten seiner Zeit gang und gäbe war. Für ihn war sie ein sozialer Humbug. Auch für vornehme Manieren hatte er nicht viel übrig, was schließlich verständlich ist bei einem Mann, der wie ein Bär in jeder feineren Gesellschaft herumtappte. Wenn er mit seinesgleichen beim Wein saß, trat er

Prinzessin Mathilde

freilich kräftig genug auf; in einem Salon aber versteckte er sich in die hintersten Ecken; wußte nicht mehr, wohin mit seiner großen Gestalt und wollte sich am liebsten verkriechen. All diese Leute, die so mühelos, so glatt und leise, so selbstsicher miteinander zu reden verstanden, fielen ihm auf die Nerven. Er konnte nur reden, wenn es um Dinge vom Fach, um seine Sache ging . . .

Auch einfachen Leuten gegenüber fühlte er sich nicht behaglich, es sei denn sie waren Familienangehörige. Er war streng gegen sie und schüchterte sie ein. Auch darin zeigte sich wieder der Bürger. Und so kam ein Teil seines Hasses auf seine Gesellschaftsklasse aus dem quälenden Bewußtsein, ihr so tief verhaftet zu sein – und so völlig anders zu denken: ein aristokratischer Bürger zu sein. «Im Grunde», sagte die Prinzessin Mathilde, «war er ein Bürger durch und durch.»

Seinen Haß trieb er so weit, daß er ein *Dictionnaire des idées reçues*, ein «Lexikon der Phrasen» anlegte, in dem er alles verzeichnete, was er an Gemeinplätzen, Hohlheiten, Trivialitäten und Platitüden auffinden konnte. Er nannte das sein *Evangelium der Verachtung*, und allmorgendlich weidete er sich daran, um seinen Haß aufzustacheln, mit dem er *das Ungeziefer* zertrat.

GEMÄLDE AUS WORTEN

Die Phantasie ist ohne Zweifel das Ursprünglichste an dem Genie Flauberts. *Die Phantasie, oder wie sie meinen, eine Überreizung des Gehirns, die dem Wahnsinn nahekommt* . . . schrieb er, nicht ohne Stolz darauf, mit dem Wahnsinn in Verbindung gebracht zu werden; die Romantik hat dieses Wort ja stets mit Ehrfurcht ausgesprochen. Alles bei Flaubert entspringt der Phantasie, entsteht aus dem Drang, die Bilder und Gesichte, die sie hervorbringt, in Sprache zu übersetzen. Es ist, als sähe er mit einem inneren Auge, auf einem Bildschirm gleichsam, sinnliche und sogar abstrakte Vorgänge mit großer Schärfe und Farbigkeit ablaufen. Alle Bilder, die er sprachlich festhält, sind nach seiner Vorlage gezeichnet. Es ist dies eine Gabe, die in ihrer eigentümlichen Blickschärfe tatsächlich an das Anomale grenzt, wenn man sie an der Vorstellungskraft anderer Autoren mißt. Dieser Mann, der für die bildende Kunst so wenig empfänglich zu sein schien («Gemälde konnte Flaubert nicht ausstehen», schreibt Émile Bergerat), hatte eine natürliche Gabe zur sachgerechten Komposition. Die Maler sagten später von ihm, «das Bild sei ganz da». Flaubert wußte das auch sehr genau; er lehnte alle Illustrationen seiner Bücher ab; das sprachliche Bild genügte ihm: er war Schriftsteller. Und er sah, daß die Komposition, der gute Aufbau seiner Szenen genügten, um Spannung und Stimmung zu vermitteln.

Eine gute Handlung, ein Vorwurf, ein Thema nahmen für ihn sofort Gestalt an, wurden zu Formen und Farben. «Eine merkwürdige Vorstellungskraft, stark, angespannt, krankhaft», schreibt Taine. In der Tat kann man ihr eine pathologische Beweglichkeit zuschreiben, einen Zug ins Neurotische; von hier aus führt eine gerade Verbindung in das Unheil seiner nervösen Erkrankung, die ihn so sehr gequält und geschwächt hat. Vielleicht haben die Anfälle Flauberts nur in der Einbildung ihren Ursprung; seine Hysterie, um sie beim richtigen Namen zu nennen, hatte vielleicht keinen anderen Grund als diese krankhafte Erregbarkeit der Sinne, dieses Ausgesetztsein, diesen übermächtigen Druck. Er berichtete selbst von sich Dinge, die ins Gebiet der Halluzination gehören. So fühlte er, als er den Tod der Emma Bovary niederschrieb, wie seine Zunge von dem Gift pelzig und unempfindlich wurde . . . Beim Schreiben geriet er in solche Erregung, daß man ihn ans Fenster, an die frische Luft bringen mußte . . .

Übertreibungen, sicherlich, aber keine Lügen. Flaubert mochte dazu neigen, zu überzeichnen, aber er griff dergleichen nicht einfach aus der Luft.

Seinen Ursprung hatte das, wenn man es bei aller Ehrfurcht so nennen darf, in der Verschleppung einer schlechten Kindergewohnheit. Die ersten Vorboten zeigten sich in jenen Zuständen des vor sich hin Träumens, in denen er als Kind in einer Art Betäubung von seinem Stuhl herunterfiel; in seiner Vorliebe für das Theaterspiel, das ihm Gelegenheit gab, sich in andere Wesen zu versetzen. Die Reibereien in der Schule, die aufgezwungene Isolation, gegen die er sich nicht wehrte, trieben ihn noch tiefer in den Bereich des Phantastischen, der sich nun in dem dafür so anfälligen Geist immer mächtiger ausbreitete. Die Erfahrung der Lust brachte neuen Gärstoff. Und bald wurde alles innere Geschehen auf eine merkwürdige Weise lebendig, sichtbar . . .

Das alles ist deswegen so außerordentlich wichtig, weil sich seine gesamte literarische Technik daraus herleiten läßt. Die objektive Beschreibung, die er von einer Figur gibt, gründet in einer Sehweise, die sie vollständig und exakt durchschaut hat. Was er mitteilen will ist die Erscheinung von Dingen und Menschen, die seiner Überzeugung nach nur ebenso klar und genau, wie sie ihm sichtbar sind, dargestellt zu werden brauchen, um für den Leser bis in ihre Geheimnisse hinein deutlich zu werden.

So beginnt er mit der Darstellung; wenn der Stoff im großen geordnet ist, wird jeder Teil durch einen Hintergrund, der stets ein ausgesuchtes Kolorit zeigt, gleichsam «gerahmt». Erst wenn das «sitzt», wie die Maler sagen, beginnt die Arbeit am Detail. Zum Schluß werden noch einige Lichter aufgesetzt, die hochbedeutsam sind, weil erst durch sie die Szene ihren letzten Schliff, ihre höchste Präsenz gewinnt. Der Blick wird sofort von ihnen gefangen, und durch sie wird das übrige als Gesamtes erst zugänglich. Flaubert arbeitet mit einer scharfen, vergrößernden Optik, derselben, die der Film später «Großaufnahme» nennt. So schließt zum Beispiel die ausführliche Beschreibung des Raumes, in dem Salambo ruht, mit einer ganz kurzen Bemerkung, einem Schnörkel, vergleichbar der Schnecke, die Tizian in der «Grablegung» auf den Sarg Christi gemalt hat:
. . . *Die Vorhänge, senkrecht aufgespannt, hüllten sie in bläuliches Licht, und das Auf und Ab ihres Atems erfaßte die Schnüre, so daß sie in der Luft zu schweben schienen. Eine Fliege summte umher.*

Andererseits gerät diese Phantasie sofort ins Großartige, ins Epische; es ist dies eine ganz eigene Sehweise, auf die hin dieser Geist angelegt ist. Nicht ein bloßer Hang zum Kolossalen äußert sich darin, der nur Kraftmenschen und Elefanten zeigen will; vielmehr trägt das Bild, das ihm vor Augen steht, schon immer etwas Edles, Mächtiges und Mitreißendes in sich; etwas Poetisches in dem Sinne, daß das Dargestellte Leben gewinnt, daß man sich seiner angenehmen oder schrecklichen Wirkung nicht entziehen kann. Eine große, herrliche Kraft spricht aus diesen Bildern, aus dieser bildhaften und oft stark verkürzten Sprache.

Eine derartige Gestaltungskraft wird sich am Ungewöhnlichen freier entfalten können; die Beschwörung ferner Vergangenheit zum Beispiel, historischer Gestalten oder phantastischer Gesichte sind die angemessensten Gegenstände seiner Begabung. Man kann deswegen sagen, daß die eigentümliche Größe Flauberts in der eindringlichen und großartigen Vergegenwärtigung der Vergangenheit klarer hervortritt als in seinen zeitgeschichtlichen Vorwürfen, wo diese hervorragende Begabung sich um eine nur fotografische Wiedergabe bemüht. Man schuldet Flaubert weniger Bewunderung für die Gestalt des Charles Bovary als für die des Hamilkar, und er selbst verfiel einem Irrtum, als er anders darüber urteilte.

Die Kraft seiner Phantasie indessen läßt sich nicht einzwängen, und vor

43

allem in den frühen Werken, wie *Madame Bovary*, wo der epische Drang noch eingedämmt werden mußte, macht sie sich frei und findet ein sprachliches Ventil in der Metapher, die als wesentlicher Bestandteil in den Aufbau eingeht, als eine Art poetischer Kontrapunkt der grauen und tristen Handlung. Durch die Metapher wird sie überhöht. Ein Beispiel: an der Stelle, an der Emma Bovary an ihren treulosen Geliebten zurückdenkt, tritt Flaubert plötzlich selbst in den Text mit der strömenden Großartigkeit seiner Phantasie:

Die Erinnerung an Rudolf aber hatte sie bis in die Tiefe ihres Herzens versenkt, und dort ruhte sie so feierlich und starr wie eine Königsmumie in einer unterirdischen Gruft.

Diese Fähigkeit zur Vorstellung, sichtbar etwas vor Augen zu haben, nach

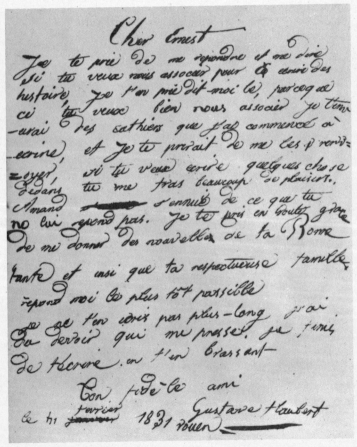

Die Schrift des Zehnjährigen (ein Brief an Ernest Chevalier) . . .

Flaubert selbst die Grundlage seiner Dichtung, wird ergänzt durch eine peinliche Sorgfalt des «Belegs»; erst dadurch stellt sich die nahtlose Verbindung zwischen Vorstellung und Wirklichkeit her. In seinem Willen zur Exaktheit läßt er sich nie zu der zweifelhaften Geschicklichkeit jener Maler verführen, die ohne Modell arbeiten und dabei nur zu oft in die Ungenauigkeit oder die Schablone geraten. Doch darf man dies nicht mißverstehen. Diese Bemühung zielt nicht etwa auf platte Ausführlichkeit. Sie will sich stets dem idealen Punkt nähern, in dem sich Exaktheit und Suggestionskraft treffen, in dem sowohl dem Drang der Vorstellungskraft wie dem künstlerischen Formgefühl Rechnung getragen wird. Er selbst schreibt darüber an George Sand:

Technische Details, die Nachprüfung an Ort und Stelle, die genaue histori-

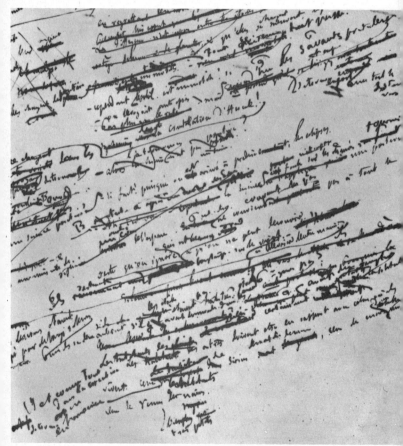

. . . und die des alten Flaubert (aus den Skizzen zu «Bouvard et Pécuchet»)

sche Herkunft der Dinge halte ich für recht nebensächlich. Ich will darüber hinaus die ganze Schönheit aufspüren, nach der meine (literarischen) Freunde so unbeholfen auf der Suche sind. Sie bleiben unbeweglich, wo ich vor Bewunderung oder Abscheu vergehe.

Eine so geartete Phantasie zeichnet ihm nicht nur die äußere Beschreibung vor, sondern auch den Dialog. Weil er s e h e n kann, h ö r t er auch. So kommt es zu ungewöhnlichen gesprochenen Texten, die eine einzigartige Sicherheit des Gehörs verraten und dadurch die gezeigten Figuren vollständig in den Griff bekommen. Ein Beispiel dafür ist das Gespräch, in dem sich in *Madame Bovary* der Pfarrer und der Apotheker, mit Charles als betretenem Zuschauer, gegenüberstehen; beide sprechen mit großer Künstlichkeit des Ausdrucks, die bei dem Priester aus dem Seminar, bei dem Apotheker aus der Universität stammt; doch so sehr sich ihre Sprache auch in ihrer hohlen Rhetorik ähnelt, durch ihre Sprechweise, ihre Verwendung des Fachausdrucks unterscheiden sich die beiden doch vollständig. Diese Genauigkeit geht so weit, daß man ohne Erläuterung sofort hören kann, wer gerade das Wort führt.

Die außerordentliche Kraft, mit der Flaubert eine Situation lebendig zu machen versteht, bringt eine Gefahr mit sich, der er sehr oft unterliegt: es entstehen Längen. Während eine Szene Gestalt und feste Umrisse gewinnt, steht sie mit so eindringlicher Wirklichkeit vor ihm, daß sie zum Selbstzweck wird und sich dem Autor – weit mehr als dem Leser – übermächtig aufdrängt. Flaubert hat sich nie um den Leser gekümmert, und das ist falsch: wir sind bei der ewigen Frage, wozu und für wen man schreiben soll.

Noch etwas anderes ist eine Gefahr für den Autor: seine Vorliebe für das Schreckliche. Mit der Darstellung des grausigen Geschehens steigert sich die Erregung Flauberts, mit ihm nähert er sich dem Tragischen, das immer mit größerer Sicherheit wirkt als das Liebliche und Reine: eben dafür, wie für die Poesie, sollte man meinen, gäbe es im Menschen eine ursprüngliche Neigung, eine zuträgliche Bereitschaft. Aber man ist keineswegs immer empfänglich, zugänglich für die Poesie, während man unfehlbar von einem tragischen Geschehen oder einem Unglücksfall gepackt ist. Das Interesse für das Unglück scheint dem menschlichen Geist ursprünglich eigen zu sein.

Der Autor also hat eine Neigung «aufzutragen», er entwickelt das Schreckliche mit einer Art von wilder, sadistischer Freude. Der knappe Stil erhöht dabei noch die Wirkung des Grauens. Auf eine ähnliche Weise haben manche Maler den Gipfel ihrer Kunst erst bei der Darstellung des Grausigen: Ribera, Valdés Leal, Goya scheinen nur bei Qual und Martern sich ganz wohl zu fühlen. Dazu kommt noch ein romantisches Element: der klare oder unklare Wille, andere Menschen zu ergreifen, und diese Ergriffenheit um jeden Preis zu steigern. Daraus entspringt eine Tragik, die oft ins Melodram umschlägt.

In seiner Spätzeit war Flaubert ganz von der Kraft seiner Vorstellung beherrscht. Darin liegt sicherlich der Grund für seine wilden Zornausbrüche, mit denen er jeden, der sie zum erstenmal erlebte, in Schrecken versetzte. Dieser Mann s a h so überdeutlich, empfand so stark das Unrecht, das unter den Menschen geschieht, die fürchterlichen Folgen ihrer Gemeinheiten und ihrer Minderwertigkeit, daß er aufschrie vor Qual.

Seine Arbeitsweise scheint sich zunächst mit seiner übermächtigen Einbildungskraft nicht vereinbaren zu lassen. Man wird fragen: «Wenn er die

Gustave Flaubert. Gemälde von Eugène Giraud

Dinge so genau gesehen hat, wieso mußte er sich dann unaufhörlich verbessern?» In der Tat sind die Manuskripte Flauberts mit Korrekturen so übersät, daß sich manche Seiten einfach nicht mehr entziffern lassen.

Zwei Bemerkungen mögen diesen Widerspruch klären. Erstens: Der Gedanke tritt bei Flaubert zuerst wirr und ungeordnet auf und muß zunächst in seiner ganzen Breite gefaßt werden. In seiner fortschreitenden Klärung muß dann seine sprachliche Entsprechung ständig neu angepaßt werden. Ein neuer Gedanke, eine Ergänzung kommt hinzu und wird genauso gründlich ins Bild gesetzt. Striche und Veränderungen werden nötig.

Zweitens: Ein Bild, das ihn zunächst zufriedenstellt, erscheint ihm alsbald ungenügend durch seine bloße Niederschrift. Er streicht dann und sucht nach einem Ausdruck von neuer Farbigkeit, ohne daß ihm das stets gelänge; aber allein die Neuartigkeit der Änderung hat für ihn unwiderstehlichen Reiz. Es ist die Schattenseite hoher Sensibilität, daß der Grad ihrer Erregung zum einzigen Maßstab wird; das gilt auch für Flaubert. Die frische Farbe reizt ihn gleichsam so sehr, daß ihm das schon Gemalte abgestanden und eingetrocknet erscheint.

Dazu kommt noch die Unsicherheit und Ängstlichkeit gegenüber dem Werk; seine schöpferische Empfänglichkeit leidet unter den nervösen Unruhen, dem heimlichen Unbehagen, sie wird gestört, stockt zeitweise ganz. Nur ein leichtes Unwohlsein, und der Blick trübt sich: neue Korrekturen entstehen. Er arbeitet unstet, in ständiger Unsicherheit.

Nur in einem Punkt unterscheidet er klarer und schärfer – und auch hier schwankt er noch oft genug –: in den Fragen des Stils und des Tonfalls. Bei allem Unverständnis für Musik hat er doch für Klang und Rhythmus ein scharfes Ohr. Er hört seine Prosa ab wie mit einem Stethoskop; von seinem «Gebrüll» zu reden ist ein Gemeinplatz und doch notwendig, um die Arbeitsweise des großen Schriftstellers verständlich zu machen. Den Text laut zu sprechen ist für ihn der letzte Prüfstein der endgültigen Fassung.

Einerseits ist das freilich wichtig genug; ein gleichströmender, mächtiger Fluß der Sprache kann so entstehen, der ohne Stockung vom Atem getragen wird. Werden sie erst einmal laut, so lassen sich Assonanzen, die sonst oft so störend in eine Zäsur fallen, oder das wunderliche Klappern der Alliteration leicht ausmerzen. Mit der Zeit aber führt diese Gewohnheit zu einer Sprache des wortreichen Wohlklangs. Das gedankliche Thema tritt in den Hintergrund, und es wird eher das Gehör zufriedengestellt als der Geist. Es entsteht ein musikalischer Stil, ein Stil des Beiworts, der Kadenz, der schließlich jede dichterische Sprache in schwere Gefahr bringt. Es entsteht darüber hinaus eine Rhetorik mit einem merkwürdigen Drang zum Lauten und Schreienden, die am Ende in die Monotonie führt. Ein wirklich großer Stil hat keine Steigerung der Lautstärke nötig, um Abwechslung zu schaffen. Selbst wenn man von ihm nur im Sinne einer Einkleidung des Gedankens spricht – denn im eigentlichen Sinn ist Stil das Zentrum, der lebendige Antrieb dichterischer Sprache –, selbst dann muß er mit Kontrasten und verschiedenen Klangfarben arbeiten. In einem Orchester gibt es nicht nur Blechbläser und forti. Flaubert aber verzichtet auf die schwächeren Instrumente, um die Posaunen zu verstärken.

Und er verstärkte sie rücksichtslos. Die Leute von Croisset hörten es mit aufgerissenen Augen. Man blieb stehen, so laut war diese Stimme, die über

Von Geld ist die Rede, von wem noch?

Le Demi-Monde, die Halbwelt . . .

... war der Titel einer Komödie, die der Mann 1855 schrieb. Er kannte das Milieu aus eigener Anschauung nur zu gut. Kaum zehn Jahre zuvor hatte sein Vater ein Prachthaus im Renaissance-Stil gebaut, dazu einen gotischen Pavillon im englischen Park. Das Geld dafür hatte er – noch. Aber eine Schar schmarotzender Schmeichler beiderlei Geschlechts bewohnte und regierte das Anwesen und fraß dem gutmütigen Vielschreiber (1200 Bände, wie er vor Napoleon rühmte) buchstäblich den letzten Pfennig weg. Als der – unehelich geborene, aber vom Vater später anerkannte – Sohn 23 Jahre alt war, mußte dieser die fürchterliche Entdeckung machen, daß die für unerschöpflich gehaltenen Einkünfte des Dichterpapas erschöpft waren. Der junge Mann stand plötzlich mit einigen zehntausend Mark Schulden da.

Da der Herr Papa vom Schreiben immerhin gut gelebt hatte, versuchte der Sohn es ebenso. Fünf Jahre lang schrieb er Buch um Buch, aber die so verhaßten Schulden blieben. Da begann er, eines seiner Bücher in ein Bühnenstück umzuarbeiten. 1852 wurde es uraufgeführt, und es blieb ein Bühnenerfolg bis heute. Auch die Romanfassung wurde ein Dauerbrenner auf dem Buchmarkt. Von Stund an war der Autor ein gemachter Mann. Die Berühmtheit wuchs, und mit ihr der Wohlstand. Der Herr Papa, der weiterhin in der Hand der Gläubiger und der Halbweltdamen war, sah neidvoll-stolz die Erfolge des Sohnes. Und was der Vater nie erreichte, der Sohn schaffte es: Er wurde Mitglied der Académie Française. Berühmt sind heute noch beide, der Vater mit seinen Abenteuer-Romanen wohl noch mehr als der Sohn, der zum Moralpredigen neigte. Von wem war die Rede?

(Alphabetische Lösung: 4-21-13-1-19)

Pfandbrief und Kommunalobligation

Meistgekaufte deutsche Wertpapiere - hoher Zinsertrag - schon ab 100 DM bei allen Banken und Sparkassen

Verbriefte Sicherheit

den Uferweg, manchmal bis ans andere Ufer hinüberschallte. «Er gestikulierte wild . . . Gewöhnlich nahm er die Krawatte ab, um, wie er sagte, bequemer brüllen zu können», und das in einem Salon, bei einer feierlichen Lesung, denn diese Aufzeichnung stammt von der Prinzessin Mathilde. Bei sich zu Hause aber erst . . . «gab seine Stimme Laute von sich, die ihm schier die Kehle sprengten, er donnerte so, daß die Nippfiguren auf der Anrichte zitterten» (Maurice Dreyfous), nachts, versichert Georges Dubosc, hätten die Seineschiffer sich nach seinen Lampen orientiert; an nebligen Tagen hätte seine Stimme eine Glockenboje ersetzen können.

Das Merkwürdige aber ist, daß ihm bei dem lauten Vorlesen die vielen Längen nicht aufgefallen sind. Nichts macht sie doch so offensichtlich wie der laute Vortrag, und sein kritischer Sinn hätte dabei aufhorchen müssen. Aber nichts dergleichen; an Stellen, die er bei jedem anderen Autor haarsträubend gefunden hätte, bemerkt er, sobald er sie selbst zu intonieren beginnt, nur noch geglückte und wohlvertraute Einzelzüge. Er findet darin alle seine Kämpfe und kleinen Siege wieder und billigt ihnen einen Wert zu, den ihnen der unvoreingenommene Leser nicht einräumen kann.

«Ein wildes, närrisches Leben»

Sein Charakter, sein «schlechter» Charakter, wurde im Alter noch schwieriger. Unzugänglichkeit und Widerwillen bestimmten seine ganze Haltung auch noch im Alleinsein. Beim geringsten Anlaß wurde er ungeduldig und ärgerlich. Sein Menschenhaß trat offener hervor und wurde zu einem Grundsatz seines Denkens. Wie um Schutz zu suchen, zog er sich mehr und mehr zurück. Er schäumte über vor Verachtung, rücksichtslos fielen seine Urteile. Er kehrte sein Provinzlertum hervor, zog sich aus den literarischen Gefechten zurück und unterstützte seine Kampfgenossen nur noch von ferne. Und doch lieferte ihm die Einsamkeit neue Gründe, traurig zu sein. Niemals, wie bekannt sein Name auch war, hat er an der unbeschwerten Berühmtheit, dem schmeichelhaften Ansehen teilgenommen, zu denen man nur in Paris und unter Parisern gelangen kann. Er blieb ein Schriftsteller aus der Provinz, ein «Regionalist», wie es ein wenig später hieß, und das ist für jenen Ehrentribut eine unüberwindliche Schranke. Man wußte, daß er irgendwo lebte, jenseits des angenehmen Lebens, ein sehr mächtiger Mann, aber man kümmerte sich nicht weiter um ihn.

Zudem hatte er nicht jenen Witz, jene Beweglichkeit, Schlagfertigkeit und etwas faulige Duldsamkeit, die damals «esprit» hieß. Früher hatte dieses Wort einmal «Einsicht, Intelligenz» bedeutet; nun bezeichnete es nur noch den fröhlichen und beschwingten gesellschaftlichen Umgang. Flaubert hatte keinen esprit: er war mit seinem Ernst und mit dem seiner Kunst, mit der Spannung, unter der er stand, mit seiner Besessenheit unvereinbar. Flaubert war schwerfällig, täppisch sogar, ohne rasch bewegliche Originalität. Sobald er sich darin versuchte, wirkte er mühsam. Auf Gesellschaften fühlte er sich nur wohl, wenn man ihn respektvoll in Ruhe ließ oder wenn er mit seinem lauten Organ das Gespräch an sich reißen konnte. Seine Briefe, wenigstens seine vertraulichen Briefe, sind voller Verzweiflung oder von einer gezwungenen, fast immer schwerfälligen oder schon derben Fröhlichkeit, einer sehr künstlichen Fröhlichkeit, die es liebt, Leuten heimlich den Stuhl wegzuziehen, sie an der Nase herumzuführen, ihre Namen zu Wortspielen zu verdrehen, die nur für die Eingeweihten komisch sind. Das alles blieb linkisch und gezwungen. Die einzige Gesellschaft, in der er sich wohl fühlte, waren die paar Freunde, die alle seine Späße schon zur Genüge kannten. «Daher kommt es auch, daß er in den Salons und bei den Frauen keinen Erfolg hatte. Man fand, er habe den Humor eines Handelsvertreters. Unter Freunden war er unwiderstehlich, wenn er einmal aufgetaut war» (Émile Zola).

Nur wenn er allein war, bei der Arbeit, stellte sich das empfindlich reagierende Gleichgewicht ein; nur mit den Ellbogen auf dem Schreibtisch atmete er wirklich frei. Bei jedem Geräusch an der Tür wurde er sofort argwöhnisch, deckte die angefangene Seite mit einem Tuch zu, scheu, mit einer Art Scham fast, verbarg er alle Zeichen des Feuers, das in ihm brannte. War es dann ein Freund, so eröffnete er sich unvermittelt und begann sogleich seitenlang vorzulesen. Seine ganze unruhige Existenz kreiste um seine Arbeit. Er lebte *ein wildes närrisches Leben.* Bisweilen ergriff ihn *eine Schwermut ohne Ende, eine nachtschwarze Trauer, ein Schmerz, der mich fast umbringt...* Nein, er war nicht für die «große Welt» gemacht, bei allen Zugeständnissen, zu denen ihn die kleinen Freuden des Erfolgs verleiten mochten. Allein die Kleider machten ihn halb krank vor Ärger, wenn er sich auch große Mühe

damit gab und immer zum besten Schneider ging. Der feierliche Abendanzug war ihm eine Qual; wollte man ihn zum Essen einladen, so mußte man ein kleines Nebenzimmer haben, weil er vor dem Essen den Frack und die Lackschuhe auszog.

Als Flaubert die Fünfzig erreicht hatte, hatten sich diese Eigenarten und Untugenden ganz verhärtet. Und doch blieb er ein gütiger Mensch. Erdrückt von Arbeit, beantwortete er jeden Brief, empfing schüchterne junge Bewunderer mit aufmerksamer und feiner Liebenswürdigkeit. In Gesellschaft wollte er gern fröhlich und glücklich erscheinen; aber er konnte niemand damit täuschen. Die Brüder Goncourt, die das feinste Verständnis für ihn hatten, schrieben: «Er ist ein Mensch, der etwas Totes in sich verborgen hat...» und das trifft vorzüglich seine wilde Energie in der Trauer, sein hoffnungsloses Hoffen... Sie schrieben weiter: «Tief in ihm gähnt der Überdruß, schreit der Zorn eines Mannes, der vergeblich versucht hat, den Himmel zu stürmen.»

Anatole France, der von ihm viel für seine ironische Kritik und seine stilistischen Versuche gelernt hat und der seine tiefe Ehrlichkeit vielleicht mit Neid erkannte, schrieb sogar: «Er war ganz und gar nicht unkompliziert und half seinen Ausbrüchen gerne ein wenig nach, goß noch Öl ins Feuer, wenn ihn ein Anfall überfiel... Er hatte etwas Verrenktes an sich... Diesem

Der Hafen von Rouen. Lithographie von Turgis nach einer Zeichnung von Courtin

Mann, der den Schlüssel zu einem unendlichen Sprachreichtum besaß, fehlte die Klugheit.»

Taine, der ihn liebte, schrieb: «Kraft und Schwerfälligkeit, davon ist seine Unterhaltung geprägt, sein Tonfall, seine Bewegungen. Nichts von Verfeinerung, nur Offenheit, Natürlichkeit; er ist ein Wilder . . . Er ist kein Schmutzfink, wie man gesagt hat. Es hat ihn sehr bedrückt, als er erfuhr, daß man die ‹Bovary› wegen mancher zweideutiger Stellen liest . . . Er spürt Kraft in sich, er bejaht seine wilde, aufschießende Kraft . . . Er hat sein Gehirn ermüdet, es wie eine Zitrone ausgepreßt. Dabei ist er reizbar wie eine Frau geworden . . .»

Er arbeitete, arbeitete unentwegt. Von zehn Uhr abends bis vier Uhr früh kämpfte er sich mühselig vorwärts. Er gehörte zu den Menschen, die dauernd arbeiten, weil sie eigentlich faul sind. Sie sind ständig von Angst und Unsicherheit geplagt, der Gedanke, sich nachzugeben, ist für sie wie eine entzündete Stelle, die nie zur Ruhe kommt. Ihm fehlte die Willenskraft einzuhalten, Leistung und Gelingen ruhig zu überschauen. Die Unruhe, der Selbstzweifel wichen nie von seiner Seite. Jeden Tag suchte er sich seiner Größe aufs neue zu versichern. Seine Briefe sind zum großen Teil eine heimliche Apologie. Wo immer er von sich sprach, in Briefen oder Unterhaltungen, zeigte er einen Hang, seine Größe über Gebühr ins Licht zu setzen, um sein Selbstvertrauen mit dem Beifall anderer zu stärken; um in seinem Selbstbewußtsein durch die Bewunderung oder auch nur das Erstaunen seines Gegenübers bestätigt zu werden. Um nochmals die Brüder Goncourt zu zitieren: «Er ist nie ganz und gar ehrlich in dem, was er von seinen Gefühlen, seinem Schmerz, seiner Liebe sagt.» Und das trifft zu, denn er gehört zu den Menschen, in denen der Ausdruck den Gedanken vorantreibt. Zu denen, die in der Sprache leben.

Seine immer dunklere Schwermut und sein losdonnernder Zorn lassen sich nur noch mit den Wutausbrüchen Léon Bloys und den Anfällen Mirabeaus vergleichen; der Unterschied liegt einzig und allein in seinem Format. In mancher Weise glich Flaubert einem Propheten: sein großer Atem, sein Starrsinn und seine Hinfälligkeit hatten etwas Alttestamentarisches.

Diese emotionalen Kräfte wurden frei in der Begeisterung, der Skepsis und der Ironie: mit diesen drei Waffen führte er seinen Kampf.

Begeisterung ist nicht möglich ohne jenes freie Spiel des Geistes, jenes Aufschäumen in dem seltsamen prometheischen Rausch, ohne den der Mensch nur ein trauriges Tier wäre. Die Begeisterung in der Kunst: Flaubert hat sie gekannt. Mrs. Tenant, die frühere Henriette Collier, schreibt: «Seine größte Freude war, etwas zu entdecken, was er bewundern konnte. Der Reiz seiner Gesellschaft lag in seiner Begeisterung für alles Edle . . .»

Enttäuschte Begeisterung aber verkehrt sich in Skepsis und Ironie. Mit Spott wird der Täuschung heimgezahlt. Alles stürzt ein, zerbröckelt – und wird säuberlich getrennt von der Kunst, die allein als unantastbar und unverletzlich proklamiert wird. Gut, achtenswert, rein ist nichts; das Gemeine herrscht, das Böse, der Verrat. Flaubert hätte leicht selbst das Opfer einer Verachtung werden können, die so schnell zur Hand ist, so rasch die eitrige Wunde aufdeckt. Die Ironie löste ihm die Fesseln für die Verteidigung, den Gegenangriff. Seine Bücher atmen die Luft der Skepsis, sind buchstäblich vollgepackt mit Ironie. Nur ganz selten sind sie einschichtig und ungebrochen im Tonfall. *Madame Bovary, Die Schule der Empfindsamkeit, Die Versu-*

chung des heiligen Antonius, Bouvard und Pécuchet sind fast durchgängig ironisch. Das ist zu selten gesagt worden.

Die Ironie ist die einzige Form des Humors, die sich bei Flaubert findet, eine etwas unheimliche, immer verzerrende Ironie. Trotzdem hat man vor ihr mehr Achtung als vor der eines Anatole France, weil sie nicht nur spielt, weil der ganze Mensch hinter ihr steht. Selbst die kalte Objektivität von Flaubert, die Exaktheit seiner Dialoge, seine peinlich genauen Beschreibungen sind noch eine Form der Ironie. Seine Verkürzungseffekte haben, vielleicht unbeabsichtigt, eine ironische Richtung. Die Ironie ist ja nicht nur eine Sprachfigur, in der das Gegenteil des Gemeinten ausgesprochen wird. Es gibt eine höhere Ironie, die das Lächerliche gerade durch den Anschein der Hochachtung herausarbeitet; die mit großer Betulichkeit dummen Bemerkungen beipflichtet und sie respektvoll wiedergibt: und wer hätte das nicht aus den meisten Dialogen Flauberts herausgehört! Das ist von eisiger Schärfe. Hier «brüllt» er nicht mehr; er spottet. Während der Arbeit an *Bouvard und Pécuchet* schrieb er: *Das Komische ist das einzige, womit sich die Tugend trösten kann; es ist übrigens auch möglich, das Komische auf vornehme Weise darzustellen.* Diese *vornehme Weise* heißt eben: Ironie.

Und an dieser Vornehmheit hielt er auch unbedingt fest. Er setzte sich nie an die Arbeit, ohne Spitzenmanschetten angezogen zu haben ... Für die Kunst war ihm nichts prächtig, nichts ausgesucht genug. Und nirgends galt es, mehr Verzicht zu üben. Es ist kaum zu glauben, daß die so streng überprüften, überarbeiteten Manuskripte von demselben Mann stammen wie seine Notizen, die von vulgären Ausdrücken wimmeln, die so gern die Dinge bei ihrem obszönen Namen nennen; von einem Menschen, der sich nicht fünf Minuten lang unterhalten konnte, nicht eine Anmerkung notieren konnte, ohne von Arsch und Scheiße und anderen Unappetitlichkeiten zu sprechen. Man hat ihn mit Rabelais verglichen, aber das ist dummes Gerede; Rabelais ist zutiefst heiter; und Flaubert ist zutiefst traurig. Dort ist es nur Spaß, hier Empörung. Die Obszönität von Rabelais gehört seiner Zeit an und ist voller Gutmütigkeit; die von Flaubert ist unnatürlich und aggressiv.

Nur der Glaube hätte diesem Geist Linderung bringen können, der mit der gesamten Schöpfung überworfen war; hätte ihn mit Ergebung und Nächstenliebe erfüllen können ... Aber was wollen solche Worte im Umkreis Flauberts noch besagen! Wäre er, der Anhänger Voltaires, bei dessen Deismus geblieben, so hätte für ihn immerhin noch ein höheres Wesen existiert. Dem Christentum hat er ohnehin ferngestanden. Er war Agnostiker, aber auch in diese Überzeugung mischte sich eine Verachtung, die ihn oft in schlechtem Licht erscheinen läßt. Die Priester, die er beschreibt, stehen auf der tiefsten geistigen Stufe. Seine Pfarrer sind alle achtbar und lassen sich nicht mit Frauen ein, aber sie sind nach den plattesten Klischees katholischer Geistlichkeit gezeichnet. Bisweilen neigte Flaubert zu recht üblen Klosterwitzen.

Unvereinbar steht der Eiferer, der die *Versuchung* und *Die Legende vom heiligen Julian dem Gastfreien* schrieb, dem Prediger des Unglaubens gegenüber, der nach seiner Rückkehr aus Solgny an Zola schreiben konnte: *Ich habe da eine sehr gelungene Groteske gesehen ...* Und dabei handelt es sich um den Trappistenorden von Rancé, um Menschen, die den Versuch machen, sich in der Kontemplation von aller Weltlichkeit zu lösen ... Er schrieb das noch dazu an Zola, den er verachtete, und der sich dessen später auch noch rühmte.

Der Pater Didon schrieb nach dem Tod des Schriftstellers an seine Nichte: «Seine Seele ist den Höhenflug gewohnt . . .» und beruhigte sie in ihrer Besorgnis um seine ewige Seligkeit . . . Was man dafür anführen kann, ist nicht ganz hinfällig; Flaubert war nicht voll verantwortlich. Seine leidenschaftliche Gottesleugnung ist die Kehrseite seiner besten Kräfte. Gerade seine plastische Einbildungskraft verbot ihm, an Gott zu glauben, in dessen Wesen es eben liegt, alle Vorstellung zu übersteigen. Die Macht seiner Phantasie verschloß ihm das Geheimnis; seine Fähigkeit des inneren Blicks war immer verläßlich; an Gott aber mußte sie scheitern, und so leugnete er das Göttliche. Dieselbe Kraft, die ihm alles Spießige, Niedrige aufzeigte und vergegenwärtigte, trennte ihn von der Gegenwart Gottes.

Die letzten Jahre

Seine letzten Jahre waren düster und von Grund auf unglücklich. Wir haben berichtet, wie er sich durch die großzügige Unterstützung seiner Nichte bis zum letzten Centime ruinierte. In Croisset blieb er nur, weil er hier, bei seiner Seßhaftigkeit und seinem Sicherheitsbedürfnis, eine schwache, schmerzliche Unterstützung fand. Die Armut nistete in allen Zimmern, engte ihn überall ein, und es wäre vielleicht erträglicher gewesen, in irgendeinem kleinen Mietszimmer ein neues Leben anzufangen, als zwischen den kläglichen Resten seines einstigen Wohlstands kümmerlich weiterzuleben. Alle drängten sich danach, ihm aus der Verlegenheit zu helfen, aber er fühlte sich von diesen Angeboten nur um so tiefer gedemütigt.

Auch sonst mußte er schwere Rückschläge hinnehmen. Seine Stücke blieben ohne Erfolg. Nacheinander gingen seine alten Freunde davon: Gautier starb 1872, Feydeau 1873, Louise Colet 1876; seine Verletzlichkeit war so groß geworden, daß ihn dieser letzte Verlust tief bedrückte. Auch George Sand starb im Frühjahr desselben Jahres. Er arbeitete mühselig an *Bouvard und Pécuchet*, ohne sich darüber zu täuschen, wie gewagt das Unternehmen war, in das er sich eingelassen hatte. Ohne Freude, zur Beruhigung seines Gewissens gleichsam, ging die Arbeit voran. Und doch entstanden in dieser Zeit die *Drei Erzählungen*, die Krone seines Werks.

Ein paarmal noch lichtete sich die graue Verdüsterung dieser letzten Jahre. Die jüngere Generation der naturalistischen Schule gab ihm zu Ehren ein Festbankett, auf Betreiben Maupassants, bei dem alle großen Namen der neueren Literatur, Hennique, Huysmans, Céard, Mirbeau, Alexis, versammelt waren. Ferner die prächtigen Empfänge in Chenonceaux, in Saint-Gratien, die Aufmerksamkeit der Madame Adam, der Gründerin der «Nouvelle Revue,» die sich seines *Bouvard und Pécuchet* annahm.

Aber dann, 1879, stürzte er und brach sich ein Bein. Die Regierung bewilligte ihm eine Rente, und dieser Gnadenlohn demütigte ihn tief, er trug mehr zu seiner Betrübnis als zu seiner Erleichterung bei. Nach dem Wechsel der Regierung fand man eine weniger erniedrigende Lösung: Flaubert erhielt ein bezahltes Amt als außerplanmäßiger Bibliothekar an der Bibliothèque Mazarine, das mit 3000 Francs dotiert war. René Dumesnil behauptet, daß das Ganze nur ein frommer Betrug ungenannter Freunde gewesen sei und daß sich unter diesem Titel nur ein Almosen verbarg, von dem sich auch keine Spur in den Akten finden läßt.

Die Machenschaften seiner Nichte entfremdeten ihn auch noch von Laporte; es wurde immer einsamer um den alten Mann in Croisset. Er war bereit zum Sterben und wurde bald erlöst.

Die nervösen Anfälle Flauberts scheinen tatsächlich immer auf Perioden innerer Unruhe gefolgt zu sein, und auch das spricht dafür, daß seine Krankheit seelische Ursachen hatte. Während der langen Orientreise, als der geplagte Mann ein natürliches Leben führte und aufhörte, sich seelisch und körperlich zugrunde zu richten, verschwanden sie fast ganz. Während der Wanderung durch die Bretagne trat, obwohl seine Krankheit damals ihren Höhepunkt erreicht hatte, nur ein einziger Anfall auf, und zwar gleich nach der Abreise. Im Grunde waren es seelische Störungen; und wirklich traten sie während des Krieges 1870/71 erneut hervor, und ebenso später nach dem Verlust seines Vermögens, als alles Unglück zusammentraf. Mehrere Jahre hindurch hatten dann seine Anfälle ausgesetzt – bis zum 8. Mai 1880, dem Tag seines Todes.

Der Morgen dieses Tages hatte für Flaubert angefangen wie immer. Da er während der Nachtstunden schwer gearbeitet hatte, stand er erst um halb elf Uhr auf; wie gewöhnlich nahm er ein sehr heißes Bad, in dem er pfeiferauchend die Post zu lesen pflegte und oft nochmals einschlief.

Er fühlte sich schlecht und fürchtete einen bevorstehenden Anfall. Er machte das Dienstmädchen darauf aufmerksam und klagte dabei über ein beklemmendes Angstgefühl. Die Köchin rannte zu Dr. Tourneux, der den Hausarzt und Freund Dr. Fortin während einer Reise vertrat. Dr. Tourneux hat später René Dumesnil einen ausführlichen Bericht gegeben, einem Mann also, der bei seiner Gewissenhaftigkeit, seinem Scharfsinn und seinen hervorragenden medizinischen Kenntnissen als höchst zuverlässig gelten muß. Es war Mittag; als der Arzt eintraf, war Flaubert schon bewußtlos, man hatte ihn auf den Diwan in der Bibliothek gelegt. Sein Gesicht war hochrot und aufgedunsen. Der Puls kam unregelmäßig und schwach. Als der Arzt eingetreten war, hatte die Pfeife Flauberts noch geraucht. Einige Minuten später stand das Herz still.

Mme Commanville andererseits berichtet, daß die Köchin, als sie das Frühstück bringen wollte, Flaubert schon bewußtlos fand; er habe mit der Hand ein Fläschchen mit Riechsalz umklammert und geflüstert: «Eylau . . . holen . . . Avenue . . . Bekannter . . .» Sie schließt aus diesen Worten, daß Flaubert von Victor Hugo Hilfe verlangte, der damals gerade in die Avenue d'Eylau gezogen war, die letzte Wohnung vor seinem Tod. Maxime Du Camp glaubt, weniger romantisch, aber überzeugender, daß Flaubert nach seinem Freund Hellot gerufen hat, einem Arzt in Rouen, dessen Name ähnlich wie «Eylau» ausgesprochen wird.

Der Tod ist nicht durch einen epileptischen Anfall eingetreten. René Dumesnil schreibt am Ende seiner Studie: «Eine Gehirnembolie ist die einzig vertretbare Diagnose.» Über die Ursache für den Tod Flauberts hat man viel gestritten und von Selbstmord, gar von der Möglichkeit eines Verbrechens geredet: es war nichts als das natürliche Ende eines arbeitsreichen Lebens.

An seinem Schreibtisch hat der Tod Flaubert überfallen, wie es dem großen

55

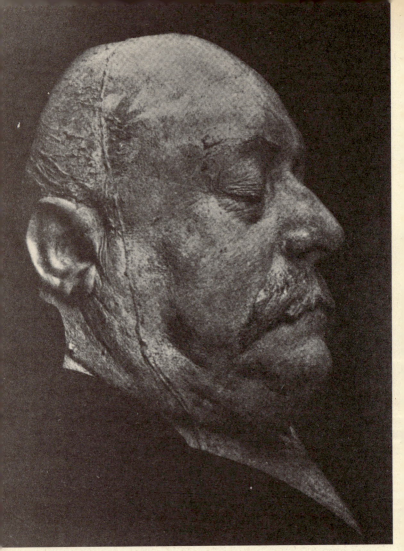

Die Totenmaske

Arbeiter anstand. Seine Bücher mögen im Auf und Ab des literarischen Geschmacks einmal mehr, einmal weniger Freunde finden. Für den Unvoreingenommenen aber bleiben sie von einer Kraft ohnegleichen und geben Zeugnis einer restlosen, fast übermenschlichen Größe.

DIE WERKE

«ERINNERUNGEN EINES NARREN» – «NOVEMBER»

Die *Erinnerungen eines Narren* und *November* sind die zwei aufschlußreichsten seiner wenig bekannten Jugendwerke. In ihnen kündigt sich die Heftigkeit des späteren Flaubert bereits an, seine Verkrampftheit, die Trauer, die ihn nicht mehr losläßt. Und schon deswegen sollte man sich mit ihnen näher. beschäftigen, weil man mit ihnen, nach Flauberts eigenem Ausspruch, eine Art Jugenderinnerungen vor sich hat. Schon hier stößt man auf die Spuren der krankhaften Reizbarkeit, die auf ihm lastet, und auf den Glanz seiner Einbildungskraft.

Die *Erinnerungen eines Narren* hat Flaubert im Alter von fünfzehn Jahren begonnen und Alfred Le Poittevin gewidmet. Diese Widmung soll hier wiedergegeben werden:

Dir, mein lieber Alfred,
  Seien diese Seiten zugeeignet und geschenkt.
  Sie umschließen eine ganze lebendige Seele. Ist es die meine? Ist es die eines andern? Zuerst hatte ich die Geschichte einer Seele schreiben wollen, in der der Zweifel sich immer weiter ausbreitet bis zu den letzten Grenzen der Verzweiflung. Aber langsam hat sich bei der Niederschrift das eigene Erlebnis unter die Erdichtung eingeschlichen, meine eigene Seele hat die Feder ergriffen und die Fabel erdrückt.
  Ich lasse das lieber im Dunkel der Vermutungen; Dir selbst wird es hell genug sein.
  Nur wirst Du Dir vielleicht sagen, daß an vielen Stellen der Ausdruck übersteigert, das Bild unnötig düster geraten ist; aber denke daran, daß ein Narr diese Seiten geschrieben hat; und oft, wenn ein Wort für das gemeinte Gefühl zu gewichtig erscheint, hat es nur der Last des Herzens nachgegeben.
  Adieu, denke an mich und mein Wohl.

Der autobiographische Bezug ist eindeutig, so sehr, daß uns die *Erinnerungen* ohne einen schweren Vertrauensbruch gar nicht bekannt geworden wären. Als Flaubert schon berühmt geworden und nicht mehr auf den Erfolg dieses Versuchs angewiesen war, hat er sich stets hartnäckig geweigert, seine Publikation zu erlauben. Er war seinem Mentor Le Poittevin gewidmet, für ihn und niemand sonst bestimmt. Mit Le Poittevin starb der einzige Leser, an den das Stück gerichtet war. Flaubert hatte hier im Vertrauen gesprochen. Auch *November* hat er nur Maxime Du Camp und den Goncourts vorgelesen, als sie einmal nach Croisset kamen. Die *Erinnerungen eines Narren* sind Flauberts Vorbereitung und Vorübung auf seine große *Schule der Empfindsamkeit*, die später für so viele Romanautoren zum Vorbild geworden ist. In ihnen schreibt Flaubert seine eigene «Éducation sentimentale», seine eigene «Geschichte des Herzens» nieder, hier erzählt er die Prüfungen im Leben des «Narren», in dem er sich, eitel und in romantischer Übertreibung, selbst darstellt. Die Schule, die Kindheit, die beiden Liebeserlebnisse seiner Jugend und die erste Erfahrung der Lust sind darin miteinander verwoben. Mit einer rührenden Unverdorbenheit wird das Bild der jungen Engländerin und die

Alfred Le Poittevin

Verwirrung beschrieben, die ihn, zwischen Kameradschaft und Liebe schwankend, vor ihr erfaßt. Es war eine Idylle von großer Reinheit, für die die verdorbenen Jugendfreunde nur Verachtung übrig hatten; für Flaubert aber bleibt sie eine Insel der Zärtlichkeit, der glücklichen, sturmlosen Freundschaft. Dann aber löst die Begegnung mit Élisa Schlésinger eine Leidenschaft in ihm aus, die ihn mit der Wucht und Gefährlichkeit eines Gewittersturms überfällt; die Figur ist hier noch nicht verschlüsselt wie später in der *Schule der Empfindsamkeit*, wo Flaubert seine Spuren verwischt. Auch das verweist auf den vertraulichen Charakter der *Erinnerungen*. Und gerade dieser Teil, in dem er sich die liebende Empfindsamkeit jener Zeit zurückruft, spricht unmittelbar an; bei weitem läßt er das anathema sit der ersten Kapitel hinter sich, wo Flaubert gegen das Leben und die Gesellschaft loszieht und in immer neuen Gründen für seinen Pessimismus schwelgt; aber man darf freilich nicht vergessen, daß es in ihm neben dem liebenswürdigen jungen Gemüt, das sich der Mitwelt öffnet, noch einen anderen gibt, einen schwermütigen, verschwiegenen, schnell enttäuschten Menschen: den Menschen, der später so völlig Macht über ihn gewinnt und alles andere mit seinen grausamen Krallen entstellt.

Der Stil ist schon hier von bemerkenswerter Qualität. Er ist noch beherrscht von der zeitgenössischen Technik, die er jedoch an manchen Stellen glänzend durchbricht. Mit seiner übermäßigen Verwendung der umschreibenden Beschwörung, der Anrufung, steht er noch weit entfernt von der lakonischen Kürze des späten Flaubert; unaufhörlich wiederholt sich das später so verachtete «ich». (Es ist merkwürdig: heute ist dieses «ich» wieder tief bedeutsam geworden, und vielleicht gerade deshalb, weil Flaubert, der Mensch, der es am meisten gehaßt hat, uns – obgleich er nur die Schönheit suchte – der Offenheit und Wahrheit wieder nähergebracht hat, so sehr, daß wir den persönlichen Ausdruck wollen, weil er nach der Wahrheit schmeckt, und daneben die alte Form der Erzählung sogar zurückweisen.)

November, mit dem trotzigen Untertitel *Bruchstücke ohne nennenswerten Stil*, wurde von Flaubert mit 21 Jahren verfaßt und zeugt bereits von voll ausgereifter Sicherheit. Die Erzählung wird wohl zum größten Teil in Paris entstanden sein, in jener sehnsüchtigen, schmerzlichen und so fruchtbaren Verfassung, die die Erinnerung mit Macht in ihm aufsteigen läßt. In einer Weise ist sie noch persönlicher als die *Erinnerungen eines Narren*, denn sie besteht fast nur aus einer Niederschrift der Empfindungen, die seine erste Liebesverbindung mit einer Frau in ihm auslöste. Man kann begreifen, daß Flaubert sich vor der Veröffentlichung scheute. Doch muß man ihm gerechterweise zugestehen, daß keine Stelle in der ganzen Erzählung als leichtfertige Schlüpfrigkeit mißverstanden werden kann. Die Würde des dichterischen Werks wird ihm dergleichen immer verbieten. Der Ausdruck bleibt rein auch bei der Darstellung des Unzüchtigen. Eine ganze Literatur der Verlogenheit hat sich später diese Möglichkeit zunutze gemacht. Hier aber sucht ein Dichter nichts anderes als seine Wahrheit, die Wahrheit des Herzens, der Sinne, der Phantasie, und der Ernst dieser Suche, der verzweifelte Ton sind nicht geheuchelt: zur Entrüstung ist kein Anlaß. Trotzdem glaubte man sich später darüber empören und die eigene Zügellosigkeit unter dem Deckmantel dieser falschen Ehrbarkeit verbergen zu müssen. *November* hinterläßt einen starken Eindruck. Flauberts Größe hat zu sich selbst gefunden, seine Stimme setzt klar ein und trägt sicher. Nur manchmal stößt man noch an Übersteigerungen der rhetorischen Beschwörung, des Anrufs, an romantisch überzogene Metaphern, aber im ganzen bleibt das Gewebe der Erzählung straff und voll. Auch sie führt wieder hin zur *Schule der Empfindsamkeit*, als ein Anfang; doch ist der Stoff hier noch stärker zum «Roman» aufgelöst. So etwa wird die einfache Unschuld der Madame Schlésinger in eine andere Einfachheit, die eines Freudenmädchens, umgesetzt. Darin zeigt sich etwas Merkwürdiges, für das man eine chronologische Erklärung geben kann. Die *Erinnerungen* werden hervorgetrieben von der Entdeckung der Lust und beschreiben den Ekel, der sich danach einstellt, ein Ekel, der kaum einen jungen, von der Dichtung ergriffenen Geist verschont hat. Einer, der in der Verbindung mit der Frau eine Erweiterung seines ganzen körperlichen und seelischen Seins gesucht hat, fühlt sich schmerzlich betrogen. Freilich kommt das vor allem aus der Sättigung des Verlangens; oft aber doch auch daher, daß er dabei an einen minderen Menschen geraten ist. Ein Daphnis ist von derartigen Folgen der ersten Liebesverbindung sicher verschont geblieben. Als Flaubert seinen Ekel in den *Erinnerungen* niederschreibt, steht er noch unter dem frischen Eindruck seines Erlebnisses. Aber als er fünf Jahre später darüber wieder nachsinnt, hat er sich verändert, sich an diese Erfahrung gewöhnt und sie unter freundlicheren Umständen erneuert. Nun erst kommt die wahre Wirklichkeit zum Vorschein: sie ist mit der historischen Entwicklung nicht identisch.

In *November* aber herrscht noch der Ekel, der Überdruß ohne Ende. Der Held fühlt sich durch seine erotischen Erlebnisse von recht ungewöhnlicher Intensität ganz und gar nicht erhoben, sondern versagt sich dem Leben, und in einem Pessimismus ohnegleichen, dem sich alle Fasern seines traurigen Herzens hingeben, treibt er seinem Ende entgegen. Der Epilog ist deutlich genug:

Endlich, im letzten Dezember, starb er, aber langsam, Schritt für Schritt, durch die bloße Kraft des Gedankens, ohne daß ihm etwas Bestimmtes gefehlt hätte, so wie man vor Traurigkeit stirbt, was den Menschen schwierig vorkommen mag, die viel gelitten haben, was man aber aus Liebe zum Wunderbaren ruhig hingehen lassen sollte . . .

Ein weltmännischer Ton, der bald aus seinen Büchern für immer verschwinden wird, der sich den Anweisungen Gautiers, Mussets fügt, der schon staubig gewordenen Romantik, die er nun rasch ablegt. In der letzten Zeile der Erzählung spricht er wieder mit voller Kraft:

Er bat darum, seine Leiche zu öffnen, aus Angst, lebendig begraben zu werden, aber er verbot ausdrücklich, sie einbalsamieren zu lassen.

Zwei Themen scheinen ihn vor allem anzuziehen, zu denen sicherlich viel gesagt werden kann: die Untersuchung des Ekels, der Skepsis und der Lust; und die – gewiß etwas ausgeschmückte – Geschichte einer leichtsinnigen Frau. Die Zergliederung geschieht mit einem sehr erwachsenen Scharfblick und ist schon ganz Flaubert. Einzelne Bemerkungen sind ungewöhnlich treffend, oder verraten doch zumindest eine ganz bezeichnende Technik, die er sich mehr und mehr zu eigen macht:

Ach, ich bin leerer, hohler, trauriger als ein leergetrunkenes Faß mit ausgeschlagenem Boden, in dessen dunklen Ecken die Spinnen ihre Netze auslegen.

Manchmal zuckten plötzlich ungeheure Gedanken durch meinen Geist, wie im Sommer die großen stummen Blitze, die eine ganze Stadt erleuchten, jeden Winkel ihrer Häuser und Plätze und Straßen . . . Wenn ich aber bei anderen diese Gedanken, ja sogar die Bilder, die ich gesehen hatte, wiederfand, fiel ich unvermittelt in eine Mutlosigkeit ohne Ende . . . mit dem ganzen Zorn entthronter Könige . . .

Wie unstet er oft von einem Extrem ins andere fällt, zeigen die folgenden Zitate, die aus zwei aufeinanderfolgenden Seiten stammen:

Nichts erschien mir so blöde wie das Leben auf dem Land.

Die Natur schien mir schön wie eine vollkommene Harmonie, wie man sie nur in der Verzückung vernimmt; eine Liebeszärtlichkeit, eine heilige Reinheit kam mir aus der Ferne des Horizontes entgegen . . .

Die Erfahrung der Begierde, die den jungen Flaubert aus dem Geleise wirft, wird einer Untersuchung unterzogen, in der einige Ausdrücke durch ihre kraftvolle Sprachbeherrschung besonders auffallen:

. . . ich war unberührt, doch überließ ich mich im Zug meiner Gedanken, tagsüber und in der Nacht, den zügellosesten Liebkosungen, der wildesten Wollust . . . Was es an Schönheiten der Hingabe und ihren dunklen Lauten

Der junge Flaubert. Zeichnung von Delaunay

gab, dafür hatten die Dichter meinen Träumen Stoff gegeben; und die Sehnsucht nach dem sinnlichen Genuß, nach den Freuden des Leibes, die man in der Jugend begehrt, hielt ich in meinem Herzem immer wach, reizte sie mit Absicht in meinem Geist.

Undeutlich spürte ich, wie eine Brunstzeit für mich näher kam ... Mein Leib dürstete ... Und die Frau war überall da, ich spürte sie an den Ellbogen, ich streifte sie, roch sie; die Luft war voll von ihrem Geruch ... Mochten sie sich Kleider anziehen, wo sie gingen, schmückte ich sie mit herrlicher Nacktheit ...

Es ist deutlich, daß man zu Recht von einer Aufstauung der erotischen Kräfte sprechen kann, deren plötzliche Lösung für die Erschöpfung und den Ekel verantwortlich ist, die diesen schöngewachsenen Jüngling von zwanzig Jahren nun ergreifen und, mehr als man gewöhnlich annimmt, in die Krankheit treiben.

Seine Energielosigkeit, sein Achselzucken der Umgebung gegenüber, kommt noch hinzu, um seine Widerstandskraft weiter zu schwächen, und zugleich richtet er in seiner geistigen Einsamkeit eine fugenlose Mauer um sich auf. Die Wahrnehmung des wirklich Geschehenen, der Welt, verschiebt sich bis in eine Besessenheit, die endlose Seiten füllt, bis in eine tatsächlich krankhafte Überreizbarkeit.

In der Geschichte dieses Freudenmädchens verbindet sich stilistischer Glanz mit Schärfe der Beobachtung. So etwas kann man kaum erfinden. Manche Einzelheiten sind mit einer brutalen Härte gesehen, wie sie nicht aus der Phantasie entspringen kann; es sind Geständnisse, die man mit sich herumträgt wie Splitter, die einem unter die Haut getrieben worden sind ...

Es sei wiederholt, daß diese intime Niederschrift immer den Tonfall eines schmerzlichen Bekenntnisses bewahrt und nirgends in den der Lüsternheit abgleitet. Der Text zeigt es deutlich genug. Um jedem Mißverständnis zu begegnen, sind so viele Zitate dieser Art verwendet worden, daß es sich erübrigt, noch mehr dazu zu sagen.

Man könnte *November* den «Schiffbruch der Sinnlichkeit» nennen. Die Verzweiflung Flauberts hat ihren Grund im Exzeß, dem wirklichen vielleicht weniger als dem der Phantasie, der noch mehr Schaden bringt; denn wirklich gelebte Sinnlichkeit hat eine eigene Kraft, gegen die der Kopf nicht viel ausrichtet. Auf der anderen Seite erfährt seine Phantasie dadurch eine Überentwicklung, die schließlich in nervöse Kränklichkeit mündet und sein ganzes Leben zeichnet.

«Erinnerungen eines Narren»: Texte

Seit meinem zehnten Lebensjahr ging ich ins Gymnasium, und schon früh hat mich dort ein tiefer Abscheu vor den Menschen erfaßt. Die Gesellschaft dieser Kinder ist gegen ihre Opfer ebenso grausam wie die andere kleine Gesellschaft, die der Erwachsenen.

Dieselbe Blindheit der Menge, dieselbe Tyrannei der Voreingenommenheit und der Gewalt, dieselbe Eigenliebe herrscht hier, soviel man auch reden mag über die Selbstlosigkeit und Treue der Jugend. Die Jugend! Das Alter der Narrheit und der Träume, der Poesie und der Dummheit, gleichbedeutende

Worte im Munde der Leute, die die Welt *vernünftig* betrachten. Alle meine Neigungen hat man beleidigt: meine Einfälle während der Schulzeit und die einsame Wildheit meiner freien Stunden. Seit dieser Zeit bin ich ein Narr.

Ich sehe mich noch auf meiner Schulbank sitzen, verloren in meine Träume von der Zukunft, vor meinen Augen das Erhabenste, was eine kindliche Phantasie sich ersinnen kann, während der Lehrer über meine lateinischen Verse spottete, meine Kameraden sich kichernd nach mir umdrehten. Dummköpfe! Über mich zu lachen, ausgerechnet sie! Sie, die so kraftlos, so gewöhnlich, so engstirnig waren; verlachten mich, dessen Geist bis zu den Grenzen der Schöpfung vordrang, sich in den Welten der Dichtung verlor, der ich mich größer fühlte, als sie alle zusammen, in unendlichen Freuden lebte und in himmlischen Entzückungen vor den innersten Offenbarungen meiner Seele erschauerte!

Ich sah mich als Jüngling, zwanzigjährig, von Ruhm umgeben; ich träumte von fernen Reisen in südliche Länder; ich sah den Orient und seine unermeßlichen Wüsten, seine Paläste, in denen Kamele mit erzenen Glöckchen sich drängen; ich sah Stuten der roten Sonne am Horizont entgegentraben; ich sah blaue Wogen, einen reinen Himmel, silbernen Sand; ich atmete den Duft der warmen südlichen Meere; und dann, in einem Zelt, von einer breitblättrigen Aloe beschattet, eine braunhäutige Frau an meiner Seite, mit brennenden Augen, die mich mit ihren Armen umfaßte und zu mir sprach in der Zunge der Huris.

Die Sonne versank im Sand, die Kamele und Stuten schliefen, die Fliegen summten um ihre Zitzen, der Abendwind strich über uns hin.

Und in der Nacht, wenn der silberne Mond seine bleichen Blicke über die Wüste sandte, und die Sterne unter einem nachtblauen Himmel funkelten, dann, in der Stille dieser warmen und duftenden Nacht, träumte ich von unendlichen Freuden, von himmlischen Wonnen.

Und dann kam der Ruhm: Händeklatschen, Fanfaren aufwärts zum Himmel, Lorbeer, Goldstaub in der Luft; ein strahlendes Schauspiel mit geschmückten Frauen, schimmernden Diamanten, Schwüle, keuchende Körper; und heilige Andacht, Worte, verzehrend wie Brand, Tränen, Gelächter, Schluchzen, der Rausch des Ruhms, die Schreie der Entzückung, das Trampeln der Menge, ach was! Eitelkeit, blinder Lärm, das Nichts.

Als Kind habe ich die Liebe geträumt; als Jüngling die Ehre; als Mann das Grab, die letzte Liebe derer, die nicht mehr lieben können.

Oft ging ich allein am Strand spazieren. Eines Tages führte mich der Zufall an eine Stelle, wo Leute badeten. Es war ein flaches Uferstück, nicht weit von den Häusern des Dorfes entfernt, und viele kamen dazu hierher; die Männer und Frauen schwammen gemeinsam im Wasser, und man zog sich am Strand oder in seinem Haus aus und ließ den Mantel draußen am Sand liegen.

An jenem Tag war ein hübscher roter Umhang mit schwarzen Streifen am Ufer liegengeblieben. Die Flut kam herein, das Ufer bedeckte sich mit Girlanden aus Schaum; schon hatte eine stärkere Welle die Seidenfransen des Mantels benetzt. Ich hob ihn auf und trug ihn ein Stück weiter hinauf; der Stoff war weich und leicht, es war der Mantel einer Frau.

Offenbar war ich dabei beobachtet worden; denn als ich zu dem Gasthaus, in dem wir wohnten, zurückgekehrt war, und alle zum Mittagessen in den

63

großen Saal zusammengekommen waren, hörte ich jemand zu mir sagen:

Ich danke Ihnen für Ihre Liebenswürdigkeit, mein Herr.

Ich drehte mich um; eine junge Frau saß mit ihrem Mann am Nebentisch.

Wofür denn? fragte ich, aus meinen Gedanken hochfahrend.

Daß Sie meinen Mantel aufgehoben haben; waren das nicht Sie?

Doch, Madame, sagte ich verlegen.

Sie sah mich an.

Ich schlug die Augen nieder und wurde rot. Welch ein Blick das war! Wie schön war diese Frau! ich sehe noch ihre brennenden Augen unter den schwarzen Brauen, wie sie sich auf mich richteten wie eine Sonne. Sie war groß, sonnengebräunt, mit herrlichem schwarzem Haar, das in Flechten über ihre Schultern herabfiel; ihre Nase war gerade wie die einer Griechin, ihre Augen feurig, ihre Brauen hoch und herrlich geschwungen, ihre Haut war glänzend und wie mit Gold überpudert; sie war schlank und zart, blaue Adern schlängelten sich auf ihrem dunklen, sonnengeröteten Hals. Ein feiner Flaum kam hinzu, der auf ihrer Oberlippe stand und ihrem Gesicht einen kräftigen, männlichen Ausdruck verlieh, vor dem alle blonde Schönheit verblassen mußte. Ihr Leib war vielleicht etwas zu stark, oder doch wenigstens war sie kunstvoll geschnürt. Auch fanden sie Frauen im allgemeinen geschmacklos. Sie sprach langsam; ihre Stimme war klingend, melodisch und sanft . . .

Sie trug ein zartes Kleid aus weißem Musselin, das den weichen Umriß ihres Arms erkennen ließ.

Als sie aufstand, um zu gehen, setzte sie einen weißen Kapotthut auf und befestigte ihn mit einer einzelnen rosaroten Schleife; sie knüpfte das Band mit einer feinen und vollen Hand, eine Hand, an die man lange denken muß, und die man mit Küssen bedecken möchte.

Jeden Morgen ging ich hin, um sie baden zu sehen; ich betrachtete sie von weitem im Wasser; ich war eifersüchtig auf die friedliche, weiche Welle, die ihre Seite benetzte und auf ihrer atmenden Brust schäumte, ich sah die Gestalt ihrer Glieder unter den nassen Kleidern, ich sah, wie ihr Herz schlug, ihre Brust sich hob; meine Augen folgten von selbst ihrem Fuß im Sand, und mein Blick blieb stehen bei den Spuren ihrer Schritte, und ich hätte weinen mögen, wenn die Flut sie langsam verwischte.

Und dann, wenn sie wiederkehrte und nahe an mir vorbeiging, wenn ich das Wasser von ihren Kleidern tropfen hörte und das Knirschen ihrer Schritte, begann mein Herz wie wild zu schlagen; ich senkte die Augen, das Blut stieg mir zu Kopf, ich rang nach Atem. Ich spürte den halbnackten Frauenkörper nahe an mir vorbeigehen und roch den Hauch von Meerwasser, der von ihr ausging. Taub und blind hätte ich ihre Gegenwart noch gefühlt, denn wenn sie so vorbeiging, stieg in meinem Innersten eine Süße auf, die dahinschmolz in Seligkeit und Freude.

Ich habe die Stelle noch vor mir, an der ich unbeweglich am Ufer stand; ich sehe die Wellen, wie sie hereinlaufen, sich brechen und im Sand ausbreiten; ich sehe die Schaumgirlanden am Strand, ich höre das Stimmengewirr der Badegäste, das Geräusch ihrer Schritte, ich höre ihren Atem, wenn sie nahe an mir vorbeiging.

Ich stand starr und betäubt, als wäre Venus von ihrem Thron herabgestiegen und lebendig geworden. Zum erstenmal spürte ich da mein Herz, ein

Geheimnis, etwas Unvertrautes, als habe sich ein neuer Sinn in mir geöffnet. Ich schwamm in unendlichen, zärtlichen Gefühlen; luftige, zarte Bilder wiegten mich ein; ich war zugleich größer und stolzer geworden.

Ich liebte.

Diese Seite ist kurz und doch noch zu lang. Hier, was geschah.

Die Eitelkeit trieb mich zu Liebe, nein, zur Wollust; nicht einmal das: zum Fleisch.

Man spottete über meine Keuschheit, ich errötete, schämte mich ihrer, sie bedrückte mich, als wäre sie ein Makel.

Eine Frau bot sich mir an, ich nahm sie; und ich ging aus ihren Armen voll Ekel und Bitterkeit. Nun konnte ich den Lovelace in den Wirtshäusern spielen, ebensoviel Schmutz wie die andern über einem Glas Punsch erzählen; jetzt war ich ein Mann; ich hatte das Böse getan, wie eine Pflicht, und danach hatte ich mich damit gebrüstet. Ich war fünfzehn Jahre alt, ich sprach von Frauen und Geliebten.

Jene Frau, ich nahm sie voller Haß; sie kam zu mir, ich ließ es zu; sie zwang sich zu einem Lächeln, das mich mehr abstieß als eine scheußliche Grimasse.

Ich fühlte Reue, als sei die Liebe zu Maria ein heiliges Amt gewesen, das ich besudelt hatte.

O Maria! Maria, geliebter Engel meiner Jugend, Du, die ich in der Unschuld meines Herzens gesehen habe, die ich mit einer Liebe geliebt habe, die so süß, so voll von Duft, von zärtlichen Gedanken war, lebwohl! . . .

Lebwohl! Und doch werde ich immer an Dich denken; ich werde in den Strudel der Welt geworfen werden, sterben vielleicht, unter den Füßen der Menge zertreten, in Fetzen gerissen werden. Wohin geht mein Weg? Was ist mein Geschick? Ich möchte alt sein, weiße Haare haben; nein, ich möchte schön sein wie die Engel, Ruhm haben, Genie, und alles Dir zu Füßen legen, daß Du darüber schreitest; und ich habe nichts von alldem, und Du hast mich kalt wie einen Lakaien oder einen Bettler angeblickt.

Aber ich, weißt Du, daß ich nicht eine Nacht, nicht eine Stunde lebe, ohne an Dich zu denken, ohne Dich zu sehen, wie Du den Wogen entsteigst, mit Deinem schwarzen Haar auf Deinen Schultern, Deiner dunklen Haut mit den Perlen aus salzigem Wasser, Deinen tropfenden Kleidern und Deinem weißen Fuß mit den rosigen Nägeln, der sich in den Sand drückte; und daß dieses Bild mir immer vor Augen steht, meinem Herzen immer leise vernehmlich bleibt? Oh! Nein, alles ist leer.

Lebwohl! Und doch, wäre ich vier oder fünf Jahre älter gewesen, als ich Dich sah, mutiger . . . vielleicht . . . Oh! nein, unter jedem Deiner Blicke bin ich errötet. Lebwohl!

«NOVEMBER»: TEXTE

Seither habe ich an sie gedacht; nicht ein Tag vergeht, an dem ich nicht so viele Stunden als möglich damit vertue, von ihr zu träumen; bisweilen sperre ich mich dazu ein und versuche allein meine Erinnerung noch einmal zu durchleben; oft denke ich vor dem Einschlafen mit aller Kraft an sie, um von ihr zu träumen, aber dieses Glück war mir noch nie beschieden . . .

Die Sehnsucht nach einer Frau ist schrecklicher und tausendmal schlimmer, wenn man sie besessen hat; die Bilder verfolgen einen wie fürchterliche Gewissensbisse. Ich bin nicht eifersüchtig auf die Männer, die sie vor mir gehabt haben, aber eifersüchtig auf die, die nachher kamen; es war eine schweigende Übereinkunft, so schien es mir, daß wir einander treu blieben, über ein Jahr habe ich dieses Versprechen gehalten, und dann hat der Zufall, der Stumpfsinn, vielleicht auch die Ermattung, die mich vor meinen nie wechselnden Wünschen befiel, es mich brechen lassen. Aber nur sie habe ich überall gesucht; im Bett der anderen habe ich von ihren Liebkosungen geträumt.

Auf eine Liebe läßt sich nicht einfach eine neue aufpflanzen, man kann es noch so oft versuchen, immer wieder taucht sie auf, und keine Macht der Welt kann sie mit der Wurzel ausreißen. Die römischen Straßen, auf denen die Konsuln in ihren Wagen dahinrollten, werden schon lange nicht mehr befahren, tausend neue Wege überqueren sie, Äcker hat man darüber angelegt, der Weizen wächst darauf, und doch sieht man noch ihre Spur, und die großen Steine reißen Scharten in die Pflugschar beim Ackern.

Die Frau, nach der ein Mann nie aufgehört zu suchen, ist vielleicht nur die Erinnerung an eine Geliebte, die aus dem Himmel stammt oder den ersten Tagen seines Lebens; wir sind auf der Suche nach allem, was daran rührt, die zweite Frau, die uns gefällt, gleicht fast immer der ersten, und es braucht ein weites oder ein sehr verdorbenes Herz, um alle zu lieben. Seht doch, wie es immer die gleichen sind, von denen die Leute schreiben, von denen sie hundertmal schreiben, ohne müde zu werden. Ich weiß von einem Freund, der sich in eine junge Frau verliebte, als er sie ihr Kind stillen sah; und noch lange gefiel ihm nur noch eine untersetzte, grobe Gestalt, und die Schönheit schlanker Frauen stieß ihn ab . . .

Ich habe alles geheimgehalten und es keinem verraten, man hätte sich über mich lustig gemacht. Lacht man nicht über die Liebenden? Denn zu lieben gilt als Schande unter den Menschen; jeder versteckt aus Scham oder Selbstsucht, was seine Seele an Gutem und Reinem birgt; um gelten zu können, darf man nur das Häßlichste zeigen, dadurch kann man sich mit allen auf eine Stufe stellen. Diese Frau lieben? hätten sie zu mir gesagt, und niemand hätte es auch nur begriffen; wozu dann erst den Mund auftun?

Ich habe Angst davor, ein bloßes Bild meines Geistes zu lieben, und daß mir an ihr nur die Liebe teuer ist, von der sie mich träumen gemacht hat.

Wohin wende ich mich? Die Erde ist groß, alle Wege will ich abschreiten, alle Fernen leertrinken; mag ich sterben bei der Fahrt um das Kap, an der Cholera in Kalkutta, an der Pest in Konstantinopel!

Wäre ich doch Maultiertreiber in Andalusien! und dann den Tag lang weitertraben, in den Schluchten der Sierra, den Guadalquivir strömen sehen, auf dem es Inseln mit Lorbeer und Rosen gibt, am Abend die Gitarren hören und die Stimmen, wenn sie unter den Veranden singen, den Mond betrachten, wenn er sich in den Marmorbecken der Alhambra spiegelt, wo Sultane zu baden pflegten.

Warum bin ich nicht Gondoliere in Venedig oder Kutscher auf den Wagen, *die einen in der schönen Jahreszeit von Nizza nach Rom bringen! Es gibt ja doch Menschen, die in Rom leben, Leute, die dort immer bleiben. Glücklich der neapolitanische Bettler, der in der heißen Sonne schläft, sich an den Strand legt, und der hinter dem Rauch seiner Zigarre den Rauch des Vesuvs in den Himmel steigen sieht! Ich neide ihm sein steiniges Bett und die Gedanken, die ihm dort kommen; das immer sanfte Meer trägt ihm den Duft seiner Fluten zu und das ferne Rauschen von Capri.*

Manchmal stelle ich mir vor, wie ich nach Sizilien komme, in ein kleines Fischerdorf, wo alle Boote noch römische Segel führen. Es ist Morgen; dort unter den Körben und den ausgebreiteten Netzen sitzt ein Mädchen aus dem Volk; sie geht barfuß; an ihrem Mieder trägt sie eine goldene Schnur, wie die Frauen in den Pflanzstädten des alten Griechenland; ihr schwarzes Haar ist zu zwei Zöpfen geflochten, die ihr bis zu den Fersen reichen; sie steht auf, schüttelt ihre Schürze aus; sie schreitet voran, und ihre Gestalt ist gleichzeitig biegsam und kräftig wie die einer griechischen Nymphe. Wenn eine solche Frau mich liebte! Ein armes Mädchen, die nichts weiß, nicht einmal lesen kann, aber deren Stimme sanft wäre, wenn sie zu mir in ihrer sizilianischen Sprache sagte: «Ich liebe dich! Bleib hier!»

«DIE VERSUCHUNG DES HEILIGEN ANTONIUS»

Die Versuchung des heiligen Antonius ist das dritte Werk von Flaubert. Man erschrickt fast über die Intensität dieses Buchs, über den Griff, mit dem es die Phantasie des Autors 25 Jahre seines Lebens gefangenhält, über die Zähigkeit und die wilde Energie, mit der er an diesem Plan fortarbeitet. Der gelassenste Erforscher der Seele, der dichterischen Seele, kann dabei die Fassung verlieren. *In einer einzigen Nacht* erscheinen diese Visionen, gegen deren ungebändigte Stimmgewalt nichts etwas vermag, die alle Absicht zum nur Ungewöhnlichen weit hinter sich lassen und sich bis ins Entsetzliche steigern. Sicherlich kann dieses befrachtete, vollgestopfte, hochexplosive Werk durch den Reichtum seiner Bilder, seine Spannung, seine unvergleichliche vorwärtsdrängende Kraft einen einzigartigen Platz in der französischen Literatur beanspruchen. Wie weit ist der Abstand zu den prätentiösen Bilderbogen, der verwässerten und verkümmerten Form, in der es bei späteren Autoren wieder auftaucht! Es ist dabei nichts anderes zutage gekommen als verschwommenes Bücherwissen, Spielerei mit der Bildung, mit der Geschichtsphilosophie, wie zum Beispiel bei Anatole France oder selbst bei Villiers de l'Isle-Adam – der später allerdings seinen Irrtum eingesehen hat. Das Werk Flauberts läßt alles weit hinter sich, was in seiner Art geschrieben worden ist; es ist gottlob nicht sehr viel.

Die dritte Fassung der *Versuchung* ist die einzige, von der man ausführlicher reden muß; die anderen waren für Flaubert nur als Skizzen wichtig, und, wir sagen es noch einmal, man tut ihm unrecht, wenn man ihnen Eigenständigkeit, Geschlossenheit und Endgültigkeit zuspricht.

In einer Nacht also wird Sankt Antonius der Einsiedler als reifer Mann von allen Qualen einer Seele heimgesucht, die sich unter der Last der Einsamkeit, der Selbstkasteiung und des Glaubenszweifels aufbäumt. Der Heilige siegt zuletzt, doch um einen fürchterlichen Preis. Es ist ein Gedicht voll düsterer

67

Glut; sein Thema ist allein das Christentum: alle anderen Religionen treten nur in seinem Dienst auf. Der Glaube, das Gottvertrauen ringt mit dem Zweifel, mit der Ketzerei, mit allen Anfechtungen, denen ein christlicher Mystiker ausgesetzt sein konnte. Die mystische Suche wird fehlgeleitet; ein Mensch steht unter der Wirkung eines metaphysischen Denkens, das bis ins Bizarre, in die tote Abstraktion, in die zitternde Erregung führt; eine Kabbala dialektischer Bewegungen, allerfeinster philosophischer Differenzierungen wirbelt durcheinander, und all dies strömt zu einem siedenden Gemisch zusammen, in dessen Mitte endlich die Erscheinung sich offenbart.

Es wäre übrigens denkbar, daß Flaubert aus einer gewissen perversen Freude heraus mit diesem Buch eine ungeheure Satire gegen die Religion richten wollte und daß sich das Ganze als Ausdruck, als unerhörter Ausdruck seiner Kirchenfeindlichkeit interpretieren ließe. Seinen Mutwillen an Christus selbst auszulassen: das wäre in der Tat ein furchtbares Unternehmen, das febrile Erzeugnis eines verstörten Geistes.

Wie dem auch sei, man steht immerhin vor der einzigartigen dichterischen Unternehmung, in einem einzigen Buch, während einer einzigen Nacht die ganzen wildbewegten 350 Jahre ablaufen zu lassen, die die christliche Religion gebraucht hat, um sich zu festigen, die Götzenbilder umzustürzen und aus den Sektierern Gläubige zu machen.

Und das geschieht noch dazu in der Form einer Vision, das heißt realistisch in Erscheinung und Rede, ohne Abstraktion, in voller Greifbarkeit. Sogar die Zeit dieser Vision wird getreu wiedergegeben: um die *Versuchung des heiligen Antonius* ganz zu lesen, braucht man gerade ungefähr eine Nacht lang. Die Fiktion einer verkürzten Zeit, die in der ganzen dramatischen Literatur auftritt, wird hier nicht verwendet. Jedes Ereignis beansprucht seine reale Zeit.

Ein solches Buch ist nicht möglich ohne eine überreiche Phantasie, eine Bildung ohnegleichen und eine enorme dichterische Entschlußkraft. Es setzt eine hohe Einschätzung des Lesers voraus, daß er diese unendlich tobende Schlacht ertragen soll; wenn überhaupt daran gedacht ist, ihn zu bewegen, zu packen und er nicht vielmehr als verächtlich und unerheblich übergangen wird. Flaubert hat viel gewagt; und gerade dieses Buch ist von ungewöhnlicher Kühnheit.

Die *Versuchung* setzt ein mit dem Groll des Einsiedlers, der dem Versucher den Weg öffnet. Es ist deutlich, daß Flaubert sich bei diesem langen Monolog, der die Exposition bringt, noch nicht ganz wohl fühlt; man könnte sogar sagen, er ginge ungeschickt dabei vor. Aber sobald die Gesichte erscheinen, spricht er mit voller Kraft, die er bis zum Ende der schreckensreichen Nacht durchhält. Der Satan wird sogleich zur klaren und erschreckend sichtbaren Gestalt. Die Trugbilder treten auf. Die Stadt, die Versuchung aller Asketen, aller Einsamen. Die Frau ... Die Königin von Saba, mit der Überfülle ihrer Schätze und ihrer Lüsternheit. Die Reihe der Ketzerfürsten, Mani, Origenes, ein Schwarm von gellenden Irren, von Zeichen Berauschter, dialektischer Schwärmer, Montanus, Tertullian und ihre Schüler, die Märtyrer in ihrem Elend, geknechtet und verhöhnt ... Simon der Zauberer; Buddha (oder Budha, wie er hier heißt, im Einklang mit einer Zeitströmung, für fremde Namen eine neue Schreibung einzuführen; vgl. auch Leconte de Lisle); Ormus, Adonis, Isis; alle alten Widersacher, die Magier des Rausches und der

Die Versuchung des heiligen Antonius. Kupferstich von Martin Schongauer

Dämmerung; die gestürzten Götter, die, auf Denkfiguren zurückgeführt, noch immer Macht haben und hinterdrein die schreiende Horde ihrer Anhänger; Juni, Minerva, Herkules und Bacchus, das ganze mythische Gefolge, das vor der neuen Morgenröte zurückweicht und im Abgrund verschwindet. Der

Teufel entführt Antonius. Die Erde wird vor dem Einsiedler zur Kugel, die Handgelenke an die Hörner des Dämons gefesselt schwebt er durch die Milchstraße, an Sternen vorbei. Dann klärt sich der chaotische Taumel der Gesichte in die letzte entscheidende Zwiesprache: dem Nichts der Idee setzt der Heilige die lebendige Seinsfülle Gottes entgegen. Es folgt der letzte Kampf mit der fleischlichen Versuchung und dem Tod; dann tritt die Sonne wieder hervor, und in ihrer Scheibe erscheint mild und strahlend das Antlitz Christi.

Über Hunderte von Seiten drängen sich diese überwältigenden Bilder, bis sie zuletzt jedes Aufnahmevermögen übersteigen und fast unzugänglich werden. Sogar die Kräfte des Autors selbst sind dabei überfordert worden: er hat einzelne, unterbrochene Bilder gesehen, die er später nur mit Mühe zu einem Ganzen vereinigen konnte. Dieses Buch, das offensichtlich in einem Zug gelesen werden muß, ist somit selbst in vielen einzelnen Arbeitsabschnitten entstanden; daraus resultiert eine Brüchigkeit, die bei der Lektüre stört. Aber bei alldem ist die *Versuchung des heiligen Antonius* ihrer Grundidee nach ein überzeugendes Buch und in der Schärfe und Neuartigkeit des Details von geradezu zwingender Suggestivkraft:

Nur eine Weltseele gibt es, die sich überallhin verbreitet, wie sich das Wasser eines Flusses in viele Arme verzweigt. Sie ist es, die im Winde seufzt, sie knirscht im Marmor, wenn er zersägt wird, sie schreit mit der Stimme des Meeres; und sie weint Tränen von Milch, wenn man ein Blatt vom Feigenbaum reißt.

Du flohest aus dem Osten; und Du nahmst mich, zitternd von Tau, in Deine Arme, o Sonne! Tauben flatterten über das Blau Deines Mantels, unsere Küsse zeugten Lüfte im Laub; und ich gab mich Deiner Liebe im Genuß meiner Schwäche . . .

Mein Reich ist von der Weite des Weltalls; und mein Verlangen hat keine Grenzen. Ich schreite fort, befreie den Geist und wäge die Welten, ohne Haß, ohne Furcht, ohne Empfindung, ohne Liebe und ohne Gott. Man nennt mich Wissenschaft.

Die *Versuchung* fand bei ihrem Erscheinen nur wenige Leser; heutzutage ist ihre Zahl noch kleiner geworden. Man beschäftigt sich anscheinend nur noch mit kleineren Bruchstücken, die dann, mehr oder weniger zufällig ausgewählt, plötzlich wieder lebendig werden. Und doch wird man zugeben müssen, daß man sich nur die Mühe zu machen braucht, sich näher damit zu befassen, darauf einzugehen, um von diesem Buch berührt und betroffen zu sein. Man kehrt zu ihm zurück mit wachsender Bewunderung für einen Autor, der den Mut zu einem solchen Unterfangen gehabt hat, und dem es, trotz allem, gelang.

Merkwürdig ist auch der Stil dieses Buches. Über seine zahllosen Beschreibungen hinweg tönen die Dialoge, hallen weite Rufe, Klagen, heisere Schreie. Alles ist auf Töne und Bilder zurückgeführt. Dazwischen sind in Klammern die «Bühnenanweisungen» eingefügt. Es gibt nur wenige Bücher der französischen Literatur, in denen die Parenthese eine so große Rolle spielt; es läßt sich daran gut ablesen, wie sehr alles dem gesprochenen Wort und der Geste unterstellt werden soll. Man bräuchte nur die Anordnung zu verändern und hätte ein fertiges Drehbuch: links die Anweisungen, rechts in zwei Spalten Bild, Spiel und Dialog.

Gustave Flaubert. Zeichnung von Desandré

Weiterhin verstärkt sich der Eindruck eines objektiv Geschehenden durch die Verwendung des indikativischen Präsens, das sonst bei Flaubert so selten ist. Der ganze beschreibende Text steht im Präsens und bezieht daraus seine ungewöhnliche Knappheit. Eine Art künstlerischen Verzichts ist hier wirksam; ohne eigene Anteilnahme scheint der Autor alles, was er zu diesem Thema aufgespürt und zusammengetragen hatte, alle überraschenden Einzelheiten, Farben, Stoffe, aufzuzählen. Dieses Präsens hat etwas von einer flüchtigen Niederschrift, von einem Augenzeugenbericht.

Das Imperfekt, die Zeitform der Erzählung, der Flaubert sein ganzes Werk hindurch treu bleibt, erlaubt dem Geist des Lesers, in Fluchtträume auszuschweifen; mit seinem langsamen Schritt, seiner Ausführlichkeit, bringt es zuweilen die Stimmung des Wachtraums hervor. Diese innere Verfassung seiner Leser hat Flaubert viel benutzt; hier aber will er sie fernhalten. Sein «historisches Präsens» bringt es zustande, das Geschehen für uns so gegenwärtig zu machen, daß uns nichts mehr von ihm trennt. Andererseits aber schwächt es Atmosphäre und Stetigkeit; der Wirkung der Präsenz hat Flaubert alles andere geopfert.

Gewisse Bilder erinnern an den frühen Film; Wirkungen werden etwa an Stelle der Ursachen gezeigt, oder ein Teilausschnitt tritt symbolisch für das Ganze ein; die Bewegungen einer einzelnen Hand zum Beispiel oder, wie bei Flaubert, die marschierenden Füße von Soldaten; eine sehr merkwürdige Hingabe an das Einzelgeschehnis tritt darin hervor und der Versuch, es mit allen Mitteln sichtbar vor Augen zu stellen.

Die *Versuchung* ist ein einsames und großartiges Experiment und bleibt, wenigstens in seinen zwei Frühformen, die einzige Vorübung Flauberts in seinem ganzen Werk, aus der sich später *Salambo* entfalten konnte.

Als Gemälde ist die *Versuchung* mißlungen; aber als dichterischer und philosophischer Entwurf bleibt sie in ihrer Art ein Meisterwerk. Das universale Wissen, das in ihm ausgebreitet liegt, hinterläßt ein Gefühl der Verwirrung und Überfülle, aber auch einer übermenschlichen schöpferischen Kraft, wie sie kein anderer französischer Schriftsteller mehr an den Tag gelegt hat.

Das Übermaß an Material, der ständige Drang zum «Beleg» sind beängstigend, aber sie geraten niemals in die Nähe des Konversationslexikons, wie das bei Victor Hugo so störend und bei Leconte de Lisle so plump und dabei mit so viel Überheblichkeit geschieht. Bei Flaubert dagegen spürt man überall Bescheidenheit und gewissenhafte Sorgfalt. Hier, wie auch sonst überall, lebt Flaubert mit der Gestalt seines Werks und fließt mit ihr in eins zusammen; so kann man verstehen, wie ihn vor all den Widersprüchen und Verirrungen in der Gestalt des heiligen Antonius der Mut verläßt und ein Gefühl der Benommenheit überfällt. Man kann spüren, wie das Entsetzen und die Verzweiflung in ihm wachsen, je tiefer er in den höllischen Wirbel hinabsteigt. Aber schließlich erringt Christus den Sieg, auch in Flaubert, und bringt auch für ihn etwas wie eine Erlösung:

Endlich erscheint der Tag: und wie die Vorhänge vor dem erhobenen Heiligtum wälzen sich goldene Wolken in großen Massen zur Seite und enthüllen den Himmel.

Ganz in der Mitte, in der Sonnenscheibe selbst, erstrahlt das Antlitz Jesu Christi.

Antonius macht das Zeichen des Kreuzes und vertieft sich ins Gebet.

Man erzählt sich viele Geschichtchen über die *Versuchung;* an einer ist Flaubert selbst schuld. Ein Marionettentheater, sagt man, hätte ihm einen Anstoß gegeben, auf dem Jahrmarkt von Saint-Romain, wo der alte Legrain die Prüfungen des heiligen Einsiedlers und des Schweins, das ihm immer treu folgte, vorzuführen pflegte. Dieses Possenspiel ist bis in unsere Tage bekannt geblieben, mit seinen Teufeln und Ungeheuern und Balladen. Die Klage des kleinen Ferkels ist sogar berühmt geworden:

> Gebt mir doch mein Schwein zurück,
> Bitte gebt mir's wieder . . .

Offenbar ist Flaubert jedes Jahr hingefahren, um die Vorstellung zu sehen, und hat einmal sogar George Sand dazu mitgenommen, der das Marionettentheater so sehr gefiel, daß sie es auch in Nohant spielen ließ. Aber die Idee der *Versuchung* ist so weit von der Posse entfernt, daß in der letzten, entscheidenden Fassung wenigstens keine Spur mehr davon zu finden ist; der Jahrmarkt mag allenfalls auf die beiden früheren Versionen, die sowieso nicht ins Gewicht fallen, etwas abgefärbt haben. Flaubert war wohl nur angezogen von dieser Spielart eines christlichen Theaters und dem Nachklang der alten Spiele im Kirchparadies, des alten, volkstümlichen Theaters mit seinem raschen Figurenwechsel. Das gleiche gilt von dem angeblichen Einfluß der Gemälde und Stiche von Breughel und Callot, die er selbst erwähnt, und dem Breughel-Bild, das ihm während der verunglückten Italien-Reise aufgefallen war. Vielleicht hat er sich auch dazu entschlossen, das Groteske und die mühsame Komik dieser Posse völlig ins Gegenteil, ins Tragische zu wenden.

Seine Vorliebe für diese hochstilisierten Puppen erklärt sich am ehesten aus seinem Interesse an Fetischen und Amuletten, die er so leidenschaftlich sammelte wie ein Bonapartist Pfeifen mit Napoleonsköpfen.

Eines verschweigen all diese Geschichten: wie unablässig ihn das Thema verfolgt hat. René Dumesnil behauptet zu Recht, daß *Dans les Espaces, Rêves d'enfer, Les Agonies, Smarh* und endlich auch *La Danse des morts* als vorläufige Skizzen, als Entwürfe für die *Versuchung* gelten können.

Die Versuchung des heiligen Antonius wurde am 20. Juni 1872 vollendet und bei Charpentier 1874 verlegt. Sie war ihrerseits eine Vorbereitung auf *Bouvard und Pécuchet.* Sie ist für Flaubert immer von höchster Bedeutung gewesen: sie war so etwas wie ein krankes Kind für ihn.

Es ist das traurige Schicksal großer Dichtungen, nicht gelesen zu werden; und doch überragen sie in der Literatur eines Volkes das Alltagsgewimmel wie ein königliches Grabmal.

«DIE VERSUCHUNG DES HEILIGEN ANTONIUS»: TEXTE

(. . . Und er sieht vor sich drei Reiter auf Wildeseln, in grünen Gewändern, Lilien in den Händen haltend, alle ähnlich von Gesicht.

Antonius wendet sich um, und er sieht drei andere Reiter von gleicher Art, auf gleichen Eseln, in derselben Haltung.

Er weicht zurück. Da kommen die Esel gleichzeitig einen Schritt näher und reiben die Schnauze an ihm, beißen nach seinen Kleidern. Stimmen rufen:

«Hierher, hierher, hier ist es!» Und Standarten erscheinen in den Bergspalten und Köpfe von Kamelen mit rotseidenen Halftern, schwerbeladene Maulesel und Frauen in gelben Schleiern, rittlings auf Schecken sitzend.

Die schnaufenden Tiere lagern sich, die Sklaven stürzen sich auf die Ballen, bunte Teppiche werden entrollt, glänzende Dinge auf der Erde ausgebreitet.

Ein weißer Elefant mit goldgewebter Decke läuft herbei und schüttelt den Busch von Straußenfedern auf seinem Stirnband.

Auf seinem Rücken, zwischen Kissen aus blauer Wolle, die Beine gekreuzt, die Lider halbgeschlossen, und den Kopf wiegend, sitzt eine Frau, so strahlend gekleidet, daß sie Licht um sich verbreitet. Die Menge wirft sich zu Boden, der Elefant beugt die Knie und Die Königin von Saba läßt sich über seine Schultern gleiten, betritt den Teppich und nähert sich dem heiligen Antonius . . .

Ihr Kleid aus goldenem Brokat, mit Säumen aus Perlen, Gagaten und Saphiren gemustert, faßt ihren Leib in ein enges Mieder, mit farbigem Stickwerk erhöht, das die zwölf Tierkreiszeichen darstellt. Sie hat hohe Stelzschuhe an den Füßen, der eine schwarz, übersät mit silbernen Sternen und einer silbernen Mondsichel, der andere weiß, mit Goldpunkten bedeckt und einer Sonne in der Mitte.

In ihren weiten Ärmeln, die mit Smaragden und Vogelfedern besetzt sind, zeigt sich nackt ihr kleiner, runder Arm, am Handgelenk mit einem Armreif aus Ebenholz geschmückt, und ihre ringbeladenen Hände, die in so spitzige Nägel auslaufen, daß die Fingerspitzen Nadeln gleichen.

Eine Kette von Goldplatten zieht sich unter dem Kinn die Wange hinauf, rollt sich in Spiralen um ihr Haar, das mit blauem Puder eingestäubt ist, fällt dann wieder herab, streift ihre Schultern und wird auf ihrer Brust zusammengehalten von einem diamantenen Skorpion, der seine Zunge zwischen ihre Brüste streckt. Zwei große helle Perlen hängen schwer an ihren Ohren. Der Rand ihrer Lider ist schwarz gemalt. Auf der linken Wange trägt sie ein braunes Mal; und sie atmet mit offenem Mund, als enge das Mieder sie ein.

Sie schüttelt im Gehen einen grünen Sonnenschirm mit elfenbeinernem Griff, an dem rundum hochrote Glöckchen hängen, und zwei krausköpfige kleine Mohren tragen die lange Schleppe ihres Gewandes, dessen äußerstes Ende ein Affe hält und es hie und da hochhebt.)

Sie spricht:

Ah! Schöner Eremit, schöner Eremit! Es vergeht mir das Herz!

Vor Ungeduld habe ich mit den Füßen gestampft, bis meine Fersen Schwielen zeigten, einen Nagel habe ich mir abgebrochen! Ich schickte Hirten aus, die auf den Bergen standen, die Augen schirmend, und Jäger, die in den Wäldern Deinen Namen riefen, und Späher, die über alle Straßen eilten und jeden Wanderer fragten: «Habt ihr ihn gesehen?»

Nachts weinte ich, das Gesicht gegen die Wand gekehrt. Meine Tränen haben in der Zeit zwei kleine Löcher in die Wand genagt, wie die Tümpel des Meeres in den Felsen, denn ich liebe Dich! Oh! Ja! Ich liebe Dich sehr!

(Sie faßt ihn am Bart.)

Lach doch, schöner Eremit, lach doch! Ich bin sehr lustig, Du wirst sehen! Ich zupfe die Leier, ich tanze wie eine Biene, und ich weiß viele Geschichten zu erzählen, eine vergnüglicher als die nächste.

*Du kannst Dir nicht denken, wie weit wir gewandert sind. Sieh die Wild-
esel meiner grünen Boten, sie sind vor Ermattung verendet!*

(Die drei Esel liegen ausgestreckt auf der Erde, ohne sich zu rühren.)

*Seit drei langen Monden sind sie gelaufen, immerfort, mit einem Kiesel
zwischen den Zähnen, um den Wind zu hemmen, den Schweif immer
gestreckt, die Knie immer gebeugt und immer im Galopp. Man wird ihres-
gleichen nicht mehr finden! Sie stammen noch von dem Vater meiner
Mutter, dem Kaiser Saharil, Sohn des Iakhschab, Sohn des Iaarab, Sohn des
Kastan. Ah! Wenn sie noch lebten, wir spannten sie vor eine Kutsche und
kehrten rasch nach Hause zurück! Aber . . . was denn? . . . Woran denkst
Du?*

(Sie sieht ihm ins Gesicht.)

*Ah! Wenn Du mein Gatte bist, werde ich Dich kleiden, Dich salben, Dich
schaben.*

(Antonius steht unbeweglich, starr wie ein Pfahl, bleich wie ein Toter.)

*Du siehst traurig aus; doch nicht weil Du Deine Hütte verlassen sollst? Ich,
ich habe alles für Dich zurückgelassen, – selbst König Salomon, der gewiß
viel Weisheit besitzt, 20 000 Streitwagen und einen schönen Bart! Ich habe
Dir mancherlei Hochzeitsgeschenke mitgebracht. Wähle! . . .*

(Sie zieht Antonius am Ärmel. Er widerstrebt.) Sie fährt fort:

*Dies feine Gewebe, das unter den Fingern knistert wie Funken, ist der
berühmte gelbe Stoff, den die Kaufleute aus Bactriana mitbrachten. Sie
brauchten 43 Dolmetscher auf ihrer Reise. Ich lasse Dir daraus Kleider
machen, die Du zu Hause anziehen magst.*

*Öffnet die Schließen an dem Kasten aus Sykomorenholz und bringt mir
das elfenbeinerne Kästchen im Sattelknauf meines Elefanten!*

*(Aus einer Truhe wird ein runder, mit einem Schleier bedeckter Gegen-
stand geholt, und ein kleines, zisiliertes Kästchen wird gebracht.)*

*Willst Du das Schild des Dschian-ben-Dschian, der die Pyramiden gebaut
hat? Es ist gefertigt aus sieben Drachenhäuten, übereinandergelegt, mit
Diamantschrauben zusammengefaßt und in der Galle eines Vatermörders
gegerbt. Auf einer Seite sind alle Kriege seit der Erfindung der Waffen
abgebildet, auf der anderen alle Kriege bis zum Ende der Welt. Der Blitz
prallt daran ab wie eine Kugel aus Kork. Ich werde ihn Dir an den Arm
streifen, und Du wirst ihn auf der Jagd tragen . . .*

*Und ich habe noch viele andere Sachen, siehst Du! Ich habe Schätze, in
Gängen verschlossen, in denen man sich verirrt wie in einem Wald. Ich habe
Sommerschlösser aus Rohrgeflecht und Winterpaläste aus schwarzem Mar-
mor. In Seen, so groß wie das Meer, habe ich Inseln, rund wie Silbermünzen,
von Perlmutt ganz bedeckt, und ihre Ufer schlagen Musik unter dem
Anprall der lauen Wogen, die über den Sand rollen. Meine Küchensklaven
fangen Vögel aus meinen Vogelgehegen und holen Fische aus meinen
Teichen. Ich habe Steinmetzen, die immer sitzen und mein Bild in harte
Steine schneiden, keuchende Erzgießer, die mein Standbild gießen, Duftmi-
scher, die Pflanzensäfte mit Essenzen rühren und Salben kneten. Ich habe
Putzmacherinnen, die meine Stoffe zuschneiden, Goldschmiede, die mir
Schmuck hämmern, Haarflechterinnen, die neue Haartrachten für mich
erfinden, und emsige Maler, die über meine Wandbilder kochendes Harz
gießen und sie dann mit Fächern kühlen. Ich habe Dienerinnen genug für*

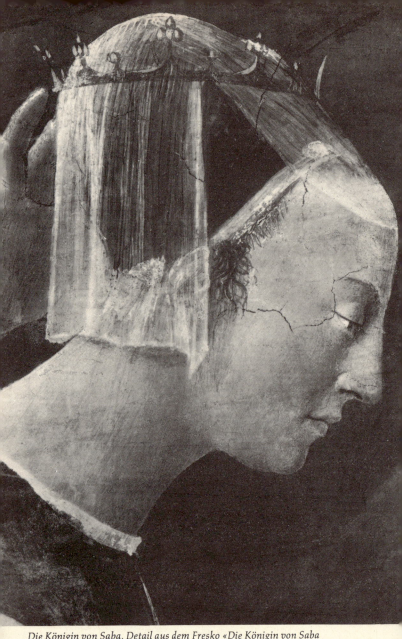

Die Königin von Saba. Detail aus dem Fresko «Die Königin von Saba besucht König Salomon» von Piero della Francesca

einen Harem. Eunuchen für eine Armee. Ich habe Armeen, ich habe Völker! Ich habe in meinem Vorhof eine Wache von Zwergen, die auf dem Rücken elfenbeinerne Trompeten tragen.

(Antonius seufzt.)

Ich habe Gazellengespanne, Viergespanne von Elefanten, Kamele nach Hunderten und Stuten mit so langen Mähnen, daß beim Galopp ihre Füße daran streifen, und Herden mit so breiten Hörnern, daß man die Wälder vor ihnen niederschlagen muß, wenn sie weiden. Ich habe Giraffen, die in meinen Gärten umherlaufen und ihren Kopf auf den Rand meines Daches legen, wenn ich nach dem Essen die frische Luft genieße . . .

(Sie ringt ihre Hände voller Verlangen.)

Oh! Wenn Du wolltest, wenn Du wolltest! . . . Ich habe ein Sommerhaus auf einem Vorgebirge in einer Landenge, zwischen zwei Meeren. Es ist getäfelt mit Glasplättchen, der Boden mit Schildpatt ausgelegt, es öffnet sich nach den vier Winden des Himmels. Von dort droben sehe ich meine Flotte heimkehren und das Volk, wenn es den Hügel hinaufsteigt, seine Last auf den Schultern. Auf Daunen könnten wir schlafen, weicher als Wolken, Kühles trinken aus Fruchtschalen, die Sonne durch Smaragde betrachten! Komm! . . .

(Antonius weicht zurück. Sie geht auf ihn zu, mit gereizter Stimme:)

Was? Nicht reich, nicht zärtlich, nicht liebevoll? Das also willst Du nicht haben, wie? Sondern geil, fett, mit rauher Stimme, mit brandrotem Haar und prallem Fleisch? Willst du lieber einen Leib so kalt wie die Haut einer Schlange oder große schwarze Augen, dunkler als geheime Höhlen? Sieh sie Dir an, meine Augen!

(Antonius betrachtet sie wider Willen.)

Alle Frauen, die Du gesehen hast, das Straßenmädchen, das unter der Laterne singt, die Dame, die Rosen entblättert aus der Höhe ihrer Sänfte, jeden heimlichen Teil eines Körpers, alle Bilder Deiner Begierde, verlange sie! Ich bin kein Weib, ich bin eine Welt. Wenn meine Kleider sich lösen, wirst Du an meinem Leib einen Weg von lauter Geheimnissen entdecken!

(Antonius steht mit Zähneklappern.)

Wenn Du Deinen Finger auf meine Schulter legtest, es wäre wie laufendes Feuer in Deinen Adern. Der Besitz des kleinsten Teils an meinem Leib wird Dir mehr Lust bereiten als die Eroberung eines Kaiserreichs. Reich mir Deine Lippen! Meine Küsse haben den Geschmack einer Frucht, die in Deinem Herzen schmilzt! Ah! Wie wirst Du vergehen unter meinen Haaren, meine Brust einatmen, vor meinen Gliedern erschrecken, und meine Augen werden Dich brennen, in meinen Armen, in einem Wirbel . . .

(Antonius macht das Zeichen des Kreuzes.)

Du verschmähst mich! Lebwohl!

(Sie entfernt sich, weinend, dann sich umwendend.)

Ist es gewiß? Ich bin eine schöne Frau!

(Sie lacht, und der Affe hebt den Saum ihres Kleides hoch.)

Du wirst es bereuen, schöner Eremit, wirst seufzen! Dich verzehren! Aber ich lache darüber! la! la! la! o! o! o!

(Sie entfernt sich, das Gesicht in den Händen, auf einem Bein hüpfend.

Die Sklaven ziehen an dem heiligen Antonius vorbei, die Pferde, die Dromedare, der Elefant, die Dienerinnen, die Maulesel, die wieder bepackt

77

sind, die kleinen Mohren, der Affe, die grünen Läufer, die Lilien in ihrer Hand sind nun geknickt; und die Königin von Saba zieht ab, mit einer Art krampfhaftem Glucksen, das wie ein Schluchzen oder ein Kichern klingt.)

«Madame Bovary»

Madame Bovary hat eine sehr merkwürdige Entstehungsgeschichte. Die erste Fassung der *Versuchung des heiligen Antonius* war im Herbst 1846 in Angriff genommen worden. Schon damals also hatte Flaubert diesem Thema nicht mehr widerstehen können, in dem sich Religion mit Kunst verband, in dem die Wissenschaft und die Kunst in düster-lyrischem Ton zusammenklingen konnten. Seine Art der Romantik hatte sich nie von klarem Wissen und scharfer Abwägung gelöst und war von Hudelei und Aufgeblasenheit immer freigeblieben. Die Stimmung zwielichtiger Schönheit hatte seine literarische Begabung von Anfang an gereizt.

Diese Arbeit also trieb er bis zum September 1849 voran, und als man ihn in der Frage seiner Orientreise zur Entscheidung drängte, bat er um Aufschub, bis er wenigstens eine vorläufige Fassung zu Ende gebracht hätte, die ein zusammenhängendes und in sich geschlossenes Ganzes wäre.

Für ihn bedeutete das einen Markstein auf dem Weg, auf seiner geistigen Pilgerschaft, und, um neuen Mut zu schöpfen, vielleicht auch, um die Qualität des Buches bestätigt zu hören, an der ihm über seiner Arbeit Zweifel gekommen waren, wollte er ein kritisches Urteil hören. Er lud seine zwei engsten Freunde, Maxime Du Camp und Louis Bouilhet, zu sich ein, um ihnen das Werk vorzulesen, an dem ihm so sehr gelegen war. Er betrachtete es als sein erstes brauchbares, druckreifes Werk; das erste, in dem er sein Bestes gegeben, für das er alle seine Kraft eingesetzt hatte. Vor seinen beiden Freunden hatte niemand davon erfahren.

Er stellte ihnen die Bedingung, daß sie ihn während der Lesung an keiner Stelle unterbrechen sollten. Dann las er. Er las vier Tage lang, acht Stunden am Tag, vor seinen Freunden, die sich an die Abmachung hielten und schwiegen.

Unaufhörlich, ohne eine einzige Pause, bis zur völligen Übermüdung seiner Freunde trug er ihnen das Werk vor, zu dessen Entstehung so viele Forschungen und Überarbeitungen notwendig gewesen waren, und das schon deswegen Ruhepausen und Unterbrechungen verlangt hätte. Vielleicht war das der Grund, warum das Urteil so streng und unbarmherzig ausfiel: die beiden Hörer, buchstäblich am Ende ihrer Kraft, erklärten, das Ganze sei abscheulich und die *Versuchung* gehöre in den Ofen geworfen.

Welchen Schock das für Flaubert bedeutete, bei seinen ständigen Selbstzweifeln, läßt sich denken . . . Trotzdem kam es zu keiner Szene. Die Nichtigkeit so vieler Sorgen und Pläne wurde von Flaubert zugestanden und mit gelassener, fast starrer Ruhe akzeptiert. Es war eine Katastrophe von solchem Ausmaß, daß nur noch Unempfindlichkeit eintreten konnte. Alles mußte aufgegeben, ein ganz neuer Anfang gemacht werden.

Flaubert machte fast keine Einwände. Er gab auf. Seine Freunde, vielleicht noch mehr betroffen als er selbst, der seine Kritiker innerlich als unzuständig erklären konnte, versuchten die Wunde zu heilen. Sie gaben ihm in seiner

Louis Bouilhet

Verwirrung den Rat, sich einen handfesten, einfachen Stoff vorzunehmen, ohne Philosophie, ohne Tiefgründigkeiten und Hintergedanken, etwas Greifbares, Spannendes, etwas mit Haut und Knochen: die berühmte «Affäre Delamare-Bovary». Wie weit war jene Zeit doch von der klassischen Strenge entfernt! Was man ihm da anbot war die Geschichte eines betrogenen Ehemanns, dessen Frau sich umbringt. Und Flaubert, noch unter der Wirkung des Schlags, griff zu.

Wir kommen noch einmal auf Maxime Du Camp zurück; wenn man ihm schon eine Teilhaberschaft an Flauberts Vorhaben zuschreibt, dann kann seine Person auch nicht so unerheblich sein, wie man es gerne haben möchte. Ohne Maxime Du Camp hätte es *Madame Bovary* nie gegeben. Es ist gar nicht so unsinnig, für diesen Schriftsteller eine Dankbarkeit zu empfinden, die man ihm immer kleinmütig verweigert hat. Er hat gespürt, daß es in Flaubert noch andere Möglichkeiten gab und hatte einen Blick für seine realistische Kraft und seine Energie.

Flauberts widerspruchsloser Gehorsam ist recht erstaunlich, wenn man genauer zusieht. Unser kritischer Blick ist merkwürdig ungeschult. Aber wie denn! Ist das nicht ein Abfall von der Großartigkeit in abgedroschene Banalität? Ein Purzelbaum? Ein Abstieg von der poetischen Sprache, der Größe, in ein Scharren nach Unerheblichkeiten; von dem stolzen Höhenflug in eine mühselige Kletterpartie? War sich Flaubert schon im klaren über seine Reserven? War er seiner so sicher?

Tatsächlich: während seiner ganzen Orientreise beschäftigte er sich mit diesem Stoff. An den Ufern des Nil entschied er sich, das Buch *Madame Bovary* zu nennen; und sobald er zurückkehrte, arbeitete er daran ununterbrochen – fünf Jahre der Mühe und inneren Unruhe.

Madame Bovary ist nicht mehr als eine recht bescheidene Alltagsgeschichte, und nur die Größe ihres Autors macht sie bedeutend. Eine schöne junge Frau von mehr geistiger als körperlicher Sinnlichkeit heiratet einen Quacksalber ohne Talent und ohne Feuer. Dieser «Gesundheitsbeamte»[1] nimmt sie mit sich in ein armseliges kleines Nest, in dem sie vor Langeweile umkommt. In Tagträumen, in einem geheimen Doppelleben sucht sie einen Ausweg. Sie liebt leidenschaftlich und trifft nur auf Zügellosigkeit; endlich wird sie ein Opfer ihrer ständig überreizten Nerven und geht in der tiefsten Verzweiflung zugrunde.

Das Auffallende und Neue an diesem Buch liegt vor allem anderen in seinem E r n s t. Es hält sich fern von aller Gefälligkeit, allem Leichtsinn, aller Sanftheit; und doch wird es nie zum Tendenzroman. Auch in den komischen Szenen schwingt noch ein Unterton von unversöhnlicher Härte mit, auch sie sind noch eingetaucht in das Medium der m a n i è r e n o i r e, jenes Prinzip, das den neuen Roman auf neue, unbekannte Wege geführt hat. Eine so scharfe und düstere Zeichnung der Wirklichkeit erschien der Zeit krankhaft und verkehrt. Keiner der damals gängigen Romanciers, weder Victor Hugo noch Jules Sandeau, noch Octave Feuillet hatten eine solche Formempfindlichkeit, eine so hohe Achtung vor der Objektivität gezeigt.

Unparteilichkeit und Ernst. Die ernsten Romane der damaligen Zeit waren alles andere als unparteilich; sie wollten etwas beweisen, angreifen, wollten neue Lösungen finden und durchsetzen. Bei Flaubert findet sich nichts davon. Die W i e d e r g a b e ist ihm wichtiger als die Erfindung: das Geheimnis vielleicht der großen Romandichtung. Der große Romancier ist mehr ein Beobachter als ein Schöpfer. Und überhaupt muß vielleicht alle Romandichtung «realistisch» sein, wenn man dieses verschriene Wort in seinem weitesten Sinn faßt und es nicht überfordert und verdreht. Im Wirklichen ist alles Große und Edle enthalten; es ist nicht auf die Niedrigkeiten der Seele und des Leibes beschränkt.

In *Madame Bovary* stellt der Autor einen Spiegel auf, in dem sich alle Personen und Situationen abbilden. Nicht um eine Erzählung geht es hier, nicht um eine Beschreibung oder ein Gemälde: Flaubert kopiert. Die einzigen Eindrücke, die der Leser empfängt, sind die Eindrücke des Weges, auf dem er geleitet wird.

Um einen so unmittelbaren Eindruck von Wirklichkeit zu vermitteln, muß der Autor alle erdenklichen Vorsichtsmaßregeln beachten. Die Einbildungskraft bleibt in ihren Rechten; aber sie wird Schritt für Schritt durch den «Beleg» aus der eigenen Beobachtung oder der Literatur zur genauesten Deckung mit der Wahrheit gebracht.

---

1 Zugelassener Arzt ohne akademischen Grad.

Die erste der insgesamt vier Fassungen einer Passage aus «Madame Bovary»

Louise Pradier, die Frau des Bildhauers, mag zu der Gestalt von Emma Bovary einige Züge beigesteuert haben

So kommen wir endlich zum Stil. Er ist Anfang und Ende dieses Buchs und sein wirksamstes Element. Der Stil: ein Wort von so weiter und verzweigter Bedeutung, daß hier eine eigene, ausführliche Definition am Platze wäre, die uns aber der Raummangel verbietet. Einige Umrisse müssen genügen.

Noch heute, nach soviel Diskussion, bleibt der Bedeutungsbereich des Wortes verschwommen. Stil wird noch immer gesondert von der Handlung, dem Inhalt. Er gilt als die Oberfläche der Dichtung, vergleichbar der Haut über einem Muskel oder über einem Knochengerüst. Flaubert dachte anders darüber und war darin seinen Zeitgenossen voraus. Für ihn ist der Stil der *Träger der Idee*, nicht, wie für so viele, ihre Umkleidung. Eine engstirnige Schultradition hat den Stil zur grammatischen und syntaktischen Richtigkeit degradiert, so daß man sagen kann, daß jemand, der nach gängiger Meinung «guten Stil schreibt», überhaupt keinen Stil hat.

«Stil haben» bedeutet für Flaubert, der Idee eine dem Dichter eigentümliche Kraft mitzuteilen und sie mit einer besonderen, faszinierenden und glanzvollen Form auszustatten. In ihm sieht er das Wesentliche allen Ausdrucks, sein innerstes Herz, seinen Pulsschlag, seinen Atem. Ohne Stil entsteht totes Papier, Staub . . . Die Kraft der Idee trägt nicht ohne die Kraft des Stils. Nur deshalb brütet er über seiner «Kopie», nur deshalb wird sie überprüft und bearbeitet, erweitert, umgruppiert, verfeinert und gefeilt, aufs neue erweitert und beschnitten. Die Wahrheit kommt erst in der Schönheit zu sich selbst. Flaubert beherrscht den planenden Stift, der den Raum zu ordnen vermag, und den ausarbeitenden Pinsel, der ihn farbig belebt, Nähe und Tiefe gibt. Der Zeichnung entspricht dabei der Rhythmus, die Länge und Kürze des Satzes, dessen Fall und Kadenz, Einschnitte und Pausen; das malerische Element ist die Palette der syntaktischen und rhetorischen Tropen, der Gedanken- und Wortfiguren, ein verdecktes, aber immer spürbares Verfahren, dessen verschiedene Effekte er bis ins Letzte vorantreibt.

Daß Prosa rhythmisch sein kann, scheinen vor ihm nur die Redner und die Nachbeter des klassischen «erhabenen Stils» gewußt zu haben; die rhetorischen Figuren verwendet er auf eine neue Weise, in der sie zu erstaunlicher, fast schockierender Wirkung kommen. Es entsteht so ein gespanntes und reich gefülltes Satzgefüge; die Kritiker der Zeit sagten von Flaubert, er verwende den «erhabenen» oder doch einen «geblümten Stil», um Alltäglichkeiten oder gar Gemeinplätze auszudrücken, und mache sich damit einer unerlaubten stilistischen Lizenz schuldig. Sie begriffen nicht, daß es für diesen Schriftsteller kein Thema aus einer niedrigen Sphäre gab und daß die Mimesis das letzte Ziel aller Dichtkunst ist. Ein Buch, das weder zu rühren noch zu gefallen versuchte, das an kein Publikum dachte, aus dem sich keine Moral entnehmen ließ, sondern das fast zwecklos, in sich selbst ruhend, für sich bestand, galt diesen Kritikern keineswegs als lobenswert; sie merkten nicht, daß die vielbeschriene Formel «l'art pour l'art» in ihrer ganzen Fülle in die Wirklichkeit umgesetzt worden war.

Madame Bovary erschien 1857; das Manuskript war seit dem April 1856 druckfertig. Der Roman wurde in der «Revue de Paris» veröffentlicht, die Maxime Du Camp zusammen mit einem anderen herausgab. Das Buch hatte eine unmenschliche Mühe gekostet; Flaubert hatte sich darüber des öfteren beklagt; schließlich aber wurde der kunstvolle Bau in einem Hochgefühl dichterischer Kraft vollendet, von dem das Werk noch immer Zeugnis gibt.

Auch damals wurde das sogleich bemerkt, zum Teil wegen des Skandals, der unmittelbar nach dem Erscheinen losbrach. Du Camp hatte von Anfang an Änderungen und Streichungen verlangt. Es ist wahrscheinlich, daß er von seinem Mitherausgeber dazu veranlaßt wurde, denn er selbst mußte das Werk schließlich gut genug gekannt haben. Gewisse Szenen erschienen untragbar, einige Passagen zu frei in der Sprache. Das ganze Gezeter kommt uns jetzt wunderlich vor; heutzutage wird man erheblich heißer gebrüht; aber auch damals hätte der durchgehende Ton großen Ernstes deutlich genug

Sénard, der Verteidiger Flauberts

gegen ein Mißverständnis des Dichters und seiner integren Absichten sprechen sollen. Und doch drohte der Zeitschrift «Novelliste de Rouen», die einen Zweitdruck veranstaltete, bald der Atem auszugehen; ängstlich stellte sie die Veröffentlichung ein. Bald darauf wurde bekannt, daß gegen den Verleger und den Autor ein gerichtliches Verfahren angestrebt worden sei.

So begann der berühmte Prozeß, der Flaubert «machte», und um den man sich heute noch zankt. Auf der einen Seite stand die scheinheilige Anklagerede des Staatsanwalts Pinard, der dabei selbst ein Verfasser von pikanten Gedichten war; auf der anderen die großzügige Aufgeschlossenheit des Verteidigers Sénard. Sie übertrieben beide. Der Dichter muß seine Freiheit nützen können; aber er darf sie nicht mißbrauchen. Die Beschuldigten wurden freigesprochen, aber auch die Ankläger gingen ohne Tadel aus; für die damalige Zeit war die Entscheidung gerecht. Man kann nicht leugnen, daß Szenen von großer Offenheit einen unmoralischen Einfluß haben können, unabhängig von den sittlichen Überzeugungen eines Buchs. Das ist eine

Pinard, der Vertreter der Anklage

unbestreitbare Tatsache, und alle Autoren, die offen reden wollen, selbst wenn sie es in moralischer Absicht tun, sträuben sich vergeblich dagegen. Die Schilderung des Genusses ist nun einmal wirkungsvoller als seine Verdammung. Und wenn der Staat schon die Aufgabe übernimmt, etwa den Vertrieb von Rauschmitteln zu kontrollieren, so kann man ihm schwerlich das Recht absprechen, sich auch um andere Formen seelischer Gefährdung zu kümmern, zu denen die literarische Ausschweifung sicherlich gehört. Doch ist die Frage noch weit schwieriger: unzüchtige Literatur ist schließlich nur eine recht schwache Gefahr im Vergleich zu anderen Formen geistiger Verführung. Und auf diesem Wege geriete man schließlich in eine Diktatur, in der alles verdächtigt werden könnte. Das einzige, was der Staat zuletzt noch drucken lassen könnte, wären Reiseführer und Wörterbücher ...

Michel Lévy erwarb sich die Rechte für *Madame Bovary* auf fünf Jahre und fuhr recht gut damit. Der Skandal machte das Buch ungeheuer populär; sein literarisches Verdienst blieb indessen umstritten. Sainte-Beuve bezeugte

Flaubert seziert Madame Bovary. Karikatur von A. Lernot in «La Parodie», 5. Dezember 1869

seine Hochachtung vor einem Werk, dessen Kraft Flaubert als reifen Schriftsteller erkennen lasse, als einen der Großen aus der Neuen Schule, wie er meinte; und er führte das im «Moniteur», dem maßgebenden literarischen Organ aus.

Baudelaire hielt das Buch für ein Kunstwerk erster Ordnung. Barbey d'Aurevilly, der seiner Zeit so merkwürdig voraus war, erkannte mit seinem scharfen Blick die dichterische Kraft Flauberts und setzte sie ins richtige Licht. Cassagnac aber verglich *Madame Bovary* mit «einem Misthaufen . . .». Aubineau sagte von dem Roman im «Univers», dem konservativen Journal, er sei «überschwemmt mit Schmutz». Mazade sprach ihm in der «Revue» von Buloz «jede Originalität» ab.

Und doch spürten alle, wenn auch vielleicht nur dunkel, daß dieses Buch der Ausgangspunkt einer neuen Literatur werden konnte, einer Literatur, der sie ein wenig mißtrauten. In manchen Kreisen galt *Madame Bovary* noch lange Jahre als ein Buch, das sich in einer anständigen Wohnung nicht findet, selbst als der Zolasche Unrat schon überall verbreitet war. Dazu kam die Abscheu vor dem «Radikalismus» Flauberts, vor seinen anarchistischen Zügen, seiner Menschenverachtung und mehr noch seiner Ironie, der anscheinend nichts heilig war. Und schließlich darf man sich nicht darüber täuschen, daß die meisten sich bei *Madame Bovary* langweilten, daß ihr Interesse in dem schweren, prunkvollen Fluß dieser Sprache erlahmte; die Leser, die an die Kunststückchen und die massive Rührseligkeit ihrer Modedichter gewöhnt waren, legten es bald zur Seite. Man konnte dabei weder lachen noch weinen, noch auch sich zum Parteigänger einer radikalen politischen Tendenz machen. Trotzdem wurde Flaubert mit diesem Buch berühmt.

Flaubert hält sich strikt hinter seinen Figuren verborgen. Er durchbricht diese Grundregel seiner Kunst nur einmal zu Anfang des Buchs, als er Karl Bovary als einen früheren Bekannten einführt. Das ist ein glücklicher Kunstgriff, ein leichter, freundlicher Auftakt. Im Fortgang des Romans hat man es dann nur noch mit den Personen selbst zu tun.

Und doch muß man sich einen sehr merkwürdigen Vorgang klarmachen: der Autor bleibt durch das ganze Buch hindurch unüberhörbar gegenwärtig; immer wieder wird man durch die verschwenderisch ausgestreuten Bilder, durch überraschende Eigentümlichkeiten des Stils daran erinnert. Die Metaphern stammen oft aus einer hohen Stilebene, gehen bis ins Künstliche, sind aber immer so eigenartig und neu, daß man aufmerksam und schließlich ausgesprochen neugierig auf die Person des Autors wird. Etwas Ähnliches bewirken manche Verkürzungen und eine ganz bestimmte Satzführung:

Und ihre Gedanken umarmten sich wie liebende Herzen . . .

Die Zukunft war ein langer, stockfinsterer Gang, der mit einer fest verriegelten Tür endete.

Die menschliche Sprache ist eine gesprungene Trommel; und wenn wir sie rühren, tanzen die Bären dazu, statt daß die Sterne weinen . . .

Die Unterhaltung von Karl war platt wie das Straßenplaster . . .

Ihre Wünsche flattern wie der festgebundene Schleier an ihrem Hut nach allen Seiten im Wind . . .

War denn nicht er (Karl) *das Hindernis für alles Glück, die Ursache allen Elends, war er nicht die Schnalle an dem vielfältigen Riemen, der sie überall einschnürte . . .?*

Aus diesen Zitaten läßt sich die Eigentümlichkeit und Präzision der Flaubertschen Metaphern ersehen. Sie gewannen damals mehr Angreifer als Bewunderer, was verständlich wird, wenn man eine Grammatik der damaligen Zeit aufschlägt. Für den Vergleich gab es drei Regeln: er mußte natürlich, angemessen, und vor allem gehoben sein. Es läßt sich ausdenken, wie anstrengend man es damals finden mußte, diesen geistigen Kunstübungen zu folgen.

Mehr noch: in *Madame Bovary* finden sich ausgedehnte Vergleiche, die sich so weit ausbreiten und verzweigen, daß sie sich der Allegorie nähern; sie bewegen sich zu entfernten Dingen und Räumen, verlassen das Verglichene und öffnen vor dem Blick einen neuen Schauplatz, vor dem es fast verschwindet und in Vergessenheit gerät. Einige darunter sind sehr schön. Wir zitieren hier nur einen jener Vergleiche, die oft wie eine Illustration, wie eine Vignette im Text stehen:

Im Grunde ihrer Seele aber wartete sie darauf, daß etwas geschähe. Wie eine schiffbrüchige Mannschaft ließ sie ihre verzweifelten Blicke über die Ödnis ihres Lebens schweifen und suchte im fernen Dunst des Horizonts nach einem weißen Segel. Sie wußte nicht, welcher Zufall, welcher Wind es herantreiben, an welches Ufer es sie tragen würde, ob es eine Schaluppe oder ein stolzer Dreimaster wäre, ob mit Ängsten oder Glückseligkeiten beladen bis oben hin. Aber jeden Morgen, wenn sie erwachte, hoffte sie auf den neuen Tag, horchte auf jedes Geräusch, fuhr hoch, wunderte sich, daß nichts kam; dann, bei Sonnenuntergang, wünschte sie sich, immer tiefer in Trauer versinkend, den Morgen herbei.

Man sieht, wie zäh Flaubert an dem anfänglichen Bild festhält, in wie weite Räume er es erweitert. Dieses eigensinnige Vorantreiben der Metapher macht ihren künstlerischen Wert vielleicht zweifelhaft. Trotzdem ist die Qualität dieses Textes unbestreitbar, in seiner Art, wörtliche und übertragene Bedeutungen gegeneinander auszuspielen, sie zu verwischen und wieder zu trennen.

Das Zitat zeigt auch, wie es geschieht, daß der Autor selbst sichtbar wird, so sehr er auch hinter dem Werk zurücktreten will. In der Sorgfalt des Abwägens in der überlegten und ganz eigenen Orchestrierung kommt er wieder zum Vorschein. Er entfernt sich aus der Erzählung selbst, um im Vergleich, im Bild wieder aufzutauchen; der Gang seiner Phantasie enthüllt sich vor uns, seine Vorliebe für diesen oder jenen Gedanken, seine Vertrautheit mit gewissen sinnlichen und ästhetischen Empfindungen; und so wirkt seine Prosa zuletzt wie eine illuminierte Handschrift, in der die Schrift neben den Miniaturen fast bedeutungslos wird.

Man könnte sogar behaupten, daß die dürftige Handlung erst durch diese Illustration anziehend wird und daß unser Blick weniger von Madame Bovary selbst gefangen wird als von der Art, in der Flaubert sie behandelt und zeichnet, sie mit Beiwerk ausstattet, das sie zuletzt verdeckt; über den Skulpturen am Sarkophag gerät die Mumie in Vergessenheit.

Flauberts Sprache hat einen lyrischen Drang, der, vom Thema eingeengt, sich an solchen Stellen freimacht und entspannt. Der Übergang von der großen Vision zur genauesten Zergliederung, von der *Versuchung* zum «Fall Delamare» ist nicht denkbar ohne Fortführung, Ineinandergreifen, Verzahnung.

Szene aus dem Film «Madame Bovary und ihre Liebhaber»
(Titelrolle: Jennifer Jones)

Und in der Tat bleibt *Madame Bovary* ein zwitterhafter Versuch, ein Übergang, der im ganzen Werk Flauberts seiner Struktur nach vereinzelt stehen bleibt. Der bilderreiche Stil von *Madame Bovary* kehrt niemals wieder. Die plötzliche Schwenkung von der niedrigen Sphäre ins Großartige, die Flaubert hier überreichlich anwendet, legt er in seinen anderen «realistischen» Büchern vollkommen ab. Geschieht das aus Überlegenheit, aus Erschöpfung, kritischem Verzicht? Es mag sein. Und doch muß man auch die Vorzüge dieses Stils sehen, seinen Reichtum, seine weiten Ausblicke, seinen befreienden Aufschwung zur Poesie.

Etwas Merkwürdiges liegt darin, daß sich neben dem sorgfältig gewählten und ausgearbeiteten Bild auch der plötzliche, direkte, ursprüngliche Eindruck findet. Dem langen Vergleich, in dem Emma zur Schiffbrüchigen wird, die nach dem rettenden Segel ausspäht, merkt man die Mühe deutlich an; er ist erdacht und genau berechnet. Und nun finden sich auf der anderen Seite rasche, unmittelbare Niederschriften, die man oberflächlich nennen kann, die nach meiner Meinung aber echt gesehen sind. Auf die Gefahr hin, mich zu wiederholen, streife ich hier nochmals meine Entdeckung über die Farbe von Emmas Augen, die in der ersten Hälfte des Buches schwarz sind, dann braun werden und zuletzt blau:

Das Schöne an ihr waren die Augen; sie waren braun, doch schienen sie schwarz unter den Wimpern, und ihr Blick traf sein Gegenüber klar, mit einer scheuen Herausforderung.

Aber Flaubert beschreibt auch den folgenden Eindruck:
Schwarz im Dunkel, und dunkelblau am hellen Tag . . .

Und bei dieser Unsicherheit bleibt es. Die Augen, die selbst unter Emmas forschendem Blick in ihr Spiegelbild schwarz geblieben waren, werden blau und bleiben blau:

Sie war hinreißend anzusehen, mit ihrem Blick, in dem eine Träne hing wie ein schwerer Regentropfen in einem blauen Kelch.

Die Kleinstadt Totes, die Flaubert zuerst als Wohnort des Ehepaares Bovary bestimmt hatte. Lithographie, 1838

Ganz gewiß ist dies keine «Falle» für die Kritik oder ein Scherz: Flaubert stand seiner Kunst mit so viel Ehrfurcht gegenüber, daß er dazu gar nicht imstande gewesen wäre. Ist es mangelnde Sorgfalt? Ich würde eher sagen, es ist eine tiefe Bereitschaft, ein vollkommenes Hinhören, ein echter Beweis seiner Hingabe. Niemand sieht eine Frau ungenauer als der entzückte Geliebte. In seiner Angst, seiner Herzensbedrängnis sind ihm die Züge, die ihn in Begeisterung versetzen, nie ganz gegenwärtig. Die Geliebte bleibt immer undeutlich.

Madame Bovary ist ein klassisches Buch geworden; eine Ehrenstellung, die man, alles in allem, diesem Buch kaum vorausgesagt hätte. Es hat sogar einer ganzen Lebenshaltung seinen Namen gegeben, dem «Bovaryismus» (Pierre Mille nannte ihn «Bobaryismus», von «bobe», Wirrkopf), einem Übermächtigwerden der Phantasie, das zu einem Mißverhältnis zwischen dem Wunschtraum, den sich die Eitelkeit immer sehnlicher ausmalt, und dem Erreichbaren führt.

Das Dorf, in dem Flaubert nach Einzelheiten für sein Buch geforscht hat, Ry (Yonville-l'Abbaye»), ist eine Art Wallfahrtsort geworden; man pilgert zu Emmas Haus, zu der Schenke, dem Platz der alten Apotheke und sogar zu dem Grabstein mit den Namen Delamare, der zu hohen literarischen Ehren gekommen ist. Das Ganze ist ein wenig ärgerlich, um so mehr, als eine ganze Reihe von Tagesliteraten daraus Kapital zu schlagen versucht. Immerhin aber ist bei diesem pietätvollen Unfug doch zum Vorschein gekommen, mit welcher Gewissenhaftigkeit Flaubert seinen Roman «belegt» hat, wie er nichts daran dem eigenen Gutdünken überlassen hat. Aus der Dichtung spricht die doppelte Wirklichkeit des Tatsächlichen und seiner Mimesis.

«Madame Bovary»: Texte

«Wo sind die Pferde? Wo sind die Pferde?»

Da trat er mit einem seltsamen Lächeln, einem starren Blick in den Augen, mit zusammengepreßten Lippen auf sie zu und breitete die Arme aus. Sie wich zitternd zurück. Sie stammelte:

«Sie machen mir Angst! Sie tun mir etwas! Wir müssen zurück.»

«Wenn es sein muß», erwiderte er mit verändertem Gesicht. Und sogleich war er wieder ehrerbietig, zärtlich, schüchtern. Emma gab ihm den Arm. Sie gingen zurück. Er sagte:

«Was hatten Sie denn? Warum? Ich begreife gar nicht. Sie haben mich doch nicht falsch verstanden? Sie stehen in meinem Herzen wie eine Madonna auf ihrem Thron, so hoch, unerschütterlich und rein. Aber ich kann nicht ohne Sie leben, nicht ohne Ihre Augen, Ihre Stimme, ohne daß Sie an mich denken. Seien Sie meine Freundin, meine Schwester, mein Engel!»

Und er streckte den Arm aus und umfaßte ihre Taille. Sie wollte sich sanft losmachen. Er hielt sie im Weitergehen fest.

Aber da hörten sie die zwei Pferde, wie sie an den Zweigen rissen.

«Oh, noch nicht!» sagte Rudolph. «Noch nicht zurück! Bitte!»

Er zog sie fort, bis zu einem kleinen Teich, dessen Oberfläche von Wasserlinsen grün überzogen war. Verwelkte Seerosen standen still in den Binsen. Beim Geräusch ihrer Schritte im Gras sprangen Frösche davon.

«Es ist unrecht, es ist unrecht», sagte sie. «Es ist Wahnsinn, daß ich auf Sie höre.»

«Warum . . .? Emma! Emma!»

«Ach! Rudolph! . . .» sagte die junge Frau langsam und lehnte sich an seine Schulter.

Der Stoff ihres Kleides haftete am Samt des Jacketts, sie bog ihren Hals zurück, den ein Seufzer schwellte, und halb ohnmächtig, ganz in Tränen, mit einem langen Beben und das Gesicht verbergend, gab sie sich hin.

Die Abendschatten senkten sich; die schräge Sonne kam durch die Zweige und blendete sie. Hier und da um sie herum, in den Blättern oder auf dem Boden, zitterten helle Flecke, als hätten Kolibris im Flug ihre Federn verstreut. Die Stille war überall; eine sanfte Freundlichkeit schien von den Bäumen auszugehen; sie fühlte ihr Herz wieder klopfen und ihr Blut wie einen Milchstrom in ihrem Körper kreisen. Jetzt vernahm sie ganz aus der Ferne, von jenseits des Waldes, ferneren Hügeln, einen schwachen, langhallenden Ruf, eine hingezogene Stimme, und sie hörte ihr schweigend zu, wie sie wie eine Musik mit den letzten Schwingungen ihrer Erregung verschmolz. Rudolph, eine Zigarre zwischen den Zähnen, reparierte mit seinem Taschenmesser den einen zerrissenen Zügel.

Nie war Madame Bovary schöner gewesen als zur damaligen Zeit; sie war von jener unbeschreiblichen Schönheit, wie sie aus der Freude, der Hingabe, dem Siegesgefühl entsteht, einer Schönheit, die nichts anderes ist als der Einklang des eigenen Wesens mit den Lebensumständen. Ihre Begierden, ihre Schmerzen, die Erfahrung der Lust und ihre ewig jungen Träume hatten sie, wie Dünger, Regen, Sonne und Wind eine Blume, zur Entfaltung gebracht, und sie blühte nun auf in der ganzen Fülle ihrer Natur. Ihre Lider schienen eigens zugeschnitten für die langen Liebesblicke, in die ihre Augen sich verloren, während unter einem starken Atemzug die feinen Nüstern sich hoben und die vollen Mundwinkel hervortraten, die bei Licht von einem leichten dunklen Flaum beschattet waren. Ihr Haar war im Nacken zu einem Knoten geordnet, wie von einem Künstler der Verführung gelegt, zu einer schweren Masse geschlungen, regellos, wie es sich gab nach den verbotenen Umarmungen, bei denen es täglich gelöst wurde. Ihre Stimme bekam jetzt etwas Weicheres, Schmiegsameres, ebenso wie ihre Gestalt; selbst von dem Faltenwurf ihrer Kleider, von der Biegung ihres Fußes ging eine zarte, durchdringende Verführung aus. Karl fand sie, wie in der ersten Zeit seiner Ehe, bezaubernd und ganz unwiderstehlich.

«Wohin möchten die Herrschaften?» fragte der Kutscher.

«Wohin Sie wollen!» sagte Léon und schob Emma in den Wagen.

Die schwere Kutsche fuhr los.

Sie fuhr durch die Rue Grand-Pont, über die Place des Arts, den Quai Napoléon hinunter, über den Pont Neuf und blieb vor dem Denkmal Corneilles stehen.

«Weiter!» rief eine Stimme aus dem Innern.

Der Wagen fuhr wieder an, kam auf der abschüssigen Straße jenseits des Carrefour La Fayette immer schneller in Fahrt und bog in vollem Galopp zum Bahnhof ein.

«Nein, geradeaus!» rief dieselbe Stimme.

Der Wagen ließ die Eisengitter hinter sich und fuhr, auf dem Korso angelangt, in gemächlichem Trab zwischen den alten Ulmen dahin. Der Kutscher wischte sich den Schweiß von der Stirn, legte seinen ledernen Hut zwischen seine Füße und lenkte den Wagen durch die Seitenalleen dem Seineufer zu, bis zu den Wiesen.

Dann folgte er dem Treidelweg längs des Flusses, über holpriges Pflaster, an Oyssel vorbei bis weit jenseits der Inseln.

Aber plötzlich fuhr er wieder rascher, durchquerte Quatremares, Sotteville, die Grande-Chaussée, die Rue d'Elbeuf und hielt vor dem Botanischen Garten zum drittenmal an.

«Fahren Sie doch weiter!» rief die Stimme wütender.

Und sogleich wendete der Wagen und kam wieder in Fahrt, vorbei an Saint-Sever, über den Quai des Curandiers, den Quai aux Meules, wieder über die Brücke, über den Exerzierplatz und an der Rückseite des Spitalgartens vorbei, wo alte Männer in schwarzen Kitteln auf einer efeubewachsenen Terrasse spazierengehen, wenn die Sonne scheint. Dann den Boulevard Bovreuil hinauf, durch den Boulevard Cauchoise, den ganzen Mont-Riboudet entlang bis auf die Höhe von Déville.

Er drehte um; und fuhr nun kreuz und quer weiter, ohne Absicht und Ziel, wie es der Zufall wollte. Bei Saint-Pol war er zu sehen, am Lecour, am Mont Gargan, auf der Rouge-Mare und der Place du Gaillard-Bois; in der Rue Maladrerie, der Rue Dinanderie, vor Saint-Romain, Saint-Vivien, Saint-Maclou, Saint-Nicaise – vor dem Zollhaus –, bei der Bassee-Vieille-Tour, den Trois-Pipes und dem Cimetière Monumental. Hin und wieder warf der Kutscher verzweifelte Blicke von seinem Bock aus nach den Kneipen. Er begriff nicht, welche Ratlosigkeit diese zwei komischen Leute weitertrieb, daß sie niemals anhalten wollten. Er versuchte es einige Male, und sofort kam von hinten ein zorniger Ruf. So hieb er auf seine zwei schweißtriefenden Rosse drauflos, ohne sich zu kümmern, wo er überall streifte und anstieß, gleichgültig, erschöpft, dem Weinen nahe vor Durst, Müdigkeit und Kummer.

Am Hafen, zwischen den Rollwagen und Fässern, und in den Straßen, an den Ecken, machten die Bürger große Augen vor dieser ungewohnten Erscheinung: einer Kutsche mit herabgelassenen Vorhängen, die immer wieder auftauchte, verschlossener als ein Grab und dahinschaukelnd wie ein Schiff.

Einmal, auf dem freien Feld, um die Mittagszeit, der Stunde, in der die Sonne am schärfsten in den alten versilberten Laternen glitzerte, schob sich eine bloße Hand durch die kleinen gelbleinernen Vorhänge und warf Papierschnitzel hinaus, die sich im Winde zerstreuten und in einiger Entfernung wie weiße Schmetterlinge niederließen auf ein rotblühendes Kleefeld.

Später, gegen sechs Uhr, hielt der Wagen in einem Gäßchen im Viertel von Beauvoisine, und eine Frau stieg aus, die, verschleiert, ohne den Kopf zu wenden, davonging.

«Retten Sie sie doch!» rief Bovary.

Ohne auf den Apotheker zu hören, der immer noch, wenn auch mit einigem Zögern, die Hypothese vorbrachte, es «sei vielleicht nur ein lösender

Anfall», wollte Canivet nun Theriak anwenden, als man das Knallen einer Peitsche hörte; die Scheiben klirrten, und ein leichter Postwagen mit drei bis über die Ohren mit Kot bespritzten Pferden kam um die Ecke der Markthalle gerast. Es war Professor Larivière.

Die Erscheinung eines Gottes hätte keine größere Aufregung hervorgerufen. Bovary hob die Hände, Canivet hielt inne, und Homais nahm sein Käppchen ab, lange bevor der Arzt eingetreten war.

Er kam aus der berühmten Chirurgenschule Bichats und gehörte zu jener heute ausgestorbenen Generation medizinischer Philosophen, die ihre Kunst leidenschaftlich liebten und sie mit Begeisterung und Scharfsinn ausübten. Wenn er in Zorn geriet, zitterte die ganze Klinik, und seine Schüler verehrten ihn so tief, daß sie sich, sobald sie selbständig waren, die größte Mühe gaben, ihn in allen Dingen nachzuahmen; so konnte man bei den Ärzten in der Umgebung allerorts sein langes Wollgewand und seinen weiten schwarzen Gehrock wiederfinden, dessen aufgeknöpfte Ärmelaufschläge ein Stück über seine muskulösen Hände reichten, sehr schöne Hände, die nie in Handschuhen steckten, die gleichsam ständig bereit waren, das Elend anzupacken. Er war ein Verächter von Orden, Titeln und Akademien, gastfreundlich, freidenkend, väterlich zu den Armen, Sittlichkeit übend, ohne an sie zu glauben, und er hätte als Heiliger gelten können, wenn ihn die Überlegenheit seines Verstandes nicht so unheimlich gemacht hätte. Sein Blick, schärfer als sein Skalpell, drang jedem bis ins Herz und legte jede Unaufrichtigkeit frei, durch alle Ausflüchte und Verschämtheiten hindurch. Und so ging er seinen Weg, getragen von jener sanften Würde, die das Bewußtsein eines großen Könnens, der Wohlhabenheit und einer vierzigjährigen arbeitsreichen und untadeligen Wirksamkeit ihm verlieh.

Schon an der Tür, als er das leichenhafte Gesicht Emmas sah, die mit offenem Mund dalag, runzelte er die Brauen. Dann, dem Bericht Canivets mit halbem Ohr folgend, fuhr er sich mit dem Zeigefinger unter der Nase vorbei und sagte ein paarmal:

«Gut, gut.»

Aber er hob ganz langsam seine Schultern. Bovary bemerkte es: sie sahen sich an; und der Arzt, so sehr er den Anblick des Schmerzes gewohnt war, konnte eine Träne nicht zurückhalten, die ihm auf die Krawatte herabfiel.

Der Priester erhob sich und ergriff das Kruzifix; da streckte sie den Kopf vor, wie eine Dürstende, preßte ihre Lippen auf den Leib des Menschensohns und drückte ihm mit dem letzten Rest ihrer Kraft den innigsten Liebeskuß auf, den sie je gegeben hatte. Dann sprach der Geistliche das Misereatur und das Indulgentiam, tauchte den rechten Daumen in das Öl und begann mit den Salbungen: zuerst auf die Augen, die nach allen Herrlichkeiten der Welt begehrt hatten; dann die Nasenlöcher, die laue Lüfte und den Duft der Liebe lüstern eingesogen hatten; dann den Mund, der sich zur Lüge geöffnet, unter dem Stolz gestöhnt und in der Lust geschrien hatte; dann die Hände, die zärtliche Berührungen genossen hatten, und zuletzt die Fußsohlen, die einst so flink der Sättigung der Begierde nachgelaufen waren und nun keinen Schritt mehr tun sollten.

Der Priester wischte sich die Finger sauber, warf die ölgetränkten Wattereste ins Feuer und setzte sich wieder zu der Sterbenden, um ihr zu sagen, daß

Zeichnung von Richemont zu «Madame Bovary»

Arzneigefäße aus der Apotheke Homais in Ry

sie nun ihre Leiden mit denen Jesu Christi vereinen und sich der göttlichen Barmherzigkeit anheimgeben müßte.

Er war mit seinem Zuspruch zu Ende und versuchte, ihr eine geweihte Kerze in die Hand zu geben, das Symbol der himmlischen Glorie, die nun bald um sie sein würde. Emma war zu schwach, sie konnte die Finger nicht schließen, und die Kerze wäre, ohne die Hilfe von M. Bournisien, zu Boden gefallen.

Unterdessen war sie nicht mehr so bleich, und auf ihr Gesicht trat ein Ausdruck heiterer Ruhe, als habe das Sakrament sie geheilt.

Der Priester verfehlte nicht, darauf hinzuweisen; erklärte Bovary sogar, daß der Herr das Leben mancher Menschen verlängere, wenn er es ihrem Heil für zuträglich hielt; und Karl erinnerte sich an den Tag, an dem sie, schon einmal dem Tod nahe, die heilige Kommunion empfangen hatte.

«Vielleicht brauche ich noch nicht zu verzweifeln», dachte er.

Und wirklich sah sie um sich, langsam, wie jemand, der aus einem Traum erwacht; dann, mit klarer Stimme, verlangte sie ihren Spiegel und blieb einige Zeit über ihn gebeugt, bis ihr plötzlich schwere Tränen aus den Augen rannten. Da wandte sie den Kopf, seufzte und fiel aufs Kissen zurück.

Sogleich begann ihre Brust heftig zu keuchen. Die Zunge trat ihr ganz aus dem Mund; ihre Augen begannen sich zu verdrehen und erblichen wie zwei verlöschende Lampenglocken, und man hätte sie für tot halten können, wenn ihre Seiten nicht immer schneller und erschreckender gearbeitet hätten, geschüttelt von einem wilden Keuchen, als spränge die Seele selber gegen die Rippen an, um sich loszumachen. Felizitas kniete vor dem Kruzifix nieder, und selbst der Apotheker knickte etwas zusammen, während M. Canivet abwesend vor sich hin sah. Bournisien hatte wieder zu beten begonnen, das Gesicht über den Rand des Bettes geneigt, seine lange schwarze Soutane breitete sich hinter ihm auf dem Fußboden aus. Karl kniete auf der anderen Seite, die Arme nach Emma ausgestreckt. Er hatte ihre Hände erfaßt und drückte sie; bei jedem Schlag ihres Herzens zuckte er wie unter der Erschütterung einer einstürzenden Ruine. Je mehr sich das Röcheln verstärkte, desto rascher wurden die Gebete des Priesters: sie verbanden sich mit dem erstickten Schluchzen von Bovary zu einem einzigen Geräusch, und bisweilen schien alles in dem dumpfen lateinischen Silbengemurmel unterzutauchen, das wie Totengeläute klang.

Plötzlich hörte man auf dem Straßenpflaster das Klappern grober Holzschuhe und das Scharren eines Stocks; und eine Stimme erhob sich, eine rauhe Stimme, die sang:

> In der schönen Sommerzeit
> Träumt von Liebe manche Maid . . .

Emma richtete sich auf wie ein Leichnam unter dem elektrischen Schock, die Haare aufgelöst, die Pupillen starr, offenen Mundes.

> Nanette geht das Feld hinauf,
> Die Sensen springen munter,
> Sammelt sie die Ähren auf,
> Bückt sich tief hinunter . . .

«Der Blinde!» schrie sie.

Und sie brach in Lachen aus, ein wildes, rasendes, verzweifeltes Lachen, sie glaubte das widerliche Gesicht des Unglücklichen vor sich zu sehen, aus der ewigen Nacht auftauchend wie ein Alp.

> *Bläst der böse Wind, o weh,*
> *Ihr das Röckchen in die Höh!*

Ein Krampfanfall warf sie aufs Lager zurück. Alle traten hinzu. Sie war tot.

«SALAMBO»

Salambo ist unzweifelhaft dasjenige Buch Flauberts, das seinem Wesen am reinsten entspricht, das seinem Temperament, seiner ererbten und erlebten Natur am weitesten entgegenkommt. Seine Liebe zum Erhabenen, seine tiefe Neigung zu allem was ergreift, mitreißt, lastet und zermalmt, findet hier eine vollkommene Erfüllung. Wenn man dem Geschmack der Mode folgen will, wird man dieses außergewöhnliche Werk freilich ablehnen müssen; und doch muß man zugestehen, daß es die dichterische Blüte eines ganzen langen Lebens vorstellt. Mit *Salambo* hat sich Flaubert für *Madame Bovary* entschädigt und sich von der *Versuchung des heiligen Antonius* erholt. Bei *Madame Bovary* hatten sich seine Kräfte in einem andauernden Zustand ästhetischer Unsicherheit erschöpft; man spürt darin noch die Depressionen, die Verbesserungen, den Rausch, die Seiten der Fülle und der Dürre. In *Salambo* findet sich nichts von diesem Zögern, von diesem «wechselnden Strich», wie es in der Malerei heißt; das Werk ist eine entschiedene Einheit und wie aus einem Guß. Der Autor wußte genau, was er wollte, und ließ nur in Fragen der Anordnung, in Einzeldingen mit sich reden. Die Komposition als Ganzes stellte sich wie von selbst ein, trotz ihres weitausgreifenden Umfangs. Nur einmal wich er einer Entscheidung aus: als er das Werk einen «Roman» nannte, obgleich es eine andere Bezeichnung verdient hätte: eine Bezeichnung, die ihm viele Verteidiger eingebracht, die närrische Menge der Neugierigen ferngehalten und das Buch in seine eigentlichen Rechte eingesetzt hätte: die Bezeichnung «Epos».

Salambo ist in der Tat seinem Wesen nach ein poetisches Werk. In jeder Zeile, jeder Phrase, jeder Beobachtung umgibt Flaubert das Bild mit einer Art magischem Schein, der die Begebenheit überhöht und erweitert. Alles wird im Hinblick auf eine Erhöhung, eine Ausweitung, eine geheimnisvolle und fast weihevolle Steigerung gesehen, aufgezeichnet und beschrieben. Die Gestalten des Buchs leben in einer Welt für sich, in einer fernen Vergangenheit, jenseits der aufgeschichteten Jahrhunderte ... In ihnen repräsentiert sich die Idee selbst. Sie sind die Verkörperung, die Fleischwerdung gleichsam der entfesselten, längst entschwundenen Kraft der antiken Heldentaten; oder der Schönheit in ihrer erhabenen, mit unwiderstehlicher Macht begabten Hinfälligkeit; der List; der Macht; des Gedankens und des Hasses; und hoch über dem Ganzen der vielfältigen und durcheinanderwimmelnden Handlung schweben zwei uralte Ungeheuer, die Grausamkeit und das Schicksal.

Wie im Epos sind die Menschen nur allgemeingültige Abbilder, die sich kunstvoll hinter persönlichen Eigenarten verbergen und denen man doch als Menschen gegenübertritt. Wie im Epos geht es auch hier um das große Thema der frühen Menschheit, um ihr Erwachen und ihren Untergang. Es geht schließlich um den Sieg der Ordnung über die Unordnung, den Karthago erringt. Karthago repräsentiert die ewige Anstrengung der menschlichen Kräfte im Zusammenstoß, in den Bränden der Vernichtung, in dem verbissenen Kampf, zu dem seit den Kriegen Salamis und Ägyptens gegen die Seevölker die Kulturen immer wieder gegeneinander aufgestanden sind. Wie im Epos brennen die Farben, dröhnen die Waffen.

Natürlich kann man sagen, daß sich die Karthager ganz einfach mit den Söldnertruppen herumschlagen müssen, die sie nicht bezahlen wollen, und daß sich die ganze Geschichte letzten Endes nur um den Geldbeutel dreht. Herabsetzen und verkleinern kann man immer; andere aber nehmen sich das Recht, weiterzusehen und hier den Kampf der Roheit gegen die Kultur zu verfolgen, der Elite gegen die Masse, der Steppenvölker gegen alles, was in manchem Sinne abendländisch geblieben war: die Stadt, die Hierarchie, die wirtschaftliche Ordnung, die Aristokratie, die seit alters her ein Leben des Luxus führen durfte. Kurz, und das Motiv zieht sich ausdrücklich durch das ganze Buch, den Kampf gegen die B a r b a r e n.

Es vermehrt den Ruhm Flauberts, und es muß gesagt werden: er bleibt neben Victor Hugo der einzige moderne Autor, der, an der Tradition anknüpfend, die Gattung wieder belebend und stärkend, ein Epos zu schreiben vermocht hat. Schon in der großen *Versuchung*[1] hatte er eine Weite des Blicks erreicht, die jener Darstellung aller tödlicher Bedrohungen des Christentums, die in einer einzigen Nacht ablaufen, einen epischen Atem verlieh. Hier aber erscheint der Ausdruck noch abgeklärter, überlegener, bewußter, und er vermag es, innerhalb dieser ungeheuren Weite, dieser Größe der Konzeption, der monumentalen Leidenschaft, innerhalb dieses Herabzwingens der Transzendenz, am einzelnen noch zu arbeiten, es herauszulösen, neu zu verknüpfen und zu präzisieren. Er hatte endlich ein Thema, das seinen Kräften entsprach, das ihm gestattete, in einem Kunstwerk allem Form zu geben, was ihn in den Bann zog, das Erhabene, das Schicksal, das Leid, der Tod – und ihre Nichtigkeit vor dem Ewigen.

Der Gedanke zu *Salambo* wurde ihm angeblich von Théophile Gautier eingegeben; das klingt ganz wahrscheinlich. Der mächtige «Théo» taugte mehr als seine Bücher; er mußte in jener weit überschätzten Epoche ein halber Versager bleiben. Um seine ganze Größe entfalten zu können, hätte Gautier später als Flaubert leben müssen; in ihm war noch zu viel vom Verdrehten und Künstlichen der Romantik hängengeblieben. Es ist schade, daß über die Ausführlichkeit und Klarheit seines Vorschlags nicht mehr bekanntgeworden ist. War es ein fertiger Stoff oder ein skizzenhafter Umriß? Das Wahrscheinlichere ist, daß es einer der raschen Einfälle von Gautier war, daß er, wie es seine Art war, nur flüchtige Andeutungen gab, Schema und Hintergrund des Stoffs, Glanzpunkte, die großen Bewegungen des Ganzen . . . Es ist eine erstaunliche Feststellung, daß die großen Themen Flauberts immer von außen an ihn herangetragen wurden; daß das Genie von

---

1 Die *Versuchung* wird hier vor *Salambo* gestellt, obwohl sie erst später erschien, weil die Beschäftigung Flauberts mit der *Versuchung* sehr viel weiter zurückreicht.

99

kleineren Geistern auf seine Bahn gelenkt worden ist.

Karthago steht in seinem hundertjährigen Kampf gegen Rom. Die unsicheren Siege Hamilkars über die Römer haben der Stadt zu einem gefährlichen Frieden verholfen. Die Stadt selbst ist durch ihren Handel voll beansprucht und liegt eingeengt, ohne Hinterland offen am Meer. Ihre Söldnertruppen müssen daher aus den umliegenden Gegenden ausgehoben werden; das Heer bleibt ohne nationale Bindung an die Stadt, und als es die Erfüllung der hohen karthagischen Versprechungen fordert, will die Stadt es verräterisch und mit phönikischer List wieder loswerden. Die meuternde Soldateska rottet sich zum Angriff zusammen und belagert die Stadt. Das Gesetz und der entfesselte Vernichtungswille stehen einander gegenüber: in diesem Konflikt nähert sich das Schicksal Karthagos dem europäischen. Der maßlose Nachfahre Asiens bekommt unter der Wucht und Masse der Gefährdungen, denen er zu widerstehen hat, plötzlich abendländische Züge. Afrika, das ausgebeutete Nachbarland, erscheint mit seinen Dämonen neben den Wagehälsen und den menschlichen Bestien, die die große goldene Stadt zu Fall bringen wollen.

Es siegt zuletzt die Stadt, erschöpft, und erst nachdem sie die tiefsten Quellen ihrer Kraft angerufen hat, die Götter schließlich, die selbst als Wesenheiten aus menschlicher Furcht und Angst aufgestiegen sind.

Eine Liebeshandlung stiftet für den Leser Verwirrung. Matho, der Anführer der Barbaren, verliebt sich in Salambo, die Tochter Hamilkars, die auch Narr'Havas, der König der Numidier, für sich gewinnen will. Salambo muß den dunklen Weg gehen, den ihr Mathos Macht vorschreibt. Ihre Schönheit ist die Waffe, mit der sie den Saimph zurückgewinnt, den Mantel der Göttin Tanit, der für Karthago ein schutzbringendes Heiligtum ist. Sie hat kaum eigenes Leben; im strengen Kastengeist der Aristokratie aufgewachsen, eingeschnürt in den Zwang einer ausgeklügelten Erziehung, gibt sie ihr hinfälliges Leben auf, sobald ihr Auftrag erfüllt ist.

Matho, der Anführer der Barbaren, hat einen Griechen zur Seite, den Sklaven Spendius, der Kraft und Gerissenheit in sich vereinigt. Mehrere Male wechselt das Kriegsglück; dann siegt Karthago durch die Größe Hamilkars, eines überlegenen und genialen Führers. Die Barbaren werden vernichtet; Matho wird gefangengenommen; bei seiner Hinrichtung vereinigt sich die ganze Stadt in ihrem Willen zur Grausamkeit und zur Vergeltung.

Mathos Liebe zu der Tochter Hamilkars brachte dem Epos die Bezeichnung «Roman» ein, die eine Beschreibung seiner Leidenschaft, Einfühlung, innere Konflikte erwarten lassen mußte. Daraus entstand das ganze Mißverständnis; das Urteil von Sainte-Beuve zum Beispiel, das von einem totalen Unverständnis zeugt, und eben darum gut ans Licht bringt, wie weitgespannt die Kunst Flauberts ist. Hier der Bericht von Jules Troubat, dem Sekretär des großen Kritikers:

«Er wollte nicht haben, daß ich ihm *Salambo* vorlas, da ich in seiner Gegenwart manchen abfälligen Urteilen über diesen sogenannten historischen Roman zugestimmt hatte.

Sainte-Beuve schloß sich wie gewöhnlich fest ein und tat sich Watte in die Ohren, wie immer, wenn er begann, mit einem Artikel gegen etwas loszuziehen. Zur Mittagszeit aber ließ er mich heraufkommen; er war bissig und übellaunig.

Salambo habe seinen Erwartungen nicht entsprochen. Auch im Erdichteten suche er das Wahre und Wirkliche. Die Psychologie, die er bei Racine so liebe, fehle ganz und gar in diesem überdimensionalen Opernlibretto.»

Man sieht, welcher Abstand den größten Kritiker des 19. Jahrhunderts von dem Werk Flauberts trennt; wie weit entfernt er steht von der rohen Monumentalität, um die es Flaubert ging: er suchte darin nach dem verfeinerten Seelenverständnis eines Racine . . .

Die weitere Richtung unserer Besprechung von *Salambo* ist damit einigermaßen abgesteckt. Wir kommen auf die Chronologie des Werkes zurück.

Flaubert begann mit der Arbeit an *Salambo* in den ersten Monaten des Jahres 1857; es war eine Zeit des fruchtbaren Abwägens. Dann hielt er jedoch an seinem Plan fest, und langsam mehrten sich die Einfälle und seine Sicherheit. Er sagte selbst, daß er bald sein *lyrisches Wasser abschlagen* wollte. Er spürte mit dem Werk eine Bürde in sich wachsen, die ihn beschwerte und erhob. Endlich kam der große Tag, es war der 1. September 1857, an dem er sich niedersetzen konnte, um die erste Seite zu schreiben. Im April des nächsten Jahres fuhr er nach Karthago und Tunis, streifte in dem historischen Land umher, machte sich seine Gedanken . . . Nach seiner Rückkehr ging er unverzüglich wieder ans Werk. Bei René Dumesnil findet sich das Zitat einer Anrufung vor dem großen Beginnen:

Möge alle Kraft der Natur, die ich eingeatmet habe, mich durchdringen und mein Buch durchwehen! Steht mir bei, Mächte der bildsamen Erregung! Hauch der Vergangenheit, heran, heran! Durch das Schöne hindurch muß gleichwohl das Lebendige und Wahre geschaffen werden. Erbarme Dich meiner Willenskraft, Gott der Seelen! Gib mir Stärke und Hoffnung! (Nacht vom Samstag den 12. auf Sonntag den 13. Juni, Mitternacht).

Ein Ergriffener, ein wie von einem Gott Begeisterter hat das geschrieben. Wir geben René Dumesnil noch einmal das Wort:

«. . . ‹Again on the seas›, dieses Wort von Byron kommt ihm in den Sinn; es ist immer derselbe Kampf: ‹Seit acht Tagen bin ich nun völlig allein. Ich arbeite wie ein Narr bis vier Uhr morgens, jede Nacht. Es kommt in Gang, oder auch: es beginnt mir Spaß zu machen, und das ist ein gutes Zeichen . . .› (Brief an Feydeau, Anfang Dezember).»

Aber vierzehn Tage später stellt er fest, daß er in achtzehn Tagen nur um zehn Seiten weitergekommen ist. Er sieht das Tageslicht nicht mehr . . .

«Die Schlacht von Macar macht ihm ebenso schwere Sorge wie früher der ‹Tag der Landwirtschaft› in *Madame Bovary*; im August 1860 arbeitet er an einer neunten Fassung. Man findet in seinen Papieren bis zu vierzehn Varianten mancher Passagen (so zum Beispiel: ‹C'était le corps des hoplites . . .›). Drei Monate braucht er, bis er mit dieser Schlacht zu Ende kommt, und auch dann ist er über das Gelingen noch sehr im Zweifel. Das Kapitel über den Äquadukt weckt Befürchtungen, die den Gesamtplan betreffen. Es scheint ihm, als wiederholten sich die Szenen: ‹Karthago bringt mich noch um vor Wut . . .› schreibt er an Feydeau. Aber ohne Pause arbeitet er fort und im Mai des folgenden Jahres liest er den Brüdern Goncourt die fertigen Stücke vor. Sie geben ihm neue Zuversicht. Im Juli kommt er zum XIII. Kapitel, *Moloch*, und die Aussicht auf den restlichen Teil, *Der Engpaß des Beiles*, erfüllt ihn mit Schrecken . . . Endlich, im Februar 1862, kommt er zum letzten Kapitel, *Matho*, und im April setzt er das Finis unter die letzte Seite.»

Sainte-Beuve

Fünf Jahre harter Arbeit, fünf Jahre äußerster Anspannung wurden mit einer schlechten Aufnahme gelohnt; eine Anspannung, die von neuem einsetzte, als er das Buch Bouilhet zur Kritik übergab und von ihm zahlreiche Vorschläge für Streichungen und für die Abstimmung der einzelnen Teile untereinander erhielt. Am 11. September unterzeichnete Lévy den Vertrag, der ihm die Rechte für den Roman gegen eine Summe von 10 000 Francs auf zehn Jahre sicherte. Man kann daran ablesen, wie hoch das literarische Ansehen Flauberts inzwischen gestiegen war.

Der Druck des Buches war eine erstaunliche Leistung: trotz seines Umfangs wurde es in der Zeit von zwei Monaten korrigiert und ausgedruckt. Es erschien am 24. November, in der Herbstsaison also, für die die Verleger ihre aussichtsreichsten Bücher aufsparen. Flaubert konnte über den Erfolg erstaunt sein: *in den ersten zwei Tagen wurden 2000 Exemplare verkauft;* für die damalige Zeit ist das eine sensationelle Zahl.

Man kaufte nicht nur aus bloßer Neugierde; das Buch wurde von den unterschiedlichsten Lesern beachtet und verstanden. Mehrere alte Freunde von mir, sehr verschiedene Naturen, können sich noch erinnern, wie sie bei der Lektüre fast außer sich vor Erregung gerieten. Das Publikum reagierte mit Begeisterung, die Nachricht ging vom einen zum nächsten, was offenbar damals schon die wirksamste Art der Reklame war: denn die Kritiker waren streng und von erschreckender Leichtfertigkeit; alles, was Frankreich an Pseudokünstlern und Pfuschern aufbieten konnte, tat sich zusammen, um auf den kühnen Schöpfer dieses großen «Freskos» loszuhacken. Sainte-Beuve legte ein Zeugnis für sein Unverständnis alles Großartigen ab, was uns nicht mehr erstaunt. Er sprach von «Kindereien», in denen Flaubert sich gefallen habe, dessen Absicht es anscheinend gewesen sei, «seine Leserschaft zu täuschen oder sich über sie lustig zu machen». In seiner Beschränktheit sah er in dem Buch nur anspruchsvollen Zierat und aufgeklebten Flitter. *Salambo* war für ihn eine Art Maskenball mit Glasdiamanten und papiernen Kostümen. Für diesen unaufrichtigen und wendigen Menschen waren Flauberts Bilder der wilden afrikanischen Roheit und des Blutrauschs nur ein Ausdruck geistigen Lasters und literarischer Morbidität.

Von einigen Seiten kam aber auch Zustimmung. Baudelaire sagte: «Was Flaubert hier gemacht hat, hätte kein anderer vermocht.» Aber Barbey d'Aurevilly, der seinen Landsmann aus der Normandie beim Erscheinen von *Madame Bovary* noch verteidigt hatte, verlor angesichts *Salambo* das richtige und gerechte Urteil, die Unbefangenheit vom Zeitgeschmack, die ihm sonst zu eigen waren, er beginnt zu toben und zu schimpfen und das Buch vollständig zu verreißen. Später brachte Faguet mit seinem plumpen Domestikenwitz seine Wirtshausscherzchen dazu an. Er nahm ein Wort aus «Die Jungfrau von Orléans» von Voltaire: «Es ist schön, aber langweilig», und dazu ein anderes von einem Sainte-Beuve-Jünger über *Salambo*: «Es ist nicht so sehr langweilig, als vielmehr anstrengend» und machte daraus den Ausspruch: «Es ist sehr anstrengend und ebenso langweilig wie anstrengend.» Ohne zu bemerken, daß *Salambo* diese Gattung sprengt, schreibt er über den historischen Roman im allgemeinen:

«Für einen historischen Roman muß uns die Zeit, in der er handelt, hinreichend bekannt sein, weil wir sonst mehr belehrt als ergriffen werden. Das trifft für *Salambo* nicht zu, wo sich eine Welt vor uns auftut, von der wir keine Ahnung haben . . . Der historische Roman vermag nur dadurch zu fesseln, daß er uns entweder über die ewigen Dinge oder über Zeitfragen in Erregung versetzt . . .»

Der ganze Reiz des Buches ist damit völlig verkannt. Als Ort des Geheimnisses und der Frühe, wie ihn ein Epos verlangt, ist Karthago ausgezeichnet gewählt. Gerade weil Karthago durch den unversöhnlichen Haß Roms so ganz unbekannt geblieben ist – Rom hat es nicht nur dem Erdboden gleichgemacht, sondern es auch aus der Geschichte verschwinden lassen wollen –, gerade deswegen, durch ihre im Ungewissen verschwimmende Macht, erregt uns diese punische Stadt. Ihre nur zu ahnende, tote Größe erweckt Neugierde, drängende Wißbegier. All die historischen Tatsachenromane, die heute die Geheimnisse und Rätsel der Geschichte und der Sage durchstöbern und ausbeuten, beziehen daraus ihre stärksten oder doch jedenfalls vordergründigsten Wirkungen.

Auch sonst zeigt sich die Überheblichkeit von Faguet, dieses unbelehrbaren Schwätzers; wir finden sie in seiner Gesamtauffassung von Flaubert wieder, die aus Denkfaulheit und Unbesonnenheit für klug gehalten wurde. Er verkundete, daß Flauberts geistige Entwicklung einer Pendelbewegung folge, und, von Erfolg und Mißlingen immer wieder in das andere Extrem gestoßen, zwischen Romantik und Realismus hin- und herschwinge. *Madame Bovary*: realistisch; *Salambo*: romantisch; und so fort . . . Er verkannte damit tief die innere Einheit Flauberts, der nie etwas anderes als ein Realist war, im

103

Punische Grabstele aus den Ruinen von Karthago, mit dem Symbol der Tanit

eigentlichen, von uns umrissenen Gebrauch dieses Wortes. Der innerste Kern der Romantik, ihr tiefster Unterschied gegenüber allen späteren literarischen Verhaltensweisen, ist die Unterordnung des Werkes unter die Dichterpersönlichkeit. Wir haben gesehen, wie energisch und konsequent Flaubert versuchte, sich von jeder persönlichen Einmischung in seinen Stoff, in die Entwicklung der Handlung, wenn vielleicht auch nicht in den Ausdruck, freizuhalten. Diese asketische Haltung allein macht das Geheimnis des Realismus aus, und nicht etwa die Wahl eines möglichst gewöhnlichen Stoffs und die gepfefferte oder pornographische Sprache. Gerade solche Züge haben die höchst gesunde Idee des Realismus entstellt; andererseits wird sie von einem Buch wie «Renée Maupérin» von den Brüdern Goncourt durchaus bestätigt, einem Buch also, in dem es um ein Ideal geht, das aber eben durch naturalistische oder realistische Mittel Überzeugungskraft gewinnt. Faguet hat nicht einmal das Problem gesehen. Die Schule, deren Haupt Flaubert war und deren Grenzen übrigens nicht scharf zu ziehen sind, hat in der romantischen Literatur dasselbe bewirkt, was das 18. Jahrhundert für die Renaissance, für die durcheinanderlaufende und versandende Dichtung des 16. Jahrhunderts geleistet hatte. Flaubert hatte auf seine Zeit eine Wirkung, die man ruhig «klassisch» nennen kann; im Sinne der Schuldefinition ist das vielleicht unrichtig, aber die Technik und der Rang seiner literarischen Kunst sind damit zutreffend bezeichnet.

Später versuchte Bourget noch, die Verdienste von *Salambo* zu schmälern; er fuhr dabei mit schweren Geschützen auf. Seine Einwände sind sehr vernünftig, aber neben dem Feuer, der Spannweite, der mitreißenden Leidenschaft dieses Buchs halten sie nicht mehr Stich und wirken verfehlt. Bourget neigte zum Gemeinplatz – nicht etwa zur knappen Sentenz –, er hatte die Vorliebe des Rhetorikers für das allzu rasche, entschiedene Urteil, für die Fachsimpelei und alles, was sie gewöhnlich zur Folge hat, das Moralisieren, die staubige Theorie und eine überspannte und künstliche Sprache. Er warf dem Buch vor, es sei nichts weiter als ein mühselig breitgetretener, quälend in die Länge gezogener Schulaufsatz.

Mit einem derartigen Urteil verschließt man sich ganz und gar gegen den ungeheuren Fluß von Bildern, der aus dieser Dichtung strömt, sie fortträgt, sie in jeder Einzelheit umfließt; gegen den weiten und scharfen Blick, gegen die souveräne Darstellung enormer Massen und Räume, dieser besonderen Gabe Flauberts, die bei den Franzosen, die mehr zum einzelnen, zum Porträt neigen, so ungewöhnlich ist. Der große Sprachreichtum ist verkannt, der hier nicht mehr nur zum Stoff hinzutritt, sondern mit ihm zu einer Einheit verschmilzt. Die Stimmung des Geheimnisses endlich bleibt unverstanden, das Beunruhigende und Faszinierende, das von ihm ausgeht und von Flaubert so scharf gefaßt wird.

Betrachten wir nur die Anrufungen Salambos an die Mondgöttin Tanit:

Wie leicht drehst Du Dich, vom wesenlosen Äther getragen! Er glättet sich vor Dir, und die Kraft Deiner Bewegung verteilt die Winde und den fruchtbaren Tau. Du wächst und schwindest, und mit Dir schwellen und schrumpfen die Augen der Katzen und die Flecken der Panther. Die Frauen schreien Deinen Namen in den Schmerzen der Geburt! Du wölbst die Muscheln! Du erregst den Wein zur Gärung! Du befällst die Leichen mit Fäulnis! Du bildest die Perlen am Meeresgrund! . . .

Über den Kopf des Masisabal, den Melkarth am Bug seines Schiffs aufgesteckt hat, heißt es:

Bei jedem Wellenschlag tauchte er in den Schaum; doch die Sonne gerbte ihn; er wurde härter als Gold; und noch immer hörten die Augen nicht zu weinen auf, und Träne auf Träne tropfte ins Wasser . . .

In solchen Stellen wird ein neuer Klang hörbar; die Tonart moduliert zu Moll. In dem immerwährenden Lärmen und Dröhnen muß man die Sinne offenhalten für die Töne und Bilder, die daraus aufsteigen. Von der Kindheit Hannibals wird berichtet:

Er erfindet Fallen für die wilden Tiere. Vorigen Monat, wirst Du es glauben? hat er einen Adler gefangen; er schleppte ihn heran, und das Blut des Vogels und das Blut des Kindes sprang in großen Tropfen in die Höhe, wie abgerissene Rosen. Das Tier schlug wütend auf ihn ein; er würgte es an seiner Brust, und immer lauter erhob sich sein Gelächter, je weiter darin das Leben verlosch, es klang stolz und hart wie das Geklirr von Schwertern . . .

Man sollte meinen, daß niemand sich der Wirkung einer solchen Szene, in der symbolisch auf die Zukunft des großen Kämpfers vorausgewiesen wird, entziehen kann. Und doch fragte Sainte-Beuve nach dieser meisterhaften Stelle – und das zeigt wohl endgültig die Unzuständigkeit dieses Kritikers für Flaubert –: «Warum denn ein Adler?» . . .

Auch an der Oberfläche ist der Stil von *Salambo* vollkommen ausgewogen. Damit soll gesagt sein, daß er nicht, wie in *Madame Bovary* übermäßig belastet, unmäßig überladen und mit Schmuckwerk überwachsen ist. Mit dem Vergleich geht er sparsam um; er trägt seine glänzende Kraft ganz in sich selbst. Immer geht es ihm um Ausdruck, um Verdeutlichung und Farbigkeit. Er springt niemals ab zu einer schnörkelhaften persönlichen Anerkennung. Die Metapher ist kurz und straff und bezieht ihre Kraft aus der genauen Wortwahl.

Nach all diesem Elend hat man dir ein Ehrenhalsband gegeben, wie man den Eseln ein Schellenband umhängt, um sie auf schweren Märschen zu betäuben.

. . . Mächtig und stark, halbnackt, lachend und im Blau herumspringend, wie schwere Haie, die sich im Wasser trummeln.

Ein überlegener Wille blitzte aus seinen Augen wie ein Opferfeuer.

Fremde Worte kamen manchmal aus seinem Mund und zuckten vor Salambo wie große Blitze auf, die in den Abgrund leuchten.

Kunstvoll werden die Gewänder und Gestalten ausgemalt. Die Eigentümlichkeit der Trachten und Gesten ist durch lange Studien ausgewiesen. Nichts davon ist aus Geschmack am Barbarischen, am Farbigen und Bunten frei erfunden worden, wenn auch dieser Geschmack den Nachforschungen die Richtung gab und dabei seltsame Dinge zutage förderte. Alles ist neu für den Betrachter; eine unendliche Folge von merkwürdigen und befremdlichen Bildern bringt ein Gefühl von Fremde hervor, von ferner Vergangenheit und unzugänglichen Ländern. Die Mühe hat Frucht getragen.

Selbst der Sturm von Spott, der sich jetzt in den Zeitungen, in Schmähgedichten und Gassenhauern erhob, ist dafür noch bezeichnend. Er ist das Zeichen des wahren Sieges: des Sieges über das Publikum. Es war ein literarisches Ereignis von so großer Bedeutung, daß die ganze von der Mode lebende Tagesliteratur sich davon einen Bissen holen wollte. *Salambo* war das

Gespräch und der Witzstoff des Tages.

«In der Italienischen Oper», berichtet René Dumesnil, «spielte man eine ‹Dido› von Adolphe Nelot, in der Salambo im 1. Akt als sizilianische Sklavin auftrat. Einen Monat später wurde im Palais-Royal ein Stück (zu übersetzen etwa mit) ‹Bählammbo oder karthaginiensische Narreteien› von Laurencin und Clairville aufgeführt.»

Drama in vier Bildern aus dem Leben Karthagos. In Versen von mehreren Fuß, ja mehreren Klaftern. Mit einem Prolog in Prosa und in zweifelhaftem Französisch.

Berlioz aber war von der Atmosphäre des Buchs betroffen und schrieb darüber in seinen Artikeln in den «Débats». Und Reyer ließ sich daraus ein Libretto schreiben. Das ist sehr bezeichnend. In der Tat hat dieses ganz neuartige Werk etwas von einer Symphonie, und die Tatsache, daß es die Musiker ansprach, galt als Beweis dafür, daß es im Wesentlichen gelungen war. Auch die begeisterte Zustimmung der Maler sprach für das Buch, die von Rochegrosse, einem der hervorragendsten Talente der Zeit, ausgegangen war; eine Begeisterung, die seither nicht nachgelassen hat. Jeder bildende Künstler hält inne vor diesem genauen und wohlüberlegten Zugriff, vor dem lebendigen Atem dieser Rekonstruktion; und es ist bedeutsam, wie viele Illustratoren sich zu diesem Buch gedrängt haben: ein sicheres Zeichen dafür, daß ein literarisches Werk lebendig ist. «Das liegt nur an seiner glänzenden Außenseite», werden engstirnige Kritiker einwerfen, «ein Buch wie ‹Adolphe› (von Benjamin Constant) entzieht sich jeder Illustration»; richtig: aber in dieser «Außenseite» sah Flaubert gerade seine ganze Aufgabe. Er wollte das Gegenständliche mit so massiver Handgreiflichkeit zeigen, daß g e r a d e d a d u r c h die übergreifende Idee neue Stoßkraft erhielt.

Souverän beherrscht Flaubert die Darstellung großer, formender Kräfte und der Massenszenen. Wir haben schon einmal auf die Nähe seiner Werke zum Film hingewiesen. *Salambo* auf die Leinwand zu bringen, verbietet sich wohl aus finanziellen Gründen; das Drehbuch aber hätte man jedenfalls fertig vor sich liegen; die Einstellungen der Kamera brauchten nur den Bildern zu folgen, auf die der Blick dieser wild dahinströmenden und doch geordneten Phantasie sich gerichtet hat. Die Bilder sind scharf, sie öffnen und schließen sich vor dem Blick und sind hart, ohne Verwischung, gegeneinander abgegrenzt; man kann sich in Ruhe in ihnen bewegen, sie auf sich wirken lassen, ohne von der Handlung sogleich weitergezerrt zu werden. Fenster öffnen sich auf immer neue Ausblicke. Es gibt kein großes Buch, das man in einem Zug herunterlesen könnte wie einen Roman von Feuillet. Ein großes Buch fordert eine achtungsvolle Behandlung, mehr noch: eine kritische Auseinandersetzung. Es läßt sich nicht verschlingen.

Das Gezeter aus der Schar der eitlen und leichtsinnigen Nörgler wollte nicht enden. Dabei war es angesichts dessen, was von Karthago erhalten ist, reichlich vorwitzig, zu behaupten, daß alles an dem Buch Phantasie und Erdichtung sei. Der Autor, der vorher nur eine höfliche Entgegnung an Sainte-Beuve geschrieben hatte, ließ nun auf einen gewissen Froehner eine volle Salve los. Der Brief, den wir im Anschluß an die Textproben aus *Salambo* auszugsweise wiedergeben, wurde im Anhang zu *Salambo* veröffentlicht, wie Anklagerede und Plädoyer bei *Madame Bovary*. Er ist die beste Verteidigung für das Werk, die man sich denken kann, und man muß ihr

«Salambo». Radierung nach dem Gemälde von Georges Rochegrosse

zustimmen. Flaubert hat auch hier seinen Prozeß gewonnen.

Auch die Längen, die man ihm so heftig vorwarf, haben ihre Berechtigung. Sie lasten schwer auf der Vorstellung, mit einer drückenden Schwere, durch die der Autor den Eindruck von etwas Ungreifbarem hervorzurufen versteht, von einer vagen, überall spürbaren Nähe, einer Macht, die aus diesen dichtgefüllten Seiten auf uns einwirkt. Auch das Unfaßbare tritt in die Handlung dieses großen Werkes ein, und Flaubert, einer der ersten in der französischen Literatur, der es verwendet, hat es einzufangen vermocht.

Schließlich muß noch gesagt werden, daß *Salambo* ganz deutlich mit einer alten französischen Überlieferung bricht; man kann in dem Buch eine Wiedergeburt der weiten, tiefgründigen, dunklen Sagen des Nordens sehen. Das vielleicht entschuldigt den Widerstand gegen seine Größe. Ein Land, dessen Beifall so lange der Kälte und Überheblichkeit eines Voltaire gegolten hatte, mußte sich zunächst sträuben, diesen neuen Reichtum in sich aufzunehmen.

Noch heute wird *Salambo* ganz unterschiedlich eingeschätzt. Es gibt noch immer junge Leute, die lange Seiten auswendig hersagen können und sie unsterblich nennen; erst neulich hörte ich, wie jemand anfing: *Es war in Megara, einer Vorstadt von Karthago, in den Gärten Hamilkars. Die Soldaten, die er in Sizilien geführt hatte . . .*, um dann die Seiten des siebten Kapitels, *Hamilkar Barkas*, zu rezitieren, die zu den vollendetsten des ganzen Buches gehören.

Es mag sein, daß die Liebe zu dem Buch langsam nachläßt. Es ist so verschieden von unserer hastigen und rastlosen Lebensart, und sei es nur durch die Ausdauer und die Arbeit, die, nun schon legendär geworden, hinter ihm stehen. Und doch kenne ich einige sehr achtbare Leute, denen das Urteil über *Salambo* noch immer als Prüfstein dafür gilt, wie sie eine neue literarische Bekanntschaft einschätzen sollen.

«Salambo»: Texte

Über die Stimmen der Hauptleute, das Schmettern der Trompeten, den scharfen Klang der Leiern hinweg pfiffen die Bleikugeln und Tonscheiben durch die Luft, entrissen Schwerter den Händen, zerschmetterten Köpfe. Die Verwundeten schützten sich mit einem Arm unter dem Schild, streckten die Schwerter vor, den Griff gegen den Boden gestemmt, andere wälzten sich in Pfützen von Blut und bissen dabei nach den Fersen der Gegner. Die Masse war so gedrängt, der Staub so dicht, das Durcheinander so wirr, daß man nichts unterscheiden konnte; wer sich in seiner Angst ergeben wollte, wurde nicht einmal gehört. Waren die Waffen verlorengegangen, so rangen sie Leib an Leib; die Brustkörbe krachten, Rüstungen und Leichen hingen hintüber, die zurückgesunkenen Köpfe zwischen hart verschränkten Armen. Eine Abteilung von sechzig Umbriern kämpfte sich zäh vorwärts, die Lanzen in Augenhöhe, verbissen und zähneknirschend, und zwang zwei Syntagmen gleichzeitig zum Rückzug. Ein Trupp epirotischer Hirten lief zur linken Schwadron der Clinabaren hinüber, packte stöckeschwingend die Pferde an den Mähnen; die Tiere warfen ihre Reiter ab und entflohen über die Ebene. Die punischen Schleuderer, weithin versprengt, standen bestürzt. Die Phalanx kam ins Schwanken, die Hauptleute liefen verwirrt hin und her, die

109

Antreiber stießen die Soldaten voran, und die Barbaren hatten wieder Ordnung in ihre Reihen gebracht; sie kamen zurück; der Sieg war auf ihrer Seite.

Aber ein Schrei, ein furchtbarer Schrei erscholl, ein Gebrüll aus Schmerz und Wut: die 72 Elefanten stürzten in doppelter Front nach vorn; Hamilkar hatte gewartet, bis die Söldner auf einen einzigen Platz zusammengedrängt waren, um dann die Tiere loszulassen; die Inder hatten sie so heftig gestachelt, daß ihnen das Blut über die großen Ohren herablief. Ihre Rüssel, mit Mennige bestrichen, standen lotrecht erhoben, sie glichen roten Schlangen; ihre Brust war mit einem Spieß bewehrt, ihre Rücken gepanzert, ihre Stoßzähne waren durch lange gekrümmte Klingen wie Säbel verlängert, und um ihre Wut zu steigern, hatte man sie mit einem Getränk aus Pfeffer, ungemischtem Wein und Weihrauch berauscht. Sie schüttelten ihre Schellenbänder, schrien; und ihre Führer duckten den Kopf unter dem Strahl der Wurfspeere, die nun von den Türmen herabzischten.

Sechs Schritte weiter, und ein drittes, ein viertes Mal stürzte er zu Boden; neue Qualen schreckten ihn jedesmal auf. Sie trieben ihn voran mit Rohren, aus denen kochendes Öl troff; sie schütteten Glasscherben vor seine Füße; er ging immer weiter. An der Ecke der Straße des Satheb lehnte er sich gegen das Schutzdach eines Ladens, mit dem Rücken gegen die Wand, und blieb stehen.

Die Sklaven des Großen Rats schlugen mit Peitschen aus Nilpferdleder so wütend und lange auf ihn ein, daß sich die Fransen ihres Umhangs voll Schweiß sogen. Matho schien davon nichts zu spüren; plötzlich nahm er einen Anlauf und stürzte blindlings nach vorn; seine Lippen gaben einen Laut von sich, als zittere er unter großer Kälte. Er geriet in die Straße von Budes, die Straße des Soepo, quer über den Kräutermarkt und erreichte den Platz des Khamon.

Nun war er in der Gewalt der Priester; die Sklaven hatten die Menge zurückgedrängt; es gab mehr Platz. Matho sah sich um, und seine Augen trafen Salambo.

Bei den ersten Schritten, die er getan hatte, war sie aufgestanden; dann war sie unwillkürlich, je näher er kam, nach und nach bis an die Brüstung der Terrasse vorgetreten; und bald verlöschte für sie die ganze Umgebung, und sie sah nur noch Matho. Eine Stille war in ihre Seele getreten, die ganze Welt war in einen Abgrund versunken unter dem Gewicht eines einzigen Gedankens, einer Erinnerung, eines Blickes. Der Mann, der da auf sie zukam, erregte sie.

Es war an ihm, die Augen ausgenommen, nichts Menschenähnliches mehr; er war nur noch eine ragende, rotübergossene Masse; seine zerrissenen Fesseln hingen an seinen Beinen herab, doch waren sie nicht mehr zu unterscheiden von den Sehnen seiner aufgerissenen Handgelenke; sein Mund stand weit offen; aus seinen Augenhöhlen sprühten Flammen, die bis in seine Haare zu reichen schienen; und noch immer schritt der Gequälte voran.

Er kam bis dicht an den Fuß der Terrasse. Salambo stand über das Geländer gebeugt; seine fürchterlichen Augen sahen sie an, und plötzlich stand alles vor ihr auf, was er für sie gelitten hatte. Er lag im Sterben, sie aber sah ihn wieder in seinem Zelt, kniend, wie er sie mit seinen Armen umfaßt hielt, Liebesworte stammelnd; sie dürstete danach, sie noch einmal zu spüren, zu hören. Sie wollte nicht, daß er stürbe! In diesem Augenblick erfaßte Matho ein heftiges Beben; sie wollte schreien. Er stürzte hintüber und lag still.

Salambo, fast bewußtlos, wurde von den Priestern, die sich um sie dräng-ten, auf ihren Thron zurückgetragen. Sie beglückwünschten sie: es war ihr Werk gewesen. Alle klatschten in die Hände, stampften auf und heulten ihren Namen.

Ein Mann stürzte auf den Leichnam zu. Obgleich er bartlos war, lag über seinen Schultern der Mantel der Molochpriester, und in seinem Gürtel steckte ein besonderes Messer, das zum Zerteilen des Opferfleisches diente und am Ende seines Heftes einen goldenen Löffel trug. Mit einem einzigen Schnitt öffnete er Mathos Brust, riß das Herz heraus, legte es auf den Löffel, und dann erhob Schahabarim den Arm und brachte es der Sonne dar.

Die Sonne senkte sich in die Fluten; ihre Strahlen trafen das blutige Herz wie lange Pfeile. Langsam, während das Schlagen des Herzens schwächer wurde, versank das Gestirn; beim letzten Zucken verschwand es.

Und da, vom Golf bis zur Lagune und von der Landenge bis zum Leucht-turm, in allen Straßen, auf allen Häusern und allen Tempeln, erhob sich ein einziger Schrei; erstarb dazwischen, kehrte dann wieder; die Gebäude erzit-terten darunter; Karthago bäumte sich auf unter dem Taumel einer uner-meßlichen Freude, einer grenzenlosen Hoffnung.

Narr'Havas, von Stolz berauscht, legte seinen linken Arm um Salambos Leib, zum Zeichen des Besitzes; und mit seiner Rechten ergriff er eine goldene Opferschale und trank auf den Schutzgeist Karthagos.

Salambo erhob sich mit ihrem Gatten, einen Becher in der Hand, um auch zu trinken. Sie fiel mit zurückgebogenem Haupt über die Lehne des Thron-sessels zurück, bleich, starr, mit geöffneten Lippen, und ihr gelöstes Haar hing bis auf den Boden herab.

So starb die Tochter Hamilkars, denn sie hatte den Mantel der Tanit berührt.

OFFENER BRIEF AN M. FROEHNER
(Redakteur der «Revue Contemporaine»)

Sehr geehrter Herr,
Ihren Artikel über «Salambo» in der «Revue Contemporaine» vom 31. Dezember 1862 habe ich eben gelesen. Entgegen meiner Gewohnheit, auf eine Kritik niemals zu antworten, kann ich zu der Ihren nicht schweigen. Sie ist sehr höflich und voll von schmeichelhaften Bemerkungen; da sie aber die Sorgfalt meiner Studien in Zweifel zieht, erlauben Sie mir, auf einiger Ihrer Behauptungen einzugehen.
... Sie werfen mir vor, «weder Falbe noch Dureau de la Malle eingesehen zu haben, die für mich von Nutzen gewesen wären». Ich bitte um Verzei-hung. Ich habe sie gelesen, öfter vielleicht als Sie, und sogar auf den Ruinen von Karthago selbst. Daß Sie «nichts Zuverlässiges über den Grundriß und die wichtigsten Stadtteile» wissen, ist möglich; andere aber, die besser im

Bilde sind, werden Ihre Skepsis nicht teilen. Man weiß nichts über die Lage der Vorstadt Aclas, des Fuscimus genannten Gebietes und den genauen Standort der Haupttore, deren Namen etc. bekannt sind; sehr wohl aber kennt man den Umriß der Stadt, den Baukörper der Mauern, die Taenia, die Mole und den Cothon. Es ist bekannt, daß die Häuser mit Erdpech bestrichen und die Straßen gepflastert waren . . . man hat Berichte über Malqua, Byrsa, Megara, die Mappalen und die Katakomben, über den Tempel des Eschmoûn auf der Akropolis und den der Tanit, der vom Meer her gesehen etwas zur Rechten liegt. All dies findet sich (ohne von Appian, Plinius und Prokop zu reden) in eben demselben Dureau de la Malle, dessen Unkenntnis Sie mir vorwerfen.

Karikatur
von E. Giraud

Sie haben mein Buch mit so wenig Gründlichkeit gelesen, daß Sie mich fast stets fe h l e r h a f t z i t i e r e n. Ich habe nirgends gesagt, daß die Priester eine eigene Kaste gebildet hätten; ebensowenig auf Seite 109, die libyschen Soldaten wären «besessen gewesen von der Lust, Erz zu trinken», vielmehr sagte ich, die Barbaren hätten die Karthager bedroht, ihnen flüssiges Erz einzuflößen; ich sagte auch auf Seite 108 keineswegs, die Garde der Legion hätte «über der Nasenwurzel silberne Hörner getragen, um sich Nashörnern ähnlich zu machen», sondern «ihre schweren Pferde trugen etc. . .»

. . . Dasselbe gilt von den unglücklichen Syssiten, die ich, nach Ihrer Bemerkung, verwendet habe, «ohne zu wissen, zweifelsohne, daß dieses Wort besondere Gilden bezeichnet». Z w e i f e l s o h n e ist ein Witz. Ebenso zweifelsohne wußte ich, welcher Art diese Gilden waren, und was das Wort bedeutet, daß ich es ins Französische übersetzte, sobald ich in meinem Buch davon Gebrauch machte, nämlich auf Seite 7. «Syssiten, Innungen (von Kaufleuten), die gemeinsam aßen.» Selbst eine Stelle aus Plinius haben Sie falsch wiedergegeben; im «P o e n u l u s» steht nirgends, daß die «Karthager alle Sprachen kannten», was für ein ganzes Volk eine merkwürdige Ausnahme gewesen wäre; es heißt einfach, im Prolog, Vers 112: «I s o m n e s l i n g u a s s c i t» («Dieser kennt alle Sprachen»), dieser besondere Karthager nämlich, und nicht alle Karthager.

. . . Drei Zeilen weiter behaupten Sie mit derselben – Arglosigkeit: «Die meisten Götter, die in ‹Salambo› angerufen werden sind f r e i e r f u n d e n», und fahren fort: «Wer hat jemals von einem Aptoukhos gehört?» Wer? D'Avezac (in: «Die Cyrenaika»), als er einen Tempel in der Umgebung von Kyrene besuchte; «oder von einem Matismann»? Er wird als Gott von Corippus erwähnt (siehe die Johanneis und die «Mémoires de l'Académie des Inscriptions» Band XII, Seite 181). «Wer wüßte nicht, daß Micipsa keine Gottheit war, sondern ein Mensch?» Aber, Monsieur, das ist ja, was ich sage, deutlich genug, auf derselben Seite 91, wo Salambo ihre Sklaven ruft: «Herbei, Kroum, Enva, Micipsa, Schaoûl!»

. . . Sie zeigen sich ferner erstaunt über die Affen, die dem Mond, und die Pferde, die der Sonne geweiht sind. Sie sind sicher, «daß diese Tatsache durch keine Autorität des Altertums noch durch ein maßgebliches Denkmal bezeugt ist». Ich erlaube mir also, Monsieur, was die Affen angeht, daran zu erinnern, daß die Paviane in Ägypten dem Mond geweiht waren, was aus Wandzeichnungen an den Tempeln hervorgeht, und daß die ägyptischen Götterkulte bis nach Libyen und in die Oasen vorgedrungen waren. Zu den Pferden ist zu sagen, daß zwar nicht feststeht, ob sie Äskulap geweiht wurden, wohl aber dem Eschmoûn, der wiederum dem Äskulap, dem Iolaus, dem Apollo, der Sonne also, nahestand. Daneben lese ich von sonnegeweihten Pferden bei Pausanias (Buch I, Kap. 1) und in der Bibel (Könige, Buch II, Kap. 11). Aber Sie werden vielleicht einwenden, daß die ägyptischen Tempel keine maßgeblichen Denkmäler und die Bibel keine Autorität des Altertums seien.

Da wir gerade bei der Bibel sind, nehme ich mir die Freiheit, Sie auf den zweiten Band der Cahenschen Übersetzung hinzuweisen, in dem es heißt: «Um den Hals trugen sie an einer Goldkette eine kleine Figur aus Edelstein, die sie ‹Wahrheit› nannten. Die Debatte begann, sobald der Vorsitzende dieses Bild der Wahrheit vor sich hin stellte.» Dieser Text stammt von

Diodor.

... *Aber alles und jedes setzt Sie in Erstaunen: das Molobathrum, das übrigens auch (stoßen Sie sich nicht daran) Malobathrum oder Malabathrum geschrieben werden kann, der Goldstaub, den man heute wie einst am Strand von Karthago sammelt, die blaugemalten Ohren der Elefanten, die Männer, die sich mit Zinnober beschmieren und Ungeziefer und Affen verzehren, die Lydier in Frauenkleidern, die Steine, die man bei Katzenaugen nennt, die Alraunen, die man schon bei Hippokrates findet, das Raupenkettchen, das Sie im Hohen Lied (Cahen, Band XVI, 37) finden können, die Güsse von Silphium, die bekleideten Bärte, die gekreuzigten Löwen etc., alles!*

... *Sie zeigen sich sehr belustigt über die Krieger, die mit Silphium übergossen werden. Diese Einzelheit indessen stammt nicht von mir. Sie ist Plinius entnommen, Buch XVII, Kap. 27. Ihr Scherz über «die Nieswurz, die man deshalb bei Charenton anbauen sollte», hat mich geärgert; aber wie Sie selbst sagen: «selbst der größte Scharfsinn kann fehlendes Sachwissen nicht ersetzen».*

Ihre Behauptung, daß «die Edelsteine aus dem Schatz des Hamilkar zum größten Teil der Sage und dem christlichen Aberglauben angehören», geht ganz ins Leere. Nein, Monsieur, sie alle stehen bei Plinius und Theophrastos.

... *Trotz all Ihrem «Sachwissen» verwechseln Sie Jade, ein braungrüner Nephrit aus China, mit Jaspis, einer Quarzart, die man in Sizilien und auf dem europäischen Festland findet. Sie hätten nur beispielsweise das Wörterbuch der A c a d é m i e F r a n ç a i s e aufzuschlagen brauchen, unter «Jaspis», um zu erfahren, daß sie in einer schwarzen, roten und weißen Spielart auftritt. Sie hätten mithin besser daran getan, Monsieur, die Äußerungen Ihres zügellosen Eifers zu dämpfen, und nicht meinem Lehrer und Freund Théophile Gautier vorzuwerfen, er habe eine Frau (in seinem « R o m a n e i n e r M u m i e ») mit grünen Füßen versehen, als er ihnen ein reines Weiß zuschrieb. Nicht er also, sondern Sie selbst verfallen hier einem «lächerlichen Irrtum».*

... *Aber beruhigen Sie sich, Monsieur, obgleich Sie über Ihre eigenen Kräfte erschrocken schienen und ernsthaft glaubten, Sie hätten «mein Buch Stück für Stück zerrissen», haben Sie keine F u r c h t, bleiben Sie ruhig! Sie waren nicht grausam, sondern . . . l e i c h t f e r t i g.*

(«Opinion Nationale», 24. Januar 1863)

«DIE SCHULE DER EMPFINDSAMKEIT»

Die Schule der Empfindsamkeit ist die Geschichte eines jungen Mannes aus der Provinz, der nach Paris gekommen ist, um seine Bildung zu vervollständigen; so wenigstens zu Anfang; bald darauf nämlich macht er eine Erbschaft und gibt sich nun ganz dem Genuß des Pariser Lebens hin. Er wird das Opfer einer aussichtslosen Leidenschaft, die sich auch dadurch nicht stillen läßt, daß er sich in rein berechnender Untreue mit einem Freudenmädchen und einer verderbten großen Dame einläßt. Endlich wird das Bild der begehrten Frau in seiner Phantasie übermächtig, er schickt seine zwei raschen Eroberungen fort und bleibt zurück, ziemlich einsam, skeptisch und im Grunde müde und enttäuscht. Er hat sein Leben verfehlt.

Neben Frédéric Moreau steht Deslauriers, ein Streber, der es nie zu etwas bringt; Arnoux, der verkommene Ehemann, durch dessen Umgang Frédéric mit den Frauen in Berührung kommt; Madame Dambreuse, die abgebrühte und verlebte Mondäne; der Geschäftsmann, mit dem sie verheiratet ist; Hussonnet, der skrupellose Skandalreporter; Pellerin, der Maler, der wenig Talent, aber um so mehr Theorien hat; Dussardier, der nette junge Mann, der seiner Harmlosigkeit zum Opfer fällt; der Bierhauspolitiker Regimbart; Rosannette, das brave Mädchen; und Mademoiselle Vatnaz, das schlimme Mädchen, das womöglich noch verdorbener ist als das brave. Es ist eine ganze Galerie, ein Wachsfigurenkabinett, in dem alle lebenslustigen, verschlagenen und verkommenen Pariser Typen versammelt sind. Dazu kommen die Figuren der Nebenhandlung, die ebenso genau, aber geschickt vom Hauptgeschehen abgerückt, gezeichnet sind: das zarte Wesen von Madame Moreau, der Mutter, die in ihrem Haus in Nogent über nichts anderes nachsinnt, als wie der Sohn am besten verheiratet werden könnte; der Vater Roque, der alte raffgierige und geizige Verwalter in der Provinz, mit dem Schäfchen im trockenen, den nur seine väterliche Sorge etwas angenehmer macht; und seine Tochter Louise, ein aufrichtiges und waches Geschöpf, das zwischen all diesen windigen, eingestaubten und verlogenen Gestalten mit ihrer unzähmbaren Lebendigkeit ein wenig frische Luft bringt.

Sie alle werden durcheinandergeschüttelt wie Würfel im Knobelbecher des Schicksals. Auch hier also tritt das Schicksal auf, aber nicht in der Gestalt einer erhabenen Unerbittlichkeit, sondern mit dem Anschein der Böswilligkeit in seinen Fügungen: es ist ein kleinliches, ein «bürgerliches» Schicksal. Der Liebende nähert sich Madame Arnoux, er erhält ein Geständnis von Gegenliebe, aber niemals mehr; seine Rache ist kleinmütig, und mehr aus Wut als aus Resignation sättigt er seine Begierde bis zum endlichen Überdruß … Im Grunde ist es ein Balzacscher Roman, aber die literarische Grundhaltung ist anders, ist schärfer gefaßt und gebrochener; eine fast erhabene, eisige Kälte herrscht hier – sie steigt auf aus einer überall spürbaren Ironie und stoischen Leidenschaftslosigkeit, die nur sich selbst wollen.

Auch das muß bemerkt werden: der R o m a n d e s S c h e i t e r n s, der seither so viele Generationen von Schriftstellern beschäftigt hat, taucht hier zum erstenmal auf und wird sofort auf die Spitze getrieben. Die Helden von Balzac stehen noch in der Kindheit der Erzählkunst: sie vermögen noch zu siegen, wenn nicht über sich selbst, so doch nach außen hin: Rubempré tötet sich, aber er ist seinen Zielen wenigstens nähergekommen; Rastignac wird zum Schreckgespenst der Pariser Gesellschaft; Vautrin bringt es bis zum Polizeipräsidenten. Das Große mußte erreicht werden, wenn man den Leser nicht enttäuschen wollte. Seit Flaubert gibt es das Scheitern. Unter all den vielen Figuren erreicht nur eine ihr Ziel, und auch sie nur durch gemeine Mittel: Martignon, der gröbste und ungehobeltste Kerl aus der ganzen Gesellschaft. Mit Frédéric Moreau hat sich die französische Literatur des mittelmäßigen Menschen angenommen; sie ist das ganze 19. Jahrhundert dabei geblieben und beschäftigt sich heute noch mit ihm. Der Held ist ins Kinderbuch verwiesen. Eine große Dichtung kann von nun an kein glückliches Ende mehr haben, ein gutes Ende, das als solches verstanden werden muß – wie auch die Tugend als literarischer Gegenstand verstoßen und verdammt ist. Der Grund dafür liegt sicherlich darin, daß die heranwachsende Generation in der furchtbaren Anstrengung ermattet, die Tradition vieler Jahrhunderte noch einmal

Der Salon der Prinzessin Mathilde, nach einer Tuschzeichnung von Renoult-Chesneau. Flaubert steht links vor dem Fenster

in einen geordneten Bau zu fügen. Eine neue Gesellschaftsschicht, die Bourgeoisie, erkämpft sich mit immer härteren Mitteln ihren Platz. Der Pessimismus greift um sich, das Ressentiment, die Unrast. Entwicklungen und Revolutionen lassen in ihren gegenseitigen Störungen eine Gruppe von Schiffbrüchigen zurück, die dem Bewußtsein der Zeit immer spürbarer wird. Für einen, der nach oben kommt, werden ungezählte vernichtet, unbemerkt und unbeklagt, von dem ungeheuren Kampf aufgerieben. Das Mitleid schwindet. Die Härte siegt.

Und noch ein zweiter, weniger sichtbarer Grund: der Franzose hat seit jeher auch eine tragische Maske getragen; er lebt in der Heiterkeit, aber auch für ihre Schattenseite, für die heillose Tragödie, ist er nie unempfindlich geworden; auch unsere klassische Tragödie lebt ja aus der Gegenüberstellung des Heldentums mit dem Unheil; unsere Helden dürfen nicht glücklich sein. Diese Grundvorstellungen bleiben bestimmend für die literarische Wertordnung.

Darüber hinaus hat sich Flaubert selbst, in seiner beständigen Neigung zur Selbstanalyse, ganz sicher immer für einen Gescheiterten gehalten; und da alle seine Figuren, die Frauen wie die Männer, letztlich aus seiner Selbstbeobachtung leben, und somit aus seinem eigenen Wesen kommen, mehr oder weniger verhüllt selbständig gewordene Züge seines Ich tragen, deswegen führen alle seine Bücher in das unlösbare Dilemma. Sobald jemand sich selbst ausdrücken will, um Verwirklichung kämpft, muß er zuletzt sich selbst unterliegen, und alle Berühmtheit ändert nichts – wenn man die Dummköpfe ausnimmt – an einem Gefühl der Niederlage. Wer große Pläne hat, muß zuletzt verzweifeln, und er braucht keine Neider, um sein Versagen und seine Unzulänglichkeit einzusehen, die um so mehr schmerzen, je weiter er von dem erträumten Ziel zurückbleibt.

Zum Teil war das der Grund – und ist es noch – für die Unbeliebtheit Flauberts. Genie gesteht man ihm gerne zu. Aber es ist schwer, vor allem für eine Frau, die namenlose Schwermut zu ertragen, die sein ganzes Werk durchzieht.

Flaubert begann die *Schule der Empfindsamkeit* im Jahre 1864, nach der Hochzeit seiner Nichte, deren Fortgang ihm tief zu Herzen ging. Am 1. September macht er sich mit jener Mischung von Ängstlichkeit und angenehmer Verwirrung, die ihn beim Beginn seiner Bücher ergreift, an das Werk, das, zusammen mit Bouilhet im Großen entworfen und geordnet, für ihn die Krönung und den Höhepunkt seines Lebens bedeuten sollte. Er unternimmt es, als gälte es am Schicksal Vergeltung zu üben, mit dem Unglück eine Rechnung zu begleichen. Das Werk wird eben deshalb höchst bedeutsam für die Biographie Flauberts. Es ist der dritte Versuch zu einer Konfession, zum Ausbruch, zur Befreiung. Der Sinn des Leidens bestand für Flaubert in nichts anderem, als ihm künstlerische Form zu geben. Die *Erinnerungen eines Narren, November* und die frühere Fassung der *Schule der Empfindsamkeit* waren nur vorläufige Skizzen, Darstellungen, die vor allem technisch halbgar geblieben waren. Vorarbeiten von jener Art, wie man sie ohne große Überlegung, ohne Anspruch auf bleibende Gültigkeit hinschreibt. Flaubert hat sie auch immer ängstlich für sich behalten und nie etwas anderes als die letzte und vierte Beschreibung dieses Kampfes des jungen Mannes mit dem Leben gelten lassen.

Diesmal verläuft die Arbeit ohne die Angst und den inneren Zwiespalt früherer Jahre. Er fühlt sich im Vollbesitz seiner Kräfte, er hat sich und seine theoretischen Überlegungen fest in der Hand, und er weiß sehr genau, was er will. Zu genau, könnte man im Hinblick auf eine künstlerische Beurteilung des Werkes sagen. Außerdem wird das biographische Material jetzt gekürzt, gemildert, verändert, ein ganzer Teil seiner qualvollen Jugendjahre fällt unter den Tisch. Frédéric Moreau ist mehr eine literarische als eine erlebte Gestalt. Er vereinigt in sich recht uneinheitliche Züge, die sich zwar miteinander vertragen – in einer solchen Darstellung läßt sich schließlich alles vereinbaren –, aber doch den sicheren Strich ein wenig zittrig machen.

Das einzige, was ihn bei der Arbeit aufhält, ist der Einbezug sozialer und politischer Ereignisse; er ist zu gewissenhaft, um nicht historisch zu bleiben und sie sorgfältig und exakt wiederzugeben. Einige besondere Vorkommnisse machen Studienreisen und Quellenforschungen nötig, doch schreitet die Arbeit gleichmäßig fort – bis zum Sommer 1868, in dem er wieder von seiner Unsicherheit überwältigt wird:

Das Drecksding von einem Roman erschöpft mich bis in die Knochen . . . Ich bin hundemüde . . . Ich werde mich nicht noch mal darauf einlassen, Bürgersöhne zu beschreiben, es wird Zeit, etwas anzufangen, was mir Spaß macht . . .

Am 16. Mai indessen konnte er «Ende» unter das Werk schreiben. Maxime Du Camp hatte ihm nach aufmerksamer Lektüre mit seinem unerbittlichen Stift 251 Ungenauigkeiten oder grammatikalische Fehler angestrichen; 164 gab Flaubert zu . . . Die erste Lesung fand im Salon der Prinzessin Mathilde statt; man war begeistert. Trotzdem scheint kein Buch sich so wenig dazu zu eignen, rasch vorgelesen zu werden.

Der Roman erscheint in den Buchhandlungen am 17. November, und fast jedermann ist enttäuscht, die Kritiker und – diesmal auch – die Leser. Trotzdem schlagen die Kritiken einen anderen Ton an. *Madame Bovary* und *Salambo* hatte man noch verreißen können, nun aber war die Stellung Flauberts fest etabliert. Er war schließlich ein anerkannter Mann, man hatte es mit dem Haupt einer ganzen Schule zu tun. Die Angriffe sind weniger herablassend, aber schärfer. Jedermann verstand die *Schule der Empfindsamkeit* als eine Satire, aber war denn ein satirischer Roman etwas umwälzend Neues? Gab es denn nicht die Romane von Stendhal oder, früher noch, die «Gefährlichen Liebschaften» von Choderlos de Laclos? In der Tat erhebt fast der gesamte französische Roman, genau wie die Komödie, verdeckte politische oder soziale Forderungen. Man hatte kein Verständnis und keine Ohren für den Mißton der bittersten Ironie, der diesem Buch den Sinn gibt; man wollte ihn nicht hören. Die technische Brillanz, die Weise, das Leben zu zeigen, aber seine Antriebe und Motive im dunkeln zu lassen, und so alle Geschehnisse; Begegnungen, Gespräche nur ihren gegenseitigen Wirkungen zu überlassen, ihrem lächerlich-tragischen Spiel, ihrer schmerzlichen Albernheit, ihrem eigenen possenhaften Gesetz, all das kam beim Publikum nicht an. Man begriff nicht die Stärke dieses Verschweigens und hielt es für ein Versagen oder einen grundsätzlichen Fehler. Für die Zeitgenossen war das Buch kein gegliedertes Ganzes mit Anklängen, Verzweigungen und Feinheiten; noch für die großzügigsten unter ihnen war es «eine Aneinanderreihung von Fotografien, glänzend entwickelten Kopien, von denen aber jede für sich allein steht . . .».

Außerdem gab es keine Gesellschaftsschicht, in der das Buch einen Rückhalt fand, niemand, auf den er sich mit seinen Angriffen berufen konnte. Keiner blieb von der Mißbilligung Flauberts verschont. Jede Partei und jeder einzelne wurde von ihm gezeichnet. Es war, als hätte er nur für eine kleine Gruppe skeptischer Intellektueller schreiben wollen, und selbst von da kam man ihm noch mit Neid und Mißgunst entgegen. Wenn überhaupt irgendwo, hat sich Flaubert gegen das einfache Volk milde gezeigt. Die herrschende Klasse wird vernichtend abgefertigt. Der Radikalismus Flauberts hatte sich verschärft; das einzige, was er anscheinend noch gelten ließ, war die Anarchie, der «Nihilismus», wie sein Freund Turgenjev gesagt hätte, der dieses Wort erfunden hat. Der Bürger in ihm ist zornig, tollwütig geworden.

Andere zeigten sich in ihrem Schamgefühl verletzt – wenigstens nach außenhin: als Vertreter der öffentlichen Moral ist man sich das schuldig . . . Vielleicht hatten sie gar nicht so unrecht. Was aus diesem Buch sprach war nicht mehr *ängstliche Übertretung* wie in *Madame Bovary*, sondern *selbstverständliche Immoralität*, die sich hier wie eine Weiterentwicklung aus der Haltung des Dreißigjährigen einstellt.

Die dichterische Qualität, die geglückte Mimesis der Wirklichkeit, die Fähigkeit, einer solchen Menge von Menschen Begierden, Kämpfe, Bewegung und Leben einzugeben, blieb indessen doch nicht ganz unbemerkt. George Sand schlug sich sofort in die Bresche und hielt lange Lobreden auf die stoische Kälte über dem vielfältigen Gewimmel dieses Buchs. Banville, mit seinem freieren Blick, rühmte daran die Neuartigkeit, die Distanz, und sagte später, daß sich die Romankunst in ihrer ganzen Haltung der *Schule der Empfindsamkeit* nähern müßte.

Inmitten all der niedrigen Gestalten konnte allein die Reinheit der Madame Arnoux dem Buch einen freundlicheren Ton geben, und in der Tat gewinnt es erst durch sie seine Menschenwürde. Endlich löst sich aus diesem Schwarm eine einzige reine Gestalt. Unter allen Figuren ist sie die einzige, die kleine Roque vielleicht ausgenommen, die uns bewegt. Ihr Bild bleibt uns für immer vor Augen, ihre ergreifende Anmut, ihre verzichtende Zärtlichkeit, ihre hohe sittliche Kraft, die neben den Gemeinheiten ihres Gatten und der billigen Rache des Geliebten nur noch heller strahlt.

Diese Frau ist die berühmte Élisa Schlésinger, geborene Foucault, die in allen Werken Flauberts auftaucht, sobald es darin um Liebe geht: es ist eine merkwürdige Tatsache, daß Flaubert im Verlauf einer langen Werbung, deren Höhepunkte und Konflikte sich in der *Schule der Empfindsamkeit* enthüllen, weit weniger über diese Frau erfahren hat, als wir heute von ihr wissen. Ihre Geschichte ist in der Tat noch weit romanhafter als das Buch von Flaubert. Als er die junge Frau in Trouville kennenlernte, lebte sie in recht seltsamen Verhältnissen. Sie war mit Schlésinger nicht etwa verheiratet, sondern er hatte sie g e k a u f t . . . tatsächlich gekauft! Heute kennt man den ganzen ungewöhnlichen Hergang. Élisa war immer noch mit einem armen Infanterieleutnant namens Judée verheiratet, der Geld veruntreut hatte und Schlésinger um Geld und Hilfe bat. Der aber forderte für die Rettung, daß Judée irgendwo in der afrikanischen Steppe verschwinde und ihm seine schöne junge Frau mit allen Rechten überlasse. Er hatte von ihr zwei Kinder und heiratete sie nach dem Tode ihres zu Fall gekommenen Gatten. Madame Arnoux hat sich alle Zurückhaltung auferlegt, die nach einer solchen Übereinkunft geboten war, vielleicht auch – welch ein Hohn! – aus Dankbarkeit gegen Schlésinger, der diesen üblen Handel mit allen Konsequenzen vollzogen hatte. Am Ende hatte sich das arme Geschöpf vielleicht auch aus Liebe zu ihrem Gatten und zu ihrer Familie aufgeopfert: ihr Mann und ihre Eltern mußten gerettet werden. Zuletzt ist diese bewundernswerte Frau von der Ironie ihres Schicksals überwältigt worden. Sie starb im Wahnsinn. Es gibt noch Fotografien, die ihre Schönheit und ihr vornehmes Wesen erkennen lassen. Maxime Du Camp hat sie noch gesehen, wie sie, verstört und argwöhnisch, zwischen den Wahnsinnigen herumlief.

Auch Arnoux selbst ist mit unbestechlicher Sicherheit gezeichnet; er tritt als einer der stärksten und lebendigsten Charaktere hervor; und wenn es nach dem Rechten ginge; wäre er eine feststehende Figur wie Julien Sorel, Hulot oder Tartarin geworden. Seine Wendigkeit, seine Begierden, Hoffnungen und Rückfälle fließen zusammen zu einem Temperament, das mit erstaunlichem Schwung und mit unvergleichlicher Treffsicherheit geformt und ausgeführt ist. Es trägt den Stempel der Echtheit. Frédéric ist als Gestalt etwas unscharf, doch sind manche Feinheiten seines Wesens recht interessant. In ihm haben sich zwei Charaktere gemischt; die gründliche Kenntnis, die Flaubert von Maxime Du Camp besaß, macht sich spürbar. Mit dem Element Du Camp kommt ein mondäner, weiblicher Zug in die Gestalt von Frédéric Moreau und verwässert die Kraft, die der Held von Flaubert her hat. Es geschieht eine Art von Verschmelzung, wie sie im Verhältnis der beiden Freunde eine Entsprechung hatte. Denn sicherlich hat der einsame Flaubert, so tief auch seine Verachtung für gesellschaftliche Förderung und Geltung war, sich zurückgesetzt und verkannt gefühlt, wenn er Maxime betrachtete, mit seinen Erfolgen, seiner Sicherheit und seinen Prahlereien, und hat sich in vielen Dingen nach den Vorschlägen seines angesehenen Freundes gerichtet. Flaubert hat etwas von Deslauriers (dem Freund von Frédéric).

Der Stil ist klar und schmucklos. Keine langen, bis in die Allegorie erweiterten Vergleiche mehr, keine liebevoll und gelehrsam ausgeführten Bildchen; den Vergleich, den Flaubert so liebte – das immer wiederkehrende «wie» vor seinen Metaphern, das er nach einem Ausspruch der Goncourts so häufig verwendete, daß er es zuletzt gar nicht mehr sah – trifft sein Ziel nun rasch wie ein Pinselstrich, wie ein Pfeil. Zum Verweilen ist hier keine Zeit mehr; der Vergleich dient nur noch der Verdeutlichung, der Richtigstellung; er ist unpoetisch, treffsicher, genau, angemessen: er ist moderner geworden.

Er sah ihn an mit Augen, so glühend wie seine Zigarre . . .

Es gibt Leute, die keine andere Aufgabe unter den Menschen haben, als Vermittler zu sein; man läßt sie hinter sich wie eine Brücke und geht weiter.

Manchmal kam die Sonne durch die Jalousien, und ihre Streifen waren von der Decke bis zu den Fließen wie die Saiten einer Leier aufgespannt.

Sie ging und kam, leichter als eine Mücke. (Die dunkelhäutige Vatnaz bei der Pflege ihres Verwundeten.)

Stechpalmen wie aus Bronze . . . Die Fichten, wie Orgelpfeifen so regelmäßig . . . Eichen, die einem Torso glichen . . .

Es ist schade, daß der Dichter sich nun dazu versuchen läßt, alles, ja zuviel zu sagen. Auch das ist wieder ein Übermaß, eine Mißachtung des Lesers. Freilich muß jeder Roman bisweilen, zur Erholung sozusagen, in Niederungen absteigen, in denen das Auge auf die kleineren Dinge gelenkt wird. Hier

Gustave Flaubert. Zeichnungen von E. de Liphart

aber wird die sorgfältige Ausführung der Szenerie mit ihren oft unnötigen und ganz zwecklosen Beschreibungen zu einem Ärgernis. Ich habe bei einer Befragung festgestellt, daß die meisten Leser – gebildete Leute – mit den langen Seiten über Fontainebleau zum Beispiel, die ich überflüssig fand, auch nichts anfangen konnten. Sie sind übermäßig gewissenhaft, fleißig und im ganzen öde. Man sagte mir, daß man Mühe hatte, all die Stilleben mit den überladenen Tischen, den Nippesfiguren und den toten Beschreibungen irgendwelcher topographischen Verhältnisse nicht einfach zu übergehen und weiterzublättern.

Die Glasglocken über den Melonen glänzten in gerader Reihe auf dem engen Beet; Artischocken, Bohnen, Spinat, Mohrrüben und Tomaten standen nebeneinander bis zu einem Spargelbeet hin, das aussah wie ein Wäldchen aus Federn . . .

Dazu kommen manche Debatten, die sich endlos wiederholen, künstliche Einschübe, die in ihrer Tendenz mit dem Buch als Kunstwerk gar nichts zu tun haben, in denen Flaubert anfängt zu politisieren – mit offensichtlich satirischen und bloßstellenden Nebenabsichten. In der *Schule der Empfindsamkeit* wird die Darstellung ihrer selbst ein wenig zu sicher, und das beeinträchtigt ihre Beweglichkeit, während es ihr andererseits etwas wie eine monumentale Starrheit verleiht. Aber eben auch etwas Verkalktes, Gichtiges. Trotzdem sind nur wenige Romane – Banville hatte da ganz recht – in unserer Zeit so oft nachgeahmt worden wie dieser. Er ist klassisch geworden. Ohne seine Qualitäten herabsetzen zu wollen, glauben wir aber doch, daß sein Einfluß sich nicht auf der höchsten Ebene bewegt. Aufs Wesentliche zurückgeführt ist dieser Roman jugendlicher Entwicklung und Selbstzergliederung gerade für die leicht nachzuahmen, die nichts von den Fähigkeiten seines erfolgreichen Autors haben. Für Leute, die sich auf ihre Bildung, ihre geistige Entwicklung und ihre Belesenheit etwas einbilden, ist er das naheliegende Modell geworden; das Vorbild für jeden jungen Mann mit einer «Idee». Heutzutage, wo sich jeder Philologieprofessor mit literarischem Lorbeer behängen will und eine Habilitation als Sprungbrett zum Parnaß betrachtet wird, ist die *Schule der Empfindsamkeit* zum Evangelium der Mittelmäßigen geworden.

«Die Schule der Empfindsamkeit»: Texte

Es war wie eine Erscheinung:

Sie saß da, in der Mitte der Bank, ganz allein; oder wenigstens konnte er sonst niemand sehen, so geblendet war er vom Anblick ihrer Augen. Gerade als er vorüberging, hob sie den Kopf; er duckte sich unwillkürlich; und nachdem er nach einigen Schritten in die gleiche Richtung haltgemacht hatte, sah er sie an.

Sie trug einen großen Strohhut mit rosa Bändern, die hinter ihr im Winde flatterten. Ihr schwarzes Haar wiederholte den Bogen ihrer weiten Brauen, kam tief herab und schien sich liebevoll dem Oval ihres Gesichts anzuschmiegen. Ihr helles kleingetupftes Musselinkleid bauschte sich in zahlreichen Falten. Sie war mit einer Stickerei beschäftigt; und ihre gerade Nase, ihr Kinn, ihre ganze Gestalt hob sich scharf ab gegen einen Hintergrund aus blauer Luft.

Da sie unbeweglich blieb, machte er einige Schritte nach rechts und nach links, um seine Absicht zu verdecken; dann stellte er sich dicht neben ihren Schirm, der an der Bank lehnte, und tat so, als beobachte er einen Schleppkahn auf dem Fluß.

Nie zuvor hatte er eine so zarte dunkle Haut, eine so erregende Gestalt, niemals so feingliedrige Finger wie die ihren gesehen, die im Licht durchscheinend waren. Er betrachtete ihren Nähkorb mit großen Augen, wie ein Wunderding. Wie hieß sie? Wo wohnte sie? Wie sah ihr Leben, ihre Vergan-

genheit aus? Er wünschte sich, die Möbel ihres Zimmers zu kennen, die Kleider, die sie alle getragen hatte, die Leute, mit denen sie umging; und selbst das Verlangen nach ihrem körperlichen Besitz trat zurück hinter einer tieferen Sehnsucht, einer schmerzlichen, endlosen Wißbegier . . .

Er reiste.

Er lernte die Trostlosigkeit der Postschiffe kennen, das fröstelnde Erwachen im Zelt, die Betäubung im Wechsel der Landschaften und der Ruinen, die Bitterkeit abgebrochener Freundschaften.

Er kam zurück.

Er verkehrte in der Gesellschaft und hatte noch manche Geliebte. Aber die Erinnerung an seine erste Liebe kehrte ständig zurück und verdarb ihm den Geschmack an seinen Erlebnissen; und später hatte sich die Heftigkeit seines Verlangens, die Blüte der liebenden Empfindung selbst verloren. Die Ziele seines Lebens waren ebenso versunken. Die Jahre gingen; und er ertrug geduldig die Untätigkeit seines Geistes und die Trägheit seines Herzens.

Gegen Ende des März 1867, am Abend, als er allein in seinem Arbeitszimmer saß, trat eine Frau ein.

«Madame Arnoux!»

«Frédéric!»

Sie faßte ihn bei den Händen, zog ihn sanft ans Fenster, um ihn zu betrachten, und sagte immer wieder:

«Er ist es! Er ist es ja!»

Im Halbdunkel der Dämmerung sah er nur ihre Augen unter einem schwarzen Spitzenschleier, den sie vor dem Gesicht trug.

. . . Sie seufzte; nach einer langen Stille sagte sie:

«Was tut es, wir haben uns sehr geliebt.»

«Aber einander nicht angehört!»

«Es ist besser so», erwiderte sie.

«Nein! Nein! Wie glücklich wären wir gewesen!»

«Ach, ich glaube es, bei einer Liebe wie der Ihren!»

Und sie mußte wohl auch stark sein, um eine so lange Trennung zu überdauern!

Frédéric fragte sie, wie sie es bemerkt hätte.

«Es war an einem Abend, Sie küßten mir die Hand zwischen dem Handschuh und der Manschette. Da dachte ich mir: ‹Aber er liebt mich ja . . . Er liebt mich.› Aber ich hatte Angst, ich wollte keine Gewißheit. Ihr Zögern war so lieb, es machte mir Freude, es war eine absichtslose stetige Huldigung.»

Nun bedauerte er nichts mehr. Seine Leiden von damals waren aufgewogen.

Als sie wieder ins Zimmer traten, nahm Madame Arnoux ihren Hut ab. Die Lampe, die auf der Anrichte stand, beleuchtete ihr Haar: es war weiß. Das traf ihn wie ein Faustschlag mitten vor die Brust.

Um vor ihr seine Enttäuschung darüber zu verbergen, beugte er sich auf die Knie, ergriff ihre Hände und sagte ihr zärtliche Worte.

«Sie selbst, Ihre geringsten Bewegungen hatten in meinen Augen eine überwältigende Bedeutung für die Welt. Wie der Staub erhob sich mein Herz hinter Ihren Schritten. Sie waren für mich wie Mondlicht in einer Sommernacht, wenn alles Duft ist, süße Dämmerung, weißes Licht, unendliche

Weite; und alle Wonnen des Körpers und der Seele waren für mich in Ihrem Namen eingeschlossen, wenn ich ihn vor mich hin sprach und ihn auf meinen Lippen zu küssen versuchte. Mehr habe ich mir niemals erträumt. Sie waren für mich Madame Arnoux, so wie Sie waren, mit Ihren zwei Kindern, zärtlich, ernst, in der Blüte Ihrer Schönheit, und so freundlich! Dieses Bild warf sein Licht über alles andere. Als ob ich an etwas anderes auch nur gedacht hätte! Da doch tief in mir immer die Musik Ihrer Stimme, das Licht Ihrer Augen war!»

Mit Entzücken empfing sie diese Huldigung an eine Frau, die sie nicht mehr war. Frédéric berauschte sich an seinen Worten, glaubte schließlich selbst, was er sagte. Madame Arnoux, den Rücken zum Licht gewendet, beugte sich zu ihm nieder. Er fühlte an seiner Stirn die Liebkosung ihres Atems, durch seine Kleider hindurch eine unbestimmte Berührung mit ihrem ganzen Körper. Ihre Hände hielten sich fest gedrückt; die Spitze ihres Schuhs trat ein wenig unter ihrem Kleid hervor, Schwäche befiel ihn, er sagte zu ihr:

«Wenn ich Ihren Fuß sehe, das verwirrt mich.»

Scham erfaßte sie, und sie stand auf. Aufrecht, und im Ton einer Schlafwandlerin sagte sie dann:

«In meinen Jahren! Und er! Frédéric! . . . Nie ist eine Frau geliebt worden wie ich! Nein, nein! Wozu sollte ich jung sein? Ich brauche es nicht. Ich verachte alle, die hierher kommen!»

«Oh! Es kommen kaum noch andere!» antwortete er, um ihr gefällig zu sein.

Ihr Gesicht leuchtete auf, und sie wollte wissen, ob er heiraten würde.

Er beteuerte das Gegenteil.

«Wirklich? Warum nicht?»

«Ihretwegen», erwiderte Frédéric und nahm sie in seine Arme.

So blieb sie stehen, zurückgebeugt, mit geöffneten Lippen, die Augen aufwärts gerichtet. Plötzlich stieß sie ihn mit einem Ausdruck der Verzweiflung zurück; und als er in sie drang, ihm Antwort zu geben, sagte sie mit gesenktem Blick:

«Ich hätte Sie gerne glücklich gemacht.»

Frédéric kam der Verdacht, daß Madame Arnoux gekommen war, um sich ihm anzubieten; und es erfaßte ihn wilde, wütende Begierde, stärker als jemals. Und doch fühlte er etwas Unerklärliches, ein Widerstreben, etwas wie die Angst vor einer Blutschande. Eine andere Furcht hielt ihn zurück, die Furcht vor dem Ekel, den er später empfinden könnte. Welche Unannehmlichkeiten konnten überdies daraus entstehen! Und teils aus Vorsicht, teils um sein Ideal nicht zu erniedrigen, drehte er sich um und begann eine Zigarette zu wickeln.

«Drei Erzählungen»

Mit den *Drei Erzählungen* zahlte Flaubert dem Publikum für seine Mißachtung auf glänzende und endgültige Weise heim; sie wurden für ihn zu einem unbestrittenen Triumph. Noch heute ist man über den Rang dieser Sammlung ganz oder doch so gut wie ganz derselben Meinung. Die drei Novellen können als eine Anthologie gelten, in der das ganze Werk und die ganze Größe des normannischen Schriftstellers zusammengefaßt ist. Gewöhnlich haben Novellen ein merkwürdiges Schicksal: wenn sie erscheinen, zuckt man die Achseln; sind sie dann älter geworden, ist ihr Autor erst einmal tot, so wendet sich ihr Glück, bis sie zuletzt oft das einzige sind, das von einem vielbändigen Werk lebendig und wirksam geblieben ist. Von Voltaire wird nur noch «Candide» gelesen; von Mérimée «Die Venus von Ille»; von Anatole France «Balthasar»; von Maupassant sind es die «Novellen»; von Barrès «Vom Blute, von der Wollust und vom Tode». Es ist, als ob sie keinen Rost ansetzen könnten, als ob ihr Glanz nie stumpf würde, gerade weil sie so unmittelbar und dem raschen Einfall folgend niedergeschrieben worden sind.

Und so würde man heute auch dem Uneingeweihten zur Einführung in die Kunst Flauberts dieses Alterswerk in die Hand geben, das sich liest, als hätte der Mann aus Rouen darin seine Jugend wiedergefunden, indem er, aus Müdigkeit vielleicht, alle seine übermäßig weitgespannten Pläne zur Seite schob.

Die Legende vom heiligen Julian dem Gastfreien, Herodias und *Ein einfaches Herz* werden bei aller Verschiedenheit durch die Intensität der fabulierenden Phantasie zusammengehalten, die nun nicht mehr von einer Gelehrsamkeit überwuchert und verdeckt wird, vor der man mit einer Mischung von Hochachtung und Unlust gestanden hatte; frei, ungezwungen und gelöst umkreist die Phantasie hier die drei Zentren von Flauberts Dichtertum: Epos, Antike und Gegenwart. Weit schwingt sie ins Poetische aus, versetzt sich in die Fremde der fernen Vergangenheit, beobachtet kühl und scharf das Gegenwärtige. Flaubert arbeitete daran mit viel Freude; es war für ihn wie ein Aufatmen nach all den Mühen und Rückschlägen. Und nichts ist günstiger für die Arbeit des Künstlers: die Kunst ist eine zarte Blüte.

Die *Drei Erzählungen* erschienen im Frühjahr 1877; sie waren das letzte Buch Flauberts; *Bouvard und Pécuchet* ist ja unvollendet geblieben und wurde erst nach seinem Tod veröffentlicht. Flaubert betrachtete den Erfolg des Werkes zunächst mit Mißtrauen, später mit Freude und Dankbarkeit. Das Leben war ihm nach soviel Unverständnis und Schikane eine solche Anerkennung schuldig; es war ihm, als hätten sich plötzlich alle Augen geöffnet, als seien die Herzen empfänglich und vernünftig geworden. Sein gesamtes Werk erschien nun in einem neuen, helleren Licht und fand eine ganze Schicht von neuen Anhängern.

Man sprach, was sehr viel für sich hat, von einem «idealen Realismus» (so Saint-Valry, zitiert bei René Dumesnil):

«Mit einer bewundernswerten Verbindung von Präzision und Phantasie geschieht diese erstaunliche Einsicht in die wahre Außenseite der Dinge, diese klare Durchdringung ihres innersten Sinns und ihrer Idee ... In diesem Band, dem schmalsten, den Flaubert bis jetzt vorgelegt hat, ist die Begabung und Technik des Autors wie zu einer letzten Synthese eingeschmolzen und zusammengefaßt.»

Das läßt sich kaum besser sagen und soll genügen.

Die *Drei Erzählungen* fielen für Flaubert in eine recht günstige Zeit. Georges Dubosc berichtet, daß der alte Flaubert sich im Hochgefühl seines Erfolgs oft fragte, ob er nicht, indem er sich in gewisser Weise einfach dem Fluß eines Werkes überlassen hatte, eine neue, der Tiefe des Lebens nähere Kunst entdeckt habe.

Jagd zu Pferd mit der Armbrust. Französische Miniaturmalerei, 1405.
Chantilly, Musée Condé

Und doch trieb er gleichzeitig die Arbeit an *Bouvard und Pécuchet* weiter voran.

Die Legende vom heiligen Julian dem Gastfreien handelt von dem Sohn eines adeligen Lehnsherrn, den schon als Knaben die Lust zur Jagd unwiderstehlich reizt. Ein Rausch überkommt ihn dabei, er metzelt alles nieder, was ihm über den Weg läuft, es erfaßt ihn eine rasende Mordlust, der er sich mit einer blinden Roheit, wie von einem Zwang getrieben, hingibt. In der Jagdszene übertrifft Flaubert sich selbst; neben allen anderen glänzenden Passagen dieser Erzählung hätte sie allein genügt, ihn unter die großen Meister der Beschwörung in der französischen Literatur zu stellen. Sie ist von einer unvergleichlichen, düsteren Gewalt, fast unwirklich, ein schwerer, fiebriger Traum. Ein ungeheurer schwarzer Hirsch, den Julian in der Nacht seines Blutrauschs tötet, prophezeit ihm, er werde einst seinen Vater und seine Mutter erschlagen. Julian entflieht aus dem elterlichen Schloß. Er überläßt sich dem Zufall der Heerstraßen und des Kriegsglücks; sein Schwert kämpft für die Gerechtigkeit. Er heiratet zuletzt die Tochter des Kaisers und lebt in der Pracht ihres Erbteils. Eines Nachts wird er von der Versuchung zur Jagd,

127

der er seitdem immer widerstanden hatte, aufs neue überwältigt. In seinem fernen Schloß begehrt unterdessen ein altes Pilgerpaar Einlaß: sein Vater und seine Mutter, die sich an ihrem Lebensabend auf die Suche nach ihm gemacht haben. Die Tochter des Kaisers heißt sie feierlich willkommen und gibt ihnen ihr eigenes Bett zur Nacht. Der Jäger kehrt heim; er tastet sich ans Lager und greift in den Bart eines Mannes. Außer sich vor Wut stößt er mit seinem Dolch nach den Schläfern: die Prophetie hat sich erfüllt. Wieder flieht er, verrichtet die niedrigsten Arbeiten und lebt zuletzt als Fährmann an den Ufern eines reißenden Flusses. Eines Abends setzt er einen Aussätzigen über, wärmt ihn, bringt für ihn ohne Rücksicht jedes Opfer. Der Aussätzige war Christus, der ihn mit sich ins Paradies entführt.

Die Stimmung des Ganzen, das feine Gefüge der Farben und Gestalten machen die Novelle zu einem einzigartigen Kunstwerk. Sie ist in ihrer Art des Vortrags so völlig geglückt, daß alle, die Künstler wie die Kinder, von jeher einstimmig von ihr begeistert waren; man kann sie liebgewinnen, sie wieder und wieder mit derselben Spannung zur Hand nehmen; und jedesmal ist man gepackt und überrascht wie bei der ersten Lektüre. Undeutlich, wie aus weiter Entfernung, wird der dumpfe Aufruhr, ein Ton von Wundern und Geheimnissen vernehmlich. Christus selbst tritt wunderbar auf; ein Zauber, etwas Unirdisches geht von dieser Szene aus und rührt tief an alles, was aus der fernen Vergangenheit unserer Kultur noch lebendig ist. Trauer liegt über dem Ganzen, und unsere Vorstellung von einem düsteren Mittelalter verbindet sich mit den bedrängenden Ängsten, den tödlichen Verstrickungen, den dunklen Nöten, der lastenden ungewissen Schuld in dieser Erzählung. Wir werden in ein Reich der Gespenster geführt, der Besessenheit, der kranken Seelen, denen nur das Kloster Hilfe bringen kann; ein allzu rauhes Leben unter rohen Gewalten, ein aufreibender Kampf, in dem alle Kräfte zur Verteidigung sich anspannen müssen.

Die Handlung dieses Prosagedichts ist auf einem Glasfenster in der Kathedrale von Rouen geschildert. Dubosc berichtet, daß der Schriftsteller lange Studien auf dieses große Fenster verwandte, das die Fischer der Stadt seinerzeit gestiftet hatten, um ihren Schutzheiligen zu feiern. Flaubert hat an dieser Glasmalerei weniger ihre Komposition der Erzählung auf sich wirken lassen als die Leuchtkraft ihrer Farben, die Naivität ihrer Gestalten, jene Einfachheit, die mehr zur Seele als zum Verstand spricht. Sie findet sich im vierten Chorbogen des nördlichen Seitenschiffs. Nacheinander sind die verschiedenen Szenen mit kleinen Figuren abgebildet. Ein Abdruck davon befindet sich in dem «Essai historique et descriptif de la peinture sur verre» von Eustache Langlois; auch Flaubert besaß eine Reproduktion des Glasfensters.

Der entscheidende Anstoß zu der Erzählung liegt allerdings tiefer. Flaubert hatte sich schon lange mit einem derartigen Plan getragen; er beschäftigte ihn seit zwanzig Jahren. Die erste Skizze stammt aus dem Jahre 1856. René Dumesnil behauptet, daß der Anblick einer kleinen, sehr ausdrucksvollen Statue in der Kirche von Caudebec den Autor zu den frühen Vorarbeiten für die Erzählung zurückgeführt habe.

Die bemerkenswerteste Szene aber (abgesehen von dem «Großen Töten»), in der die Tiere dem Jäger, dem die Pfeile ausgegangen sind, wie zum Hohn nachlaufen, findet sich nirgends vorher und zeugt von der Kraft seiner dichterischen Phantasie. Ohne diese Szene hätte die Legende niemals ihre

Detail aus dem Glasfenster mit Szenen aus dem leben Julians des Gastfreien. Rouen, Kathedrale

überwältigende Größe erreicht. Was den beliebten Vergleich des *Heiligen Julian* mit dem «Märchen vom schönen Pécopin und der schönen Bathilde» von Balzac angeht, so ist er ganz und gar abwegig, wenn man sich nicht mit primitiven Ähnlichkeiten abgeben will, die mit der Stimmung des Ganzen nichts zu tun haben. Geradesogut könnte man den Totentanz von Holbein den düsteren und primitiven Wandzeichnungen zur Seite stellen, mit denen man vorher die mittelalterlichen Beinhäuser ausgemalt hatte.

Eher noch haben im *Heiligen Julian* die langen Unterhaltungen mit dem guten «El Bab» Frucht getragen, mit Laporte nämlich, der Flaubert eine hohe Achtung vor der Jagd eingegeben hat und der ihn sogar zur Treibjagd in den Wäldern der Normandie mitnehmen wollte, ohne indessen Flauberts Scheu vor soviel frischer Luft überwinden zu können.

Herodias erzählt den alten Stoff von der Enthauptung Johannis neu und bereichert ihn mit einer Vielfalt von neuen Tönen. Flaubert fürchtete, daß man darin zu viele Ähnlichkeiten mit *Salambo* finden könnte und ging aus Rücksicht darauf bei der Rekonstruktion des späten Judentums unter der römischen Herrschaft besonders gewissenhaft vor. Es gelang ihm eine fruchtbare Gegenüberstellung, wie man sagen könnte, des Europäischen und des Asiatischen, indem er die Gestalten der beiden Vitellius mit dem ungezähmten und abergläubischen Wesen des Tetrarchen Herodes Antipas kontrastierte.

Alles gleißt hier unter einer blendenden Sonne; scharf hebt sich der funkelnde Glanz der Feste ab von dem Dunkel, in dem der heilige Julian auf die Suche nach sich selbst geht; dieser bewußte «Effekt» entkräftet den Vorwurf, Flaubert habe die zeitliche Folge der drei Stücke verdreht und sie nicht, wie es üblich ist, in ihrer ursprünglichen Reihenfolge belassen. Hätte Flaubert *Herodias* an die Spitze gestellt, so hätte er außerdem auf einen neuartigen Reiz für den Leser verzichten müssen, der darin bestand, daß sich Flaubert hier zum erstenmal von der mittelalterlichen Welt in Bann ziehen ließ; das gewann ihm viele neue Freunde. In der vorliegenden Anordnung aber konnte *Herodias*, selbst wenn die Erzählung in gewisser Hinsicht eine Rückkehr zu früheren Darstellungen sein mochte, freundlicher aufgenommen und nicht als bloße Wiederholung abgetan werden.

Auch hier bot sich wieder ein Vorbild in der religiösen Kunst, das diesmal dem Gang der Phantasie vielleicht nicht die Richtung vorschrieb, ihr aber doch Stoff und Stütze gab: das Tympanon des nördlichen Seitenportals der Kathedrale zu Rouen, das die Enthauptung Johannis, Herodes' Fest und den Tanz der Salome darstellt. Es ist eine feine, fesselnde Arbeit; auch hier ist die Legende, die dem Künstler bekannt gewesen sein muß, in einzelne Episoden gegliedert. Auf einem erhöhten Tisch, dem zu Füßen Diener und Spielleute abgebildet sind, tanzt Salome:

Sie warf sich auf die Hände, die Fersen in der Luft; lief so den Mittelgang hinab wie ein großer Käfer und blieb unvermittelt stehen . . . Ihr Nacken und ihr Rückgrat bildeten einen rechten Winkel . . .

Diese Stelle beschreibt genau die Haltung, die der Bildhauer seiner Salome gegeben hat, eine merkwürdige Stellung, die sicherlich einem mittelalterlichen Gaukelspiel abgeschaut ist. Flaubert macht sie zum Höhepunkt, zur letzten Reizsteigerung der Verführung, die den Tetrarchen so weit entflammt, daß er der Tänzerin alles zu willen tut. Auf der rechten Seite des

Bildes reicht Salome dem Herodias den Kopf des Täufers auf einer Schale, als wolle sie damit das Fest erhöhen, mit einer Geste unempfindlicher Grausamkeit, der so viele Darstellungen ihren dramatischen Reiz verdanken. Schließlich sieht man noch, wie der Henker sein Schwert hebt, um Iaokanaan zu enthaupten, der den Kopf aus der Grube streckt.

Das alles kann der Phantasie vielleicht nicht besonders reichen Stoff bieten. Aber man darf bei Flaubert nie die Bedeutung einer g e n a u e n U n t e r l a g e unterschätzen, das «fetischistische» Element, wenn man so sagen darf, die Einwirkung des V o r l i e g e n d e n auf sein Werk. Er bezieht daraus eine höchst merkwürdige, doch unbestreitbare Erregung, es fasziniert ihn, er braucht es in seiner Nähe; so wie ein Liebhaber nach Andenken und Erinnerungen greift, nach einem Handschuh, einer verwelkten Blume, wenn er seiner Geliebten schreibt. Nur so ist es zu verstehen, daß das Puppenspiel in Rouen auf die *Versuchung des heiligen Antonius* hat wirken können, und nur auf diese Weise ist jenes Tympanon fruchtbar geworden – seinem Gehalt nach mehr als einer formalen Ausführung. Für einen Geist, der aus der Phantasie lebt, haben die Dinge eine eigene Bedeutung, eine wirksame Ausstrahlung. Daß im Vestibül ein alter Schal und ein Hut fehlten, war für Flaubert so schmerzlich, als sei seine Mutter noch einmal gestorben . . .

Trotzdem, um ganz offen zu reden, liegt etwas Kindisches und Engstirniges in der Überschätzung derartiger «Quellen». Die wahre Quelle war die Fruchtbarkeit des Flaubertschen Geistes.

Durch die ganze Erzählung hindurch schwingt wieder jener Ton hochdisziplinierter Unpersönlichkeit, der in seiner eisigen Kälte einen Eindruck der striktesten Tatsächlichkeit erweckt. Nichts trennt vom Geschehen; es wirkt unmittelbar gegenwärtig. So zum Beispiel beim Kopf des Iaokanaan:

Mannaeï kam den Gang herab und zeigte ihn den römischen Hauptleuten, darauf den Gästen auf der anderen Seite.

Sie besahen ihn.

Die scharfe Schneide des Schwertes, von oben nach unten gleitend, hatte den Kiefer zerschmettert. Ein Krampf verzog die Mundwinkel. Blut, das schon geronnen war, klebte im Bart. Die geschlossenen Lider waren fahl wie Muscheln, und die Leuchter ringsum brannten mit heller Flamme.

Er gelangte zum Tisch der Priester. Ein Pharisäer wandte ihn neugierig um, und Mannaeï, der ihn wieder geradegesetzt hatte, stellte ihn vor Aulus hin, der davon aufwachte. Durch die Öffnung ihrer Wimpern schienen die toten Augen des einen und die glanzlosen Augen des anderen zueinander zu sprechen.

Mannaeï zeigte ihn darauf dem Antipas. Tränen liefen über die Wangen des Tetrarchen.

Man sieht, wie es Flaubert in diesem Spätwerk gelingt, genaue Rhythmen und Fermaten zu setzen. Ein Satz aus drei Worten: «Sie besahen ihn», beschreibt genau die Zuschauer, wie sie sich unter der fürchterlichen Stille des Todes zusammendrängen.

Ähnlich am Schluß der Erzählung der plötzliche Schnitt, die Befreiung von angstgeladener Spannung durch eine handgreifliche, rein praktische Geste. Die Schüler des Täufers ziehen in ihre Heimat zurück:

Und die drei nahmen den Kopf des Iaokanaan und machten sich auf nach Galiläa.

Da er sehr schwer war, wechselten sie beim Tragen ab.
Das ist vollkommene Dichtung; sie mag, als solche, vielleicht angreifbar sein, da andere Autoren mit anderen Mitteln eine nicht minder starke Erregung und Dichte erzielt haben. In ihrer Art aber ist sie unübertrefflich. Gerade durch diesen Anschein des kältesten Gleichmuts löst Flaubert die stärksten emotionalen Effekte aus. Darin liegt Männlichkeit, überlegene Verachtung; allerdings kann ein Punkt erreicht werden, so man diesem Stilmittel die Absicht doch zu sehr anmerkt.

Noch eine Bemerkung über die ungewöhnliche und neuartige Schreibweise der Namen. Den Johannes unserer Religionsstunden Iaokanaan zu nennen, ist ohne weiteres zu vertreten. Es ist ein gerechtfertigtes Zurückgreifen auf den alten Text und die Ursprünge; eine Erneuerung des Gewohnten; das Ohr merkt auf, weil etwas Ungewohntes, ein Hauch von Fremde darüberliegt. Man hat viel darüber gelacht. Und vielleicht ist die Gewissenhaftigkeit

Tympanon der Johannespforte mit Darstellungen aus dem Leben Johannes des Täufers. Rouen, Kathedrale

hier auch wirklich ein wenig zu weit getrieben. Außerdem stört uns daran der Eindruck des Altmodischen. Es hat so viele literarische Halbgötter (und falsche Götter) gegeben, die mit diesem Effekt auf der Suche nach neuen Nuancen ihren Mißbrauch getrieben haben.

Und doch darf man die Wirkung eines Namens auf eine lebhafte Phantasie auch wieder nicht unterschätzen. Mit einem Schlag war Flaubert ein gutes Stück mit seinem Roman weitergekommen, als er sich am Ufer des Nils auf den Namen «Madame Bovary» festgelegt hatte. Wieviel der Name einer Figur dazu beiträgt, daß sie langsam Form und Umriß gewinnen kann, müßte einmal genauer untersucht werden. Von einem Namen können Ausstrahlungen, Anklänge, Assoziationen ausgehen . . . Balzac war außer sich vor Freude, als er den Namen des Schneiders «Z. Marcas» gefunden hatte (wie bei Gozlan nachzulesen ist), und er folgte damit einer tiefen Regung, blinden, aber mächtigen Kräften. Ein geliebter Name trägt einen Lichtschein, einen

George Sand

Duft; Haß bricht auf beim Klang eines Namens, den man verabscheut.

Ein einfaches Herz ist unter all den «Gefühllosigkeiten» Flauberts seine ergreifendste Erzählung. Sie wurde für George Sand geschrieben. Flaubert mochte sie zuletzt sehr gern, als sie die würdige Dame von Nohant geworden war und sich durch den Verzicht auf weitere Affären die zögernde Hochachtung der Gesellschaft errungen hatte. Nicht daß er sich an den erotischen Eskapaden von George Sand gestoßen hätte; aber was er an ihr liebte war die freundliche und zärtliche Art einer Frau, die nach so vielen Stürmen der Leidenschaft endgültig entsagt hatte. Sich mit George Sand eingelassen zu haben war ein Fehltritt für Sandeau, für Musset und das ganze 19. Jahrhundert dazu, aber nicht für Flaubert; er hatte gute Gründe für seine Zuneigung zu der Salome aus Nohant.

Eine sehr rührende Erzählung hat Flaubert hier geschrieben, ohne seine Bewegung zu verraten, die sich seinen Lesern um so stärker mitteilt. Sie ist das Gegenteil jener ironischen Monologe, die Verachtung und Empörung auslösen wollten; sie ist «Ironie in der Umkehrung».

Die Erzählung wurde 1877 verfaßt, und George Sand hat sie nicht mehr lesen können; Flaubert hat sie trotzdem zu Ende geschrieben. Es geht darin um die Geschichte einer treuen Magd, die, angewiesen auf die Klugheit ihres Herzens, ihren Herren mit der besorgten Ergebenheit eines Hundes folgt. Ihr ganzes rauhes Leben steht unter dem Zeichen der zaghaften Liebe, mit der sie zuerst einen Neffen umgibt, der bald stirbt, später die Kinder der Herrschaft, die ihr nichts danken, und zuletzt einen Papagei, dem sie ihr ganzes Herz schenkt. Sie stirbt, und der Papagei erscheint ihr als der Heilige Geist, um ihr den Himmel zu öffnen.

Auch hier soll die Herkunft der Erzählung angegeben werden, in der Flaubert seine ganzen Kindheitserinnerungen niederlegt; sie spielt in Pont-l'Évêque, einem Ort, der ihm von seinen Reisen nach Trouville vertraut war. Felizitas ist zu einem Teil seine alte Amme, die geliebte Julie, zum andern die Tochter der Familie Barbey, die mit einem ledigen Kind in Trouville bei ihren Eltern lebte. Hinter der «Herrschaft» steckt Madame Allain, deren Mutter Fouet hieß und mit dem Herrn Rat de Crémonville verwandt war; diesen letzteren erhob Flaubert zum Marquis de Crémonville, dessen Adel allerdings nicht sehr tief reicht: ein Marquis hätte zu jener Zeit in der Normandie niemals ein derartiges Krautjunkerschicksal erleben können. Die Figur dieses Onkels verfolgte Flaubert geradezu: in der *Schule der Empfindsamkeit* erscheint er als M. de Crémonville. Die zwei Kinder, die Felizitas so gerne haben, sind die Kinder Flaubert selbst, Gustave und seine Schwester. Lulu, der Papagei, hat tatsächlich existiert, und zwar bei der Familie Barbey, der Herrschaft von Felizitas. Zudem hatte Flaubert, während er an der Erzählung schrieb, einen ausgestopften Papagei auf seinem Schreibtisch stehen, den er aus dem Museum von Rouen geliehen hatte. Wiederum der «Fetisch», die Inspiration durch das Objekt.

Wenn ich schreibe, sitzt dieser Tage ein Amazonaspapagei vor mir auf dem Schreibtisch, der den Schnabel etwas zur Seite wendet und mich mit seinen Glasaugen anschaut. (Brief Flauberts an seine Nichte aus dem Juli 1876.)

Auch diese Novelle ist, wer kann es leugnen, ein Meisterstück. Klingt dieses Lob ein wenig zurückhaltend? Es sei gestanden: ich vermisse die Ungezwungenheit daran, die Unhörbarkeit der Technik. Es ist alles zu sehr gewollt; jeder Satz liegt mit einer geheimen Absicht auf der Lauer, und hinter jedem noch so rührenden Bild steht unübersehbar der unerbittliche, scharfe Beobachter, der einen stört und sogar ein wenig ärgert . . . Reichlich viele Berechnungen werden da angestellt, wo mehr als alles andere das gute Herz sprechen sollte. Der durchdringende Blick erinnert an Meissonier mit seinem haarscharfen Pinsel. Der Stil dringt in den Stoff nicht ein; *Herodias* mag seine Wirkung aus dem Schauder, der einen überfiel, aus der tragischen Großartigkeit seiner Feste bezogen haben, wo die Distanz des Erzählers bei aller Spannung eine erregende Verkürzung der Sprache ermöglichte: in der Erzählung *Ein einfaches Herz* wirkt dasselbe Mittel unangemessen und unausgewogen.

Außerdem wird jeder, der Flaubert kennt und liebt, der seine wahre Größe ermessen kann, sich darüber ärgern, daß dieses geschickte Kunststück allen seinen anderen Werken vorgezogen wird, nur weil es sich so angenehm liest und weil man seine künstlerische Naivität hübsch findet. Mir selbst hat die Geschichte von dem Jagdhund immer gut gefallen, der sich von Rehen und Bären nicht stören läßt und nur aufwacht, wenn ihm ein Löwe über den Weg läuft.

«Ein einfaches Herz»: Text

Er hieß Lulu. Sein Rumpf war grün, seine Flügelspitzen rosa, seine Stirn blau und seine Kehle goldgelb.

Aber er hatte die leidige Angewohnheit, seine Stange zu zernagen, er rupfte sich die Federn aus, verstreute seinen Unrat, verspritzte das Wasser seines Badenapfes; Madame Aubain verdroß das, und sie vermachte ihn Felizitas.

Sie mühte sich, ihn sprechen zu lehren; und bald wiederholte er immerzu: «Netter Kerl! Ihr Diener, mein Herr! Ich sage guten Tag, Marie!» Er hatte seinen Platz neben der Tür, und öfter wunderten sich Leute darüber, daß er nicht Lora hieß. Man verglich ihn mit einer Truthenne, mit einem Holzklotz: ebenso viele Dolchstöße für Felizitas! Sonderbarer Eigensinn von Lulu, nicht mehr zu sprechen, sobald man ihn ansah!

Und doch verlangte er nach Gesellschaft; denn sonntags, wenn die beiden Fräulein Rochefeuille, Herr von Houpeville und einige neue Stammgäste – der Apotheker Onfroy, Herr Varin und der Hauptmann Mathieu – beim Kartenspiel saßen, schlug er mit den Flügeln gegen die Scheiben und tobte dermaßen, daß man kein Wort mehr verstehen konnte.

Das Gesicht von Bourdais kam ihm offenbar sehr komisch vor. Sobald er ihn erblickte, begann er zu lachen, zu lachen, so laut er konnte. Sein Gekrächz gellte bis in den Hof, dort hallte es wider, die Nachbarn kamen ans Fenster, lachten mit; und um vom Papagei nicht gesehen zu werden, schlich sich Herr Bourdais an der Mauer entlang, sein Gesicht mit dem Hut verdeckend, bis hinunter zum Fluß, und kam dann durch die Gartentür herein; und die Blicke, die er dem Vogel zuwarf, waren alles andere als zärtlich.

Von dem Metzgerlehrling hatte Lulu einmal einen Nasenstüber bekommen, weil er so frech gewesen war, seinen Kopf in dessen Korb zu stecken; und seither wollte er ihn immer durchs Hemd hindurch zwicken. Fabu drohte, ihm den Hals umzudrehen, obwohl er, trotz seiner Tätowierungen auf den Armen und seines dicken Backenbarts, nicht grausam war. Im Gegenteil! Er hatte sogar eine gewisse Vorliebe für den Papagei und wollte ihm einmal, in guter Laune, sogar einige Flüche beibringen. Felizitas, die dieses Vorhaben erschreckte, gab ihm einen Platz in der Küche. Seine Kette wurde entfernt, und er bewegte sich frei im Haus umher.

«Die Legende vom heiligen Julian dem Gastfreien»: Text

Der Wald wurde dichter, die Dunkelheit vollkommen. Stöße warmen Windes strichen vorüber, voll von ermüdenden Gerüchen. Er durchstöberte aufgeschüttetes totes Laub und lehnte sich gegen eine Eiche, um Atem zu schöpfen.

Plötzlich, hinter ihm, sprang ein schwarzer Schatten vorbei, ein Eber. Julian kam nicht mehr dazu, seinen Bogen anzulegen, und das betrübte ihn wie ein Unglück.

Dann, schon außerhalb des Waldes, entdeckte er einen Wolf, der eine Hecke entlangtrottete.

Der Amazonas-Papagei, den Flaubert sich ausgeliehen und auf dem Schreibtisch stehen hatte, während er «Un Cœur simple» schrieb. «Dieser Tage sitzt ein Amazonaspapagei vor mir auf dem Schreibtisch, der den Schnabel etwas zur Seite wendet und mich mit seinen Glasaugen anschaut.» (Brief Flauberts an seine Nichte, Juli 1876)

Julian schoß einen Pfeil auf ihn ab. Der Wolf verhoffte, wandte den Kopf, sah ihn an und lief weiter. Er trabte immer im gleichen Abstand voran, hielt wieder inne, aber sobald er im Ziel stand, wandte er sich von neuem zur Flucht.

Julian lief auf solche Art über eine endlose Ebene, dann über kleine Sandhügel und fand sich zuletzt auf einer Anhöhe, die das Land weithin beherrschte. Steinplatten lagen zwischen eingebrochenen Grabhöhlen. Er stolperte über Skelettreste von Toten; hie und da neigten sich wurmstichige Kreuze traurig vornüber. Etwas Lebendiges bewegte sich im unbestimmten Schatten der Grabsteine; und Hyänen sprangen daraus hervor, erschreckt, keuchend. Ihre Krallen scharrten über die Steine, sie kamen näher und nahmen seine Witterung auf, mit einem Gähnen, das ihr Zahnfleisch entblößte. Er zog seinen Säbel. Sie stoben zusammen auf in alle Winde und verloren sich, in ihrer hinkenden eiligen Gangart, fern in einer Staubwolke.

Eine Stunde später stieß er in einer Schlucht auf einen gereizten Stier, der die Hörner senkte und mit dem Huf im Sand scharrte. Julian zielte mit seiner Lanze unter die Wamme. Der Speer zersplitterte, als sei das Tier aus Erz: er schloß die Augen, erwartete sein Ende. Als er aufblickte, war der Stier verschwunden.

Da wurde seine Seele schwach vor Scham. Eine höhere Macht lähmte seine Kraft; und um heimwärts zu kommen, betrat er wieder den Wald.

Schlingpflanzen versperrten den Weg; und er zerhieb sie mit seinem

137

Zeichnung von Émile Andan zu «Un Cœur simple»

Säbel, als ein Steinmarder plötzlich durch seine Füße wischte, ein Panther mit einem Sprung über seine Schulter setzte, eine Schlange sich an einem Eschenstamm hinaufwand.

Im Wipfel saß eine ungeheure Dohle, die auf Julian herabsah; und hier und dort zeigte sich zwischen den Zweigen ein Aufblitzen von runden Lichtern, als hätte der Himmel seine Sterne auf den Wald herabgeregnet. Es waren die Augen von Tieren, von Wildkatzen, von Eichhörnchen, Käuzen, Papageien, Affen.

Julian schoß seine Pfeile auf sie ab; die Pfeile ließen sich mit ihren Federn wie weiße Schmetterlinge auf die Blätter nieder. Er schleuderte Steine; die Steine fielen, ohne etwas zu treffen, herab. Er verfluchte sich, wollte auf sich einschlagen, stieß Verwünschungen aus, erstickte vor Zorn.

Und alle Tiere, die er gejagt hatte, kamen hervor, stellten sich in einem engen Kreis um ihn auf. Einige hatten sich niedergesetzt, andere erhoben sich auf die Hinterpfoten. Er stand still in ihrer Mitte, von Furcht erstarrt, zur geringsten Bewegung unfähig. Mit äußerster Willenskraft tat er einen Schritt. Auf den Bäumen spreizten sich die Flügel, auf der Erde hoben sich die Pfoten; und alle folgten ihm.

Die Hyänen liefen voran, hinter ihm folgten der Wolf und der Eber. Der Stier trottete zur Rechten, kopfnickend; und zur Linken wand sich die Schlange durchs Gras, während der Panther mit gebuckeltem Rücken samten und mit großen Sprüngen vorankam. Er ging so langsam wie nur möglich, um sie nicht zu reizen; und er sah, wie sie aus den Büschen hervorkamen, Stachelschweine, Füchse, Vipern, Schakale und Bären.

Julian begann zu rennen; sie rannten mit. Die Schlange zischte, die Tiere stanken und geiferten. Der Eber stieß mit den Keilern gegen seine Fersen, der Wolf streifte mit seinen Schnauzhaaren seine Handfläche. Die Affen kniffen ihn und schnitten Gesichter, der Steinmarder kugelte über seine Füße. Ein Bär wischte ihm mit der Tatze den Hut vom Kopf; und der Panther ließ verächtlich einen Pfeil fallen, den er im Maul trug.

Spott lag in ihren tückischen Gesichtern. Sie beobachteten ihn aus den Augenwinkeln, schienen über eine Vergeltung nachzusinnen; und betäubt vom Gesumm der Insekten, geschlagen von Vogelgeflatter, nach Atem ringend im Gestank ihrer Mäuler, lief er voran, mit ausgestreckten Armen, die Augen geschlossen wie ein Blinder, zu kraftlos, um auch nur zu rufen «Gnade!»

«HERODIAS»: TEXT

Doch die Stimme wurde sanft, melodisch, singend. Er verkündete Befreiung, Glanz am Himmel, den Beistand des Neugeborenen in der Höhle des Drachen, Gold an Stelle von Lehm, das Aufblühen der Wüste wie eine Rose.

«Was jetzt sechzig Kiccar wert ist, wird nicht einen Obolus kosten. Milchquellen werden aus den Felsen sprudeln; mit vollen Bäuchen werdet ihr in den Keltern einschlafen! Wann kommst Du, auf den ich hoffe? Schon bevor Du erscheinst, beugen alle Völker die Knie, und Deine Herrschaft wird ewig sein, Du Sohn Davids!»

«Salome». Kupferstich von Sulpis nach dem Gemälde von Gustave Moreau

Der Tetrarch fuhr zurück; daß ein Sohn Davids leben sollte, beleidigte ihn wie eine Drohung.

«Kein anderer ist König als der Ewige!»

Iaokanaan schalt ihn wegen seiner Königswürde und seiner Gärten, seiner Bildwerke, seiner Elfenbeintische, sie glichen denen des gottlosen Achab!

Antipas zerriß die Schnur seines Siegels, das an seiner Brust hing, schleuderte es in die Grube und befahl ihm zu schweigen.

Die Stimme erwiderte:

«Ich will schreien wie ein Bär, wie ein wilder Esel, wie ein kreißendes Weib!

Schon bist Du gezüchtigt für Deine Blutschande; Gott hat Dich mit der Unfruchtbarkeit des Maulesels geschlagen!»

Und Gelächter erhob sich wie klatschender Wellenschlag.

Vitellius wich nicht von der Stelle. Der Dolmetsch wiederholte gleichmütig in der Sprache der Römer alle Schmähungen, die Iaokanaan in der seinen herausschrie. Der Tetrarch und Herodias waren gezwungen, sie zweimal zu erdulden. Er keuchte, während sie gebannt auf den Grund des Loches hinabstarrte.

Der fürchterliche Mann bog den Kopf nach oben; er umklammerte das Gitter und preßte das Gesicht dagegen, das aussah wie Gestrüpp, in dem zwei Kohlen glühen.

«Ah! Du bist es, Jesabel!

Du hast sein Herz mit dem Klappern Deiner Schuhe gefangen. Du hast gewiehert wie eine Stute. Um zu opfern, hast Du Dir ein Lager auf den Bergen errichtet!

Der Herr wird Deine Ohrgehänge abreißen, Deine Purpurgewänder, Deine Armspangen, Deine Fußreifen; und die kleinen silbernen Halbmonde, die auf Deiner Stirn flimmern, Deine Silberspiegel, Deine Fächer aus Straußenfedern, die Perlmuttstiefel, die Deine Gestalt erhöhen, die Düfte in Deinem Haar, die Bemalung Deiner Nägel, alle Künste Deiner Wollust; und an Kieseln wird es fehlen, die Ehebrecherin zu steinigen!»

Sie suchte mit ihren Augen nach Schutz. Die Pharisäer senkten scheinheilig die Augen. Die Sadduzäer wandten die Köpfe aus Furcht, dem Statthalter zu mißfallen. Antipas schien dem Tod nahe.

Die Stimme schwoll an, entfaltete sich, rollte mit Donnergetöse, und im Widerhall von den Bergen dröhnte sie doppelt und dreifach auf Machaerus herunter.

«Wirf Dich in den Staub, Tochter Babylons! Mühe Dich beim Mahlen des Korns! Löse Deinen Gürtel, tue Deine Schuhe ab, schürze Dich, durchwate die Flüsse! Deine Schande wird dennoch entblößt, Dein Makel gesehen! Seufzen wirst Du, daß Dir die Zähne zerbrechen! Der Ewige verabscheut den Gestank Deiner Frevel! Sei verflucht! Sei verflucht! Verrecke wie eine Hündin!»

Die Falltür schloß sich, der Deckel schlug herab. Mannaeï wollte Iaokanaan erwürgen.

«BOUVARD UND PÉCUCHET»

Bouvard und Pécuchet gehört dem postumen Werk Flauberts an; der Tod setzte ihm ein Ende. Das Manuskript lag noch auf dem Tisch, unter dem berühmten Tuch sorgsam verborgen, als ein Blutgerinnsel im Gehirn den alten, an Arterienverkalkung leidenden Mann auf den Diwan niederstreckte, das Riechfläschchen in der verkrampften Hand . . . Ein merkwürdiger Roman von ungewöhnlicher philosophischer Tragweite; 1872 war er in Angriff genommen worden.

Man hat mehrere Entwürfe für den Gesamtplan des unvollendeten Werks aufgefunden. Beim Druck wurde dem Buch zuletzt ein Schluß von Flauberts eigener Hand angefügt. Damit beruhigte man sich zunächst. Aber die Entstehungsgeschichte schien so merkwürdig, das Schwanken Flauberts so unablässig und qualvoll, daß man diese Endlösung, so gut und folgerichtig sie war, anzweifelte und sie als eine Möglichkeit unter vielen betrachtete. Es steht außerdem fest, daß Flaubert selbst den ausgeführten Teil nicht als endgültig ansah; so war man zuletzt auf Vermutungen, auf immer schwierigere und gelehrtere Konjekturen angewiesen. Bei einem unvollendeten Werk liegt diese Gefahr sehr nahe, aber ebenso falsch ist andererseits jedes Urteil, das sich für unumstößlich und unanfechtbar hält. Man muß hier der Kritik, so streitsüchtig und langatmig, so eitel sie auch sein mag, den Vorzug geben.

Immerhin hat Flaubert a c h t J a h r e l a n g an diesem Torso gearbeitet. Jeder Autor trägt während der Schaffenszeit sein Werk wie etwas Lebendiges in sich, keimhaft noch, unbestimmt in den Einzelheiten, aber schon deutlich gruppiert um einen lebendigen Kern einiger Ideen oder nur einer einzigen Grundidee, die das Ganze beherrscht, belebt und zum Wachsen bringt. In einem zu drei Vierteln vollendeten Werk muß es möglich sein, diese Grundidee zu erkennen, sie ohne fremde Hilfe zu isolieren und aufzuzeigen.

Was haben wir mit *Bouvard und Pécuchet* vor uns? Eine unbarmherzige Satire auf alles menschliche Wissen, das sich in seinen Gegensätzen und Negationen selbst aufhebt. Und wie wird das dargestellt, wie in Für und Wider auseinandergelegt? An Hand einer Art des Forschens, das außerhalb jeder Schule, jeder Partei steht; dem nur der zwar naive und unmethodische, aber unverbrauchte Wissensdurst zweier völlig ungebildeter Menschen die Richtung gibt.

Bouvard und Pécuchet sind i n s i c h o h n e B e d e u t u n g, sie dienen nur als Maßstab, als Werkzeug der Untersuchung. Man hat das nicht gesehen, obwohl es auf jeder einzelnen Seite steht. Man hat zuviel in sie hineingelegt. Flaubert war langsam dazu gekommen, seine Figuren ausschließlich als Symbole zu betrachten, so daß er den zwei Wesen, denen er die Rolle des Suchers gab, niemals das beimaß, was die Kritiker in ihnen sehen wollten: menschliche Qualitäten, Eigenständigkeit. Wenn die zwei Träger dieser enzyklopädischen Satire wirklich atmen, so ist das nur ein zusätzlicher Verdienst des großen Romanciers, der einen Stuhl zum Leben hätte bringen können; so ist es diesem Zauberer gelungen, zwei Uhrwerken eine Seele einzuhauchen.

Flaubert konnte für seine beiden Helden keine gebildeten und überlegenen Charaktere gebrauchen; ihre Forschungen hätten sonst nicht die vollkommene Objektivität erreicht, die er erstrebte. Die beiden Forscher durften in sich selbst nicht sein, damit die Ideen, die sie verstehen und ergründen wollen, wie in einem flachen Spiegel wiedergegeben und nicht durch eine feste Grundposition verfälscht und verzerrt wurden. Darin liegt ein Beweis dafür, daß er seinen massiven Angriff auf die menschlichen Vorstellungen mit allem Nachdruck vortragen wollte; daß die Skepsis mit fürchterlicher Freiheit sich hier ausbreiten sollte; der Beweis, daß das letzte Ziel dieses Romans ein umfassender Nihilismus war.

Natürlich ist es zuletzt er selbst, der dieses ganze erstarrte Gedankengut überprüft und zeigt, wie es mit sich in Widerspruch gerät, wie die einzelnen Lehrmeinungen mit gegensätzlichen Behauptungen einander aufheben. Wir haben es mit einer neuen *Versuchung des heiligen Antonius* zu tun, aber diesmal geht es nicht um die Verwirrungen und Widersprüche innerhalb des Christentums, sondern um alle philosophischen, politischen und pädagogischen Ideen, alle vermeintlichen Siege des menschlichen Geistes, deren Nichtigkeit sich enthüllt. Man hat nicht bemerkt, wie die merkwürdige und besessene Gestalt des heiligen Antonius in diesen zwei erbärmlichen Figuren wiederkehrt, die, wie der Einsiedler, der Versuchung erliegen, und sich blindlings in die Unendlichkeit und die Verwirrungen des Denkens stürzen und dabei in höchste Bedrängnis geraten; und daß diese neue V e r s u c h u n g dasselbe Ergebnis hat wie alle anderen hat, ein Zurücksinken in die fraglose Zufriedenheit, in die Resignation. Was für den heiligen Antonius das Gebet und der blinde Glaube war, ist für Bouvard und Pécuchet das Opiat des alltäglichen Berufs und die wunschlose Zufriedenheit, die sie darin finden. Man hat nicht sehen wollen, daß Flaubert denselben Vorstoß wie in der *Versuchung* hier nur tiefer ansetzt.

Man hat gemeint, daß Flaubert an diesen beiden Puppen und ihrem schlimmen Ende nur die Aussichtslosigkeit jedes unmethodischen und willkürlich aufgesammelten Wissens zeigen wollte. Daran kann ich nicht glauben; denn die zwei Autodidakten verfeinern sich im Verlauf des Buchs auf merkwürdige Weise, sie werden umsichtig, vernünftig, scharfsinnig und sogar mutig, es ist, als würden sie durch den hingebungsvollen Umgang mit dem Wissen geläutert. Sie mögen noch so unmethodisch sein: es gelingt ihnen doch, mit vielem, zumindest mit sich selbst, fertig zu werden. Nicht gegen diese menschliche Schwäche also richtet sich der Angriff Flauberts.

Das literarisch Reizvolle an dem Werk besteht darin, daß man verfolgen kann, wie das Bild der beiden Forscher entsteht, wie die Idee langsam zur lebendigen Gestalt wird; zuzusehen, wie Flaubert mit vollendeter Meisterschaft die abstrakten Grundlagen zurücktreten und die lebendige Wirklichkeit langsam erscheinen läßt. Diese beiden Komponenten werden einander gegenübergestellt, sie vereinigen sich, treten auseinander und fließen aufs neue zusammen. Die allerabgelegensten und schwierigsten Verstandesdinge münden ein in gewöhnliche und recht greifbare Dinge des Alltags, und die zwei Figuren werden zu Menschen aus Fleisch und Blut. Aus den Drahtpuppen werden zuletzt zwei Wesen, an denen man so viel Anteil nimmt, als hätte man sie früher einmal selbst gekannt; sie werden vollkommen gegenwärtig und erstaunlicherweise nicht von dem Übergewicht des wissenschaftlichen Materials erdrückt; einem anderen Schriftsteller wäre das wohl kaum geglückt. Man kommt zuletzt so weit, daß man die ganze ungeheure Masse dieser Nachforschungen nur noch in ihrem Bezug zu den beiden armen

Freunden sieht. Damit ist Flaubert mit diesem Buch gelungen, was er sich davon erhofft hatte.

Zwei Schreiber, Leute, die vor der Zeit der Schreibmaschine in den Büros Kopien von Akten und Briefen anzufertigen hatten, treffen sich und finden aneinander Gefallen; ihr einfältiger Verstand und ihre Schrullen passen zueinander. Als einer von ihnen eine Erbschaft macht, geben sie ihren Beruf auf und ziehen aufs Land, mit der Unternehmungslust der zweiten Jugend, die im Alter manchmal wiederkehrt. Der moderne Mensch sehnt sich nach einem Ort, an dem er «seine Ruhe hat», die Ruhe eines anderen Lebens, das er anfangen will, sobald ihn sein jetziges Leben losläßt und freigibt; eine Ruhe, die für die meisten Sklaven dieser Zeit gleichbedeutend mit ihrer Befreiung ist, oder doch mit dem Traum und der Hoffnung einer solchen Freiheit; die Lebenserfüllung, wie sie dem neuzeitlichen Pensionär oder Rentner vorschwebt: sich nicht etwa dem Müßiggang zu überlassen, sondern eine Beschäftigung nach eigenem Geschmack zu suchen, Kohl zu stechen, Sammlungen anzulegen, angeln zu gehen, Pfeife zu rauchen . . . verschwiegene, aber sorgsam gehegte Ideale.

Unsere beiden Helden unternehmen es, ihre Existenz gedanklich zu bemeistern. Sie scheitern noch vollkommener als alle anderen Gescheiterten Flauberts. Es ist das Scheitern auf einer letzten Stufe, auf der es mit sich selbst noch zufrieden ist. Der Mensch, der sich aus Ekel vor sich selbst tötet, ist nicht vollkommen gescheitert; ein letzter Versuch wenigstens ist ihm geglückt. Diese beiden Tröpfe aber sind voller Eifer und fühlen sich glücklich, ohne ihre Leere zu bemerken. Es ist wichtig, daß sie niemals über sich im Zweifel sind.

Ich habe früher geglaubt, daß Flaubert in seine Satire auch die Gewohnheit seiner Helden eingeschlossen habe, sich nur an Bücher zu halten, keinen Menschen als Autorität anzuerkennen, sich nur auf Fakten, Handbücher, Lexika zu verlassen; eine neue Lektüre hat mich vom Gegenteil überzeugt, Flaubert hätte sich damit ja selbst verurteilt, über seine eigene Forschungsmethode den Stab gebrochen. Hat er denn jemals etwas anderes getan? Unter der Masse seiner «Belege» nehmen seine eigenen Forschungen an Ort und Stelle nur einen kleinen Raum ein; und was er von Professoren und Autoritäten erfahren hat, verschwindet völlig neben dem Material, das er aus unermüdlicher Lektüre gewann. Und tatsächlich geschieht das Amüsante, daß Flaubert das Leben seiner beiden Marionetten seinem Plan entsprechend zunächst verurteilt, dann aber sehr rasch immer mehr Achtung vor ihnen bekommt. Seine Satire hat nun nur noch den Zweck, sie lebendiger zu machen, ihnen mehr Eigenart zu geben: eine Karikatur ist stets wirksamer als ein Porträt. Und so wirken die beiden Freunde in den zwei letzten Dritteln des Buchs nicht mehr als lächerliche, sondern nur noch als lustige Gestalten.

Flaubert zieht aber auch über die Bücher los, mehr noch als über die Menschen; der unersättliche Leser rächt sich für alle gedruckten Dummheiten, die er hat hinnehmen müssen; er wird zum Nihilisten der Bibliotheken.

Unsere beiden verfehlten Philosophen zergrübeln sich den Kopf, arbeiten bis zur Erschöpfung, um in die Wissenschaft einzudringen, in ihrer Hochachtung vor allem Gedruckten und ihrer naiven Rechtschaffenheit quälen sie sich mit allen nur denkbaren Experimenten ab, und immer und überall geht es daneben; sie wagen das Äußerste und gewinnen nichts – außer einem schärferen, kritischen Blick. Von der Landwirtschaft bis zur Alchimie durch-

Manuskriptseite aus «Bouvard et Pécuchet»

streifen und versuchen sie alles; bis sie eines wehmütigen Abends zur selben
Stunde alles fahrenlassen und sich, einander gegenübersitzend, wieder an
ihre Abschriften machen. Wie früher kopieren sie, *schreiben eine schöne
Hand,* und sind friedlich und weise geworden. Die Ironie übersteigt sich hier
selbst, sie wird so unverschämt und kühn, daß sie uns zum Respekt nötigt.
Und doch und wiederum: ein so langwieriger Weg, der zu einem derartigen
Ende führt, geht er nicht über die Fassungskraft der Romanform? Oder am
Ende gar über die des Lesers . . .?

Eine unglaubliche Anzahl von Studien und Untersuchungen hat sich über
Bouvard und Pécuchet ergossen; das unterbrochene, skizzenhafte Werk
scheint sie noch mehr anzulocken als die abgeschlossenen Bücher Flauberts.
Gleichzeitig sieht man an diesem unaufhörlichen Strom, wie sehr Flaubert
die Geister auch heute noch beschäftigt. Die allerkühnsten Theorien werden

vorgetragen. Die Kritik nach dem Erscheinen allerdings war zum größten Teil vernichtend und kaum gemildert durch die Nachricht von dem Tod des Autors. Viele hervorragende Kritiker hielten den postumen Roman für ein schwaches Alterswerk. Heute ist das Pendel der literarischen Kritik nach der anderen Seite ausgeschwungen, und *Bouvard und Pécuchet* gilt als Meisterwerk. Rémy de Gourmont hielt das Buch für eine der bedeutendsten Erscheinungen des französischen Romans. Aber man kann ruhig zugeben, daß dem Werk auch unsere moderne Abneigung gegen die Schlußlösung, unsere Faszination vor dem Fragment zugute kommt: in unserer Zeit zerbricht man die Statuen, um die Trümmer zu loben.

Auch sieht es so aus, als kümmerte sich die Kritik nur recht wenig um den Text selbst. Sobald von *Bouvard und Pécuchet* die Rede ist, kommt man sogleich auf den erschreckenden Skeptizismus, aber auch auf den Pessimismus Flauberts zu sprechen. Und doch ist es eines der wenigen Bücher dieses Autors, das mit dem Glück seiner Helden endet . . .

Die stilistische Bemühung konzentriert sich auf den Rhythmus, die letzte Entdeckung Flauberts. Die Metapher verkürzt sich mehr und mehr, sie wird asketischer. Die Sprache wirkt vor allem durch die Proportionierung der Absätze, die Aufteilung in direkte Rede und kontrastierende Einschübe. Die Präzision der Beschreibung und des Dialogs ist überragend. Man sieht und hört zu.

Endlich ist in *Bouvard und Pécuchet* noch der zarte Hauch der Normandie zu spüren. In *Bouvard und Pécuchet* wird die Provinz lebendig, während in *Madame Bovary* die Normandie nur einen gleichgültigen Hintergrund abgab. Es ist das einzige Buch Flauberts, in dem eine Landschaft wichtig wird.

«BOUVARD UND PÉCUCHET»: TEXT

Trifft es zu, daß die Oberfläche unseres Körpers ständig eine flüchtige Ausdünstung abgibt? Das wird durch die Tatsache bewiesen, daß das Gewicht des Menschen jeden Augenblick abnimmt. Wenn jeden Tag das Fehlende ersetzt und das Überschüssige entfernt wird, hält sich das Wohlbefinden genau in der Waage. Sanctorius, der Entdecker dieses Gesetzes, verwandte ein halbes Jahrhundert darauf, Tag für Tag seine Nahrung gegen seine Exkremente abzuwiegen, und stellte sich selbst auf die Waage, von der er nur heruntertrat, um seine Berechnungen festzuhalten.

Sie versuchten, es Sanctorius gleichzutun. Da aber beide zusammen für die Waage zu schwer waren, machte Pécuchet den Anfang.

Er zog seine Kleider aus, um die Ausdünstung nicht zu beeinträchtigen, stellte sich auf das Waagebrett, völlig nackt, und zeigte trotz seiner Scheu seinen langen, walzenförmigen Körper mit kurzen Beinen, flachen Füßen und brauner Haut. Daneben, auf einem Stuhl, saß sein Freund und las ihm vor.

Die Gelehrten behaupten, die animalische Wärme entstehe durch Kontraktion der Muskeln und man könne die Temperatur eines lauwarmen Bades dadurch erhöhen, daß man den Brustkorb und das Becken kräftig bewege.

Bouvard holte die Badewanne herbei, und als alles bereitstand, setzte er sich mit einem Thermometer hinein.

Die Scherben der Destillieranlage, in einer Ecke des Raums zusammengefegt, waren im Halbdunkel als undeutliche Erhebung zu erkennen. Bisweilen konnte man Mäuse knabbern hören; ein alter Geruch von Würzkräutern stand in der Luft, und da sie sich behaglich fühlten, plauderten sie in aller Zufriedenheit.

Unterdessen begann es Bouvard etwas kühl zu werden.

«Du mußt dich bewegen!» sagte Pécuchet.

Er bewegte sich, das Thermometer bewegte sich nicht.

«Es ist entschieden kalt.»

«Mir ist auch nicht gerade heiß», antwortete Pécuchet und fröstelte. «Aber bewege doch dein Becken! Beweg dich!»

. . . Ein Hund kam herein, halb Dogge, halb Hühnerhund, mit gelbem Fell, räudig, die Zunge vor dem Maul.

Was tun? Keine Klingel! und ihre Hausmagd war taub. Sie schlotterten vor Kälte, aber wagten keine Bewegung aus Angst, gebissen zu werden.

Pécuchet hielt es für das Beste, ihm zu drohen und die Augen zu rollen.

Der Hund bellte; und er sprang um die Waage herum, an deren Seilen Pécuchet sich festklammerte, die Beine anzog und versuchte, sich so hoch wie möglich zu halten.

«Du machst das falsch», sagte Bouvard.

Und er begann den Hund anzulächeln und ihm sanft zuzureden.

Der Hund verstand ihn offenbar. Er wollte ihn ablecken, stellte ihm die Pfoten auf die Schultern und zerkratzte sie mit seinen Krallen.

«Da! Schau doch! Jetzt packt er meine Hose!»

Er ließ sich darauf nieder und lag still.

Schließlich, mit der größten Vorsicht, wagten sie sich hervor, der eine von dem Waagebrett herunter, der andere aus der Wanne; und als Pécuchet wieder angezogen war, sagte er im Zorn:

«Jetzt wird an dir experimentiert, mein Guter.»

Die übrigen postumen Werke sind, selbst wenn man sie mit der nötigen Achtung und Dankbarkeit gegenüber dem Autor betrachtet, tatsächlich ohne große Bedeutung und können seiner Größe nichts hinzufügen. *Der Landtagskandidat* ist eine Komödie, in der ein Bürger verspottet wird, der sich mit allem Eifer ein Mandat sichern will. Der Vorwurf ist wie immer sehr stark und von einer universellen Bösartigkeit. Niemand wird geschont, und alle Demütigungen und Gemeinheiten laufen vor einem ab, die sich, wie man sagt, überall einstellen, wo es um Wahlinteressen geht. Alle bekommen ihren Teil, ob rechts oder links, die Streber, die Strohpuppen und die Dunkelmänner . . . Sogar die Liebe wird noch zum Betrüger und hascht nach Wahlzetteln . . . Die Sprache des Ganzen aber ist erschreckend schwerfällig, die Situationen sind mehr peinlich als komisch, und der Witz ist oft recht derb. Man konnte darüber lachen, aber auf dem Heimweg war man wohl nicht recht stolz darüber, soviel gelacht zu haben. Der Küchenwitz von Flaubert kehrt hier wieder, roh und im Übermaß, und für solche Späße war der Autor, wie bei den Witzen und Ulkereien an seiner Tafelrunde, ein geduldiges und vertrautes Publikum gewohnt. Flauberts Phantasie hat nicht den leichten Schritt, der sich alles erlauben kann. Eine Komödie kann recht wohl das

Gustave Flaubert. Holzschnitt von Ouvré

Tragische streifen und durchtönen lassen, aber das muß unendlich vorsichtig und zart geschehen, wenn sie nicht auseinanderfallen und in die falsche Tonart geraten soll. Die Burleske bedeutet für sie oft eine Erniedrigung, die ihr keinen Gewinn oder gar einen sicheren Erfolg einbringt. Man sieht das, wenn man sich etwa «Don Juan», dieses überragende Meisterwerk, mit seinen überzeugenden und nuancierten Zwischentönen vor Augen hält. Es ist merkwürdig, daß Flaubert, der alles zum Leben bringen konnte, hier plötzlich durch die bewußte Absicht, eine agierende Gestalt zu schaffen, gehemmt wird, und nur Automaten und Puppen statt wirklicher Menschen hervorbringt.

Die geraubten Herzen ist ein ganz und gar unleserliches Stück. Zwar hat

Flaubert es nur als bestellte Arbeit betrachtet und nur geschrieben, um damit jemandem zu helfen. Immerhin, er hat sich darauf eingelassen und zum Schluß daran geglaubt, daß es gelungen war. Er wandte sich dabei an Charles d'Osmoy um Hilfe, der als geistreich galt. Man wird nicht recht froh darüber. Eine mühsame Zauberwelt eröffnet sich, die nur bedrückend wirkt. Es mag sein, daß es auf der Bühne mit seiner prächtigen Szenerie und seinen unterhaltsamen Verwandlungen nicht durchgefallen wäre; aber es bewegt sich schwerfällig voran, überlastet mit Gedanken, die ausgefallen und ohne Originalität sind. Das Zauberreich ist gut ausgedacht, aber papieren; der Versuch, die Allegorie in Wirklichkeit umzuwandeln, ist fehlgegangen.

Noch dazu war es unspielbar; die Ausgaben hätten in keinem Verhältnis zur Wirkung gestanden. Und doch kann man darin eine ganz besondere Richtung des dramatischen Ausdrucks sehen und sich wiederum fragen, ob Flaubert am Ende nicht zu früh geboren wurde. Im Film hätte dieses phantastische Machwerk einen fremdartigen Reiz und eine Komik entwickeln können, wie sie schon mit Erfolg angewandt worden sind. Es wäre viel zu sagen zu dem Thema «Flaubert als Filmautor» . . .

Zum Schluß noch ein rascher Überblick: was ist im Bewußtsein unserer Zeit von Flaubert lebendig geblieben? Das Bild eines Mannes, dem in einem hohen Sinne literarische Größe zu eigen war. Er gehört für uns, neben Stendhal und Balzac, zu den drei großen Vertretern des französischen Romans im 19. Jahrhundert. Die Bücher, die über ihn geschrieben worden sind, füllen eine Bibliothek; mögen darin seine Leistungen gepriesen oder seine Schwächen aufgespürt werden, sie sind Zeugen seiner Wirkung und folgen ihm nach als Wellenschlag seiner Größe.

ZEITTAFEL

1821	12. Dezember: Gustave Flaubert geboren.
1832	Eintritt in die erste Klasse des Gymnasiums zu Rouen.
1840	Abschlußprüfung. Reise in die Pyrenäen und nach Korsika.
1841	Flaubert zieht die richtige Nummer und entgeht dem Militärdienst. Er bleibt in Rouen und Trouville.
1842	Umzug nach Paris. Studium der Rechte.
1844	Erster nervöser Anfall. Flaubert gibt das Studium auf.
1846	Dr. Flaubert stirbt. Bekanntschaft mit Louise Colet.
1847	Wanderung durch die Bretagne und Normandie mit Maxime Du Camp.
1848	Beteiligung an der Februar-Revolution. Bruch mit Louise Colet.
1849	Lesung der *Versuchung des heiligen Antonius* vor Bouilhet und Du Camp. Vorbereitungen zur Orientreise. Marseille, Malta, Alexandria, Kairo.
1850	Ägypten, Rotes Meer, Alexandria, Beirut, Rhodos, Konstantinopel, Athen.
1851	Sparta, Peleponnes, Brindisi, Neapel, Rom, Florenz. Rückkehr nach Croisset. Erneuter Umgang mit Louise Colet.
1851–1856	Arbeit an *Madame Bovary*. Endgültiger Bruch mit Louise Colet.
1857	Prozeß in Sachen *Madame Bovary*. Freispruch Flauberts am 7. Februar.
1858	Studienreise für *Salambo* nach Tunesien.
1858–1862	Arbeit an *Salambo*. Das Buch erscheint im November 1862.
1863–1869	Vorbereitung und Niederschrift der *Schule der Empfindsamkeit*. Viel gesellschaftlicher Verkehr: Prinzessin Mathilde, Prinz Napoléon.
1872	Flauberts Mutter stirbt.
1874	Flaubert schreibt die Komödie *Der Landtagskandidat*. *Der Landtagskandidat* fällt durch. Veröffentlichung der *Versuchung des heiligen Antonius*.
1875–1877	Arbeit an *Bouvard und Pécuchet* und *Drei Erzählungen*.
1877	Die *Drei Erzählungen* werden veröffentlicht.
1880	8. Mai: Plötzlicher Tod Flauberts.
1881	Veröffentlichung von *Bouvard und Pécuchet* und der *Souvenirs Littéraires* von Maxime Du Camp.
1884–1892	Veröffentlichung des Briefwechsels.

ZEUGNISSE

JULES BARBEY D'AUREVILLY

Der Stil von *Madame Bovary* ist der eines Dichters, der eine eigene Sprache gefunden hat, voller Farbe, Glanz und Funken und von einer wissenschaftlichen Exaktheit . . .

Le Pays, 6. Oktober 1857

ÉMILE ZOLA

Das Erscheinen von *Madame Bovary* war eine Umwälzung für die gesamte Literatur. Es schien, daß die Technik des modernen Romans, auf die man im Riesenwerk Balzacs schon hie und da stoßen konnte, in den vierhundert Seiten eines einzigen Buchs klar umrissen und formuliert worden war. Die neue Kunst hatte ihre Grammatik gefunden.

Les Romanciers naturalistes. 1881

THÉOPHILE GAUTIER

. . . Ist es nicht eine großartige Idee, die einen Künstler sehr wohl reizen kann, sich von der eigenen Zeit abzuschließen und über Jahrhunderte hinweg eine versunkene Kultur, eine verschwundene Welt zu rekonstruieren? Welcher Genuß, Wissenschaft und Einbildungskraft zusammenwirken zu lassen und diese Ruinen aus dem Schutt der Katastrophen neu aufzuführen, ihnen Farbe zu geben, sie zu bevölkern, einer Stadt Leben einzuhauchen und die Sonne darüber in Gang zu setzen, das herrliche Schauspiel einer vollkommenen Auferstehung vor sich zu haben . . .! *Salammbô* zu lesen ist eines der erregendsten geistigen Erlebnisse, die man haben kann . . . M. Gustave Flaubert arbeitet mit einer historischen Objektivität ersten Ranges . . . Das ist kein Geschichtsbuch, kein Roman, sondern ein *episches Gedicht.*

Le Moniteur, 22. Dezember 1862

ANDRÉ GIDE

Ich habe gerade im letzten Monat in Italien dieses großartige Buch (*Salammbô*) wieder gelesen, das ich nicht genügend schätzte. Kindlich vielleicht; aber es ist die entwaffnende Knabenhaftigkeit eines Dichters. Es scheint mir, als habe Flaubert in den Texten, auf die er sich stützt, weniger Belege als Vollmachten gesucht. Aus Abscheu vor dem Alltag der Wirklichkeit hat er sich hier vor allem in das verliebt, was sich davon unterschied. Glaubt er etwa wirklich, wie Theophrast, daß «Karfunkelsteine, aus dem Urin des Luchses wachsen»? Sicher nicht! aber er freut sich, daß ein Text Theophrasts ihm so zu tun erlaubt, als glaube er es; und so fort.

Tagebuch, 9. April 1908

GUY DE MAUPASSANT

Gustave Flaubert war in der Tat der begeisterte Verkündiger der Unpersönlichkeit in der Kunst. Er fand verwerflich, daß sich der Autor auch nur ahnen lasse, daß er auf einer Seite, in einer Zeile, einem Wort das kleinste Teilchen seiner Meinung, einen Schatten seiner Absicht durchblicken ließe. Er sollte der Spiegel der Tatsachen sein, doch ein Spiegel, der sie zurückwirft und ihnen dabei diesen undefinierbaren Schimmer, dieses, ich möchte sagen, beinahe Göttliche gibt, das die Kunst ausmacht. Wenn man von diesem untadeligen Künstler spricht, sollte man sich nicht des Ausdruckes «unpersönlich» bedienen, sondern man sollte ihn unerregt nennen.

Wenn er der Beobachtung und der Analyse eine beträchtliche Bedeutung zuschrieb, so stellte er die Wichtigkeit der Komposition und des Stils noch höher. Für ihn waren es besonders diese beiden Eigenschaften, die den Büchern Unvergänglichkeit sicherten.

Vorwort zu den Briefen Flauberts an George Sand. 1884

HUGO VON HOFMANNSTHAL

Für mich gehört die *Éducation sentimentale* zu jenen Büchern – wie wenige gibt es ihrer, wie sehr wenige! –, die uns durchs Leben begleiten. Eines jener seltenen Bücher scheint sie mir zu sein, die sich auf das Ganze des Lebens beziehen, und neben dieser zur durchsichtigsten Einheit zusammengeflochtenen Vielfalt scheint mir selbst die wundervoll aufgebaute Katastrophe einer Stadt, scheinen mir die mächtigen Qualitäten der beiden Bücher, die *Madame Bovary* und *Salammbô* heißen, zu verblassen. Sie ist ein gefährliches Buch und ein heilsames, diese Seiten können eine grenzenlose Entmutigung ausatmen und wieder läßt sich aus ihnen eine so unendliche Belehrung schöpfen, soviel Einsicht in das wirre Kräftespiel unseres Lebens gewinnen! Unseres Lebens. Und doch ist dieses Buch nicht von heute, es malt eine Zeit, die weit hinter uns liegt, und es malt sie so treu, ist so sehr ein Dokument dieser Zeit vor 1848, daß ich Männer weiß, die heute sechzig alt sind und die nicht imstande sind, dieses Buch objektiv zu lesen, so sehr ergreift sie darin die Atmosphäre ihrer frühen Jugend und nimmt ihnen den Atem. So wird dieses Buch, das schon heute zwei getrennten Zeiten anzugehören scheint, wohl noch vielen Zeiten angehören . . . Wenn ich die Masse dieses Buches bedenke, und eine Masse von der größten Konzentration, der unheimlichsten geistigen Spannung – und ein Buch, in welchem jede Zeile g e s c h r i e b e n ist, dies Wort in seiner äußersten, ehrfurchtgebietendsten Tragweite genommen –, so denke ich, es muß Ihnen zuweilen gewesen sein wie einem Menschen, der allein, mit seiner kleinen Lampe und seinen Werkzeugen, einen Stollen durch das Innere eines Berges triebe, eines lebendigen Berges voll so furchtbaren inneren Druckes, daß er jeden Stein der kaum erbauten Wölbung über Nacht zu Staub zermalmte.

An den Übersetzer Alfred Gold, 16. September 1904

152

ERNST BERTRAM

Er ist der vollendete Typus dieser Künstler des «Ausgangs», wie es Baudelaire
für die Lyrik ist, wie Strindberg für das Drama, Burckhardt für die Historie,
Brahms für die Musik. Und Nietzsche bewies sein unbetrügliches Gefühl, als
er gerade Flaubert als Exempel des «Nihilisten», des Untergangskünstlers
hinstellte, desselben «spätesten Künstlers», den doch eben auch Nietzsche
selber für die deutsche Entwicklung uns heute so deutlich repräsentiert.
Flaubert war dieser Nihilist, und war es, ohne Zweifel, bewußt. Er ertrug die
Einsamkeit, die Erkenntnis des Endes, vor deren Anblick Nietzsches Geist in
den fanatischen, den rasenden Optimismus umschlug, an dem er, vergewal-
tigt, zerbrach.

Flauberts Briefe. 1911

HEINRICH MANN

Von den drei vordersten Namen des Romans aus den Bürgerzeiten ist Balzac
die Heldengestalt, Stendhal der immer Zeitgemäße. Aber der Heilige des
Romans ist Flaubert. Er hat nicht die kühnen und ausschweifenden Erobe-
rungszüge gemacht wie Balzac, durch alle neuen Gebiete einer kürzlich
umgewälzten Welt. Er hat auch nicht erfunden, wie Stendhal, was Frauen
und Männer wenigstens hundert Jahre lang ihm und seinen Figuren nachle-
ben, nachfühlen werden. Aber er hat an der geistigen und technischen
Förderung des Romans gearbeitet wie keiner und brachte sich und sein
Menschenglück ihm dar, als wäre dies eine Verpflichtung gegen das Über-
sinnliche.

Die Selbstachtung des geistig Gestaltenden hat in ihm einen ihrer Höhepunkte wie zu gleicher Zeit in Ibsen. Er glaubte nicht, daß irgendeine andere
Tätigkeit des Menschen der seinen gleichkomme, weil er die Annäherung an
das Vollkommene von sich verlangte, und wer sonst strebt danach. Er glaubte
an Gesetze der Schönheit, die wie Gebote eines Gottes sind und im Geschaffe-
nen das Ewige bewahren.

Flaubert, 50 Jahre nach dem Tode. 1950

BIBLIOGRAPHIE

Die Bibliographie erhebt keinen Anspruch auf Vollständigkeit. Sie ist als erste Orientierung und Einführung in die grundlegenden Werke Flauberts gedacht.

1. Bibliographien und wissenschaftliche Hilfsmittel

Les amis de Flaubert, Canteleu-Croisset. Bulletin 1 f. 1951 f
BRUN, MAX: Contribution à l'étude des différents tirages de l'édition originale de «Madame Bovary», publiés de 1857–1862. In: Le livre et l'estampe 1964, S. 223–269
DESCHARMES, RENÉ: Le Musée Flaubert: In: Les Annales romantiques 8 (1911), S. 308–311
DUMESNIL, RENÉ, und D. L. DEMOREST: Bibliographie de Gustave Flaubert. Paris 1937 [vielmehr 1939] [Verzeichnet nur die Werke des Dichters]
Gustave Flaubert et «Madame Bovary». Exposition organisée pour le centenaire de la publication du roman. Préf. de JULIE CAIN. Paris 1957 [Ausstellungskatalog]
FREIENMUTH VON HELMS, ERNST E.: German Criticism of Gustave Flaubert 1857–1930. Repr. New York 1966 (Columbia University. Germanic studies. N. S. 7)
MASON, G. M.: Les écrits de jeunesse de Gustave Flaubert. Paris 1961
MOREAU, PIERRE: État présent de notre connaissance de Flaubert. In: The present state of French literature. Ed. by CHARLES B. OSBURN. Metuchen 1971. S. 543–567
Notes bibliographique. In: Littérature 15 (1974), S. 111–118
Œuvres de Flaubert. Principales éditions. Quelques ouvrages sur Flaubert. In: Biblio 32 (1964), S. 18–19
WEST, CONSTANCE B.: Ten years of Flaubert studies. In: Modern languages 49 (1968), S. 99–107

2. Werke in Gesamt- und Einzelausgaben

a) Gesamtausgaben

Œuvres. 10 vols. Paris 1874–1885
Œuvres complètes. Édition définitive. 8 vols. Paris 1885
Œuvres complètes et définitives, augmentées de variantes, de notes d'après les manuscrits, versions et scenarios de l'auteur. 18 vols. Paris 1909–1912
Œuvres complètes illustrées. (Édition du Centenaire.) 12 vols. Paris 1921–1925 [Bd. 9–12: Briefe]
Œuvres complètes. (Édition Conard.) 22 vols. Paris 1926–1933 [Enthält 9 Bände Briefe]
Œuvres complètes. Édition établie d'après les mss. inédits de Flaubert . . par la Société des Études Littéraires Françaises . . . Nouv. éd. Vol. 1–15. Paris 1971–1976

Gesammelte Werke. Erste deutsche von den Rechtsnachfolgern Flauberts autorisierte Gesamtausgabe. Hg. von ERNST WILHELM FISCHER. 10 Bde. Minden 1907–1909
1. Madame Bovary. – 2. Salambo. – 3. Die Schule der Empfindsamkeit. – 4. Die Versuchung des heiligen Antonius. – 5. Drei Erzählungen. – 6. Bouvard und Pécuchet. – 7. Briefe über seine Werke. – 8. Reiseblätter. – 9. Briefe an Zeit- und Zunftgenossen. – 10. Briefe an seine Nichte Caroline [Bd. 1–6 und 8 und 9 erschienen in neuer Auflage 1921–1926]

Nachgelassene Werke in deutscher Ausgabe. Werke bis zum Jahr 1838. Übers. u. eingel. von PAUL ZIFFERER. Minden 1910

Gesammelte Werke. Hg. von WILHELM WEIGAND. 6 Bde. München 1923
1. Madame Bovary. – 2. Bouvard und Pécuchet. – 3. Komödien. – 4. Salambo. – 5. Die Schule der Empfindsamkeit. – 6. Die Versuchung des heiligen Antonius

b) Einzelne Werke

Es werden nach der französischen und deutschen Erstausgabe jeweils nur einige wesentliche, vor allem neuere Übersetzungen ins Deutsche verzeichnet.

Madame Bovary. Mœurs de province. 2 vols. Paris 1857 – Éd. déf. 1873

Madame Bovary. Ein Sittenbild aus der Provinz. Übers. von JOSEPH ETTLINGER. Mit einem Nachwort. Dresden 1892

Madame Bovary. Provinzsitten. Übers. von RENÉ SCHICKELE. Mit Einl. von GUY DE MAUPASSANT. München 1907

Madame Bovary. Französischer Sittenroman. Erste vollst. dt. Ausgabe. Übers. von WALTER HEICHEN. Berlin 1911 – Neuausg.: 1928

Madame Bovary. Übertr. von RENÉ SCHICKELE. Nachwort von GUY DE MAUPASSANT. Zürich 1952

Madame Bovary. Deutsch von HANS REISIGER. Mit einem Nachwort von HANS MAYER. Berlin 1954

Madame Bovary. Deutsch von RENÉ SCHICKELE. Köln 1955

Madame Bovary. Aus dem Franz. übers. von HANS REISIGER. Mit einem Essay. Hamburg 1958 (Rowohlts Klassiker der Literatur und der Wissenschaft. 40)

Madame Bovary. Neu ins Deutsche übertr. von INGRID KOLLPACHER. Nachwort WALTER ZELENCY. Wien 1968

Madame Bovary. Aus dem Franz. übertr. von WALTER WIDMER. Vollst. Ausg. München 1970

Madame Bovary. Aus dem Franz. übers. von WOLFGANG TECHTMEIER. Mit einem Nachw. von MANFRED NAUMANN. 4. Aufl. Berlin 1974

Salammbô. Paris 1863 – Éd. déf. 1874

Salambo. Autor. Übers. Frankfurt a. M. 1863

Salammbô. Übers. von FRIEDRICH VON OPPELN-BRONIKOWSKI. Minden 1912

Salammbô. Ein Roman aus Alt-Karthago. Übers. von ARTHUR SCHURIG. Leipzig 1912

Salambo. Deutsch von GEORG GOYERT. Wiesbaden 1946

Salammbô. Aus dem Franz. übers. von ROBERT HABS. Durchges. von ILSE PERKER. Nachw. von GÜNTHER METKEN. Stuttgart 1970 (Reclams Universalbibliothek. 1650-54)

L'Éducation sentimentale. Histoire d'un jeune homme. 2 vols. Paris 1870

Der Roman eines jungen Mannes. Übers. von ALFRED GOLD und ALPHONSE NEUMANN. Berlin 1904 – 2. Aufl. mit einer Vorrede von HUGO VON HOFMANNSTHAL. Berlin 1910

Lehrjahre des Gefühls. Geschichte eines jungen Mannes. Übertr. von PAUL WIEGLER. Mit einem Essay. Hamburg 1959 (Rowohlts Klassiker der Literatur und der Wissenschaft. 49/50)

Die Erziehung des Herzens. Der Roman eines jungen Mannes. Übertr. und mit einem Nachwort vers. von EMIL ALFONS RHEINHARDT. Leipzig 1926 – Neuausg.: München 1969

Jules und Henry oder Die Schule des Herzens . . . Übertr . . . die ERNST WILHELM
FISCHER bes. hat . . . durch ERIKA HÖHNISCH überarb. Berlin 1971
Die Erziehung des Gefühls. Geschichte eines jungen Mannes. Aus dem Franz. von
HANS KAUDERS. Nachwort ELISABETH BROCK-SULZER. Zürich 1971
Erziehung der Gefühle. Aus dem Franz. übers. von HEIDI KIRMSSE. Berlin 1974
Lehrjahre des Herzens. Vollst. Ausg. aus dem Franz. übertr. von WALTER WIDMER.
München 1975

La Tentation de Saint Antoine. Paris 1874
Die Versuchung des heiligen Antonius. Mit einem Vorwort und Anm. vers. von
BERNHARD ENDRULAT. Autor. deutsche Ausgabe. Straßburg 1874
Die Versuchung des heiligen Antonius. Nachw. von MICHEL FOULCAULT. Aus dem
Franz. übers. von BARBARA und ROBERT PICHT. Frankfurt a. M. 1966

Le château des cœurs. Paris 1874
Komödien: Die geraubten Herzen. Der Landtagskandidat. Übers. von ARTHUR SCHU-
RIG. München 1923 (Flaubert: Gesammelte Werke. 2)
Le Candidat. Comédie. Paris 1874
Der Kandidat. Komödie in 4 Aufzügen nach Flaubert von CARL STERNHEIM. Leipzig
1914

Trois Contes. – Un Cœur simple. La Légende de Saint Julien l'Hospitalier. Hérodias.
Paris 1877
Drei Erzählungen. Deutsch von LUDWIG WOLDE. München 1947
Trois contes. Drei Erzählungen. Mit einem Nachw. von WALTER BOEHLICH. Frankfurt
a. M.–Hamburg 1961 (Exempla classica. 44)
Drei Erzählungen. Aus dem Franz. übers. von EVA RECHEL-MERTENS. Nachw. von
HUGO MEIER. Zürich 1966
Ein schwaches Herz. Die Legende vom hl. Julian, dem Hospitaliten. Die Rache des
Toten. Ins Deutsche übers. von PAUL HEICHEN. Berlin 1891
Ein schlichtes Herz. Erzählung. Übertr. von GEORG GOYERT. Heidelberg 1946 (Die
kleinen Bücher. 44)
Ein schlichtes Herz. Drei Novellen. Aus dem Franz. von ERNST HARDT mit Initialen von
Heinrich Vogeler. Frankfurt a. M. 1974 (Insel-Taschenbuch. 110)
Herodias. Übertr. von ERNST HARDT. Leipzig 1913 (Insel-Bücherei. 76)
Herodias. Übertr. aus dem Franz. von ERNST SANDER. Stuttgart 1968 (Reclams Univer-
salbibliothek. 6640)
Die Sage von Sankt Julian dem Gastfreien. Übers. von ERNST HARDT. Leipzig 1912
(Insel-Bücherei. 12)
Die Legende von St. Julian dem Gastfreundlichen. Deutsch von LUDWIG WOLDE.
München 1948 (Piper-Bücherei. 23)
Sankt Julian, der Gastfreundliche. La légende de Saint Julien, l'hospitalier. Franz. u.
deutsch. Übers. von ULRICH FRIEDRICH MÜLLER. Ebenhausen b. München 1967.
(Edition Langewiesche-Brandt. 13) – Neuausg.: München 1974 (dtv. 9007)
Die Legende von Sankt Julian dem Gastfreien. Erzählung. Übertr. aus dem Franz. und
Nachw. von ERNST SANDER. Stuttgart 1970 (Reclams Universalbibliothek. 6630)

Bouvard et Pécuchet. Œuvre posthume. Paris 1881
Bouvard und Pécuchet. Roman aus dem Nachlaß. Deutsche Übertr. von ERNST WIL-

HELM FISCHER. Potsdam 1922
Bouvard und Pécuchet. Roman. Eingel. von ALBRECHT Fabri. Übertr. aus dem Franz.
Düsseldorf 1957
Bouvard und Pécuchet. Deutsch und mit einem Nachwort von ERICH MARX. 2. Aufl.
Leipzig 1966 (Sammlung Dieterich. 225)

Novembre. Paris 1928
November. Roman aus dem Nachlaß. Übers. von ERNST WILHELM FISCHER. In: Der
Neue Merkur 1 (1914)
November. Übers. von GEORG GOYERT. Heidelberg 1947
November. Nachw. und übers. von ERNST SANDER. Hamburg 1950 (rororo. 14)
November. Aus dem Franz. von ERNST SANDER. Frankfurt a. M. 1964 (Insel-Bücherei.
319)
November. Erinnerungen eines Toren. Aus dem Franz. übers. von EVA RECHEL-MER-
TENS. Nachwort ELISABETH BROCK-SULZER. Zürich 1969
November. Fragmente in x-beliebigem Stil. Aus dem Franz. übertr. von HELMUT
BARTUSCHEK. 9.–13.Tsd. Weimar 1974 (Gustav-Kiepenheuer-Bücherei. 28)

Mémoires d'un fou. Publié par PIERRE DAUZE. Laval 1901
Erinnerungen eines Narren. Übers. von RUDOLF SOOMER. Leipzig 1907
Erinnerungen eines Verrückten … Ins Deutsche übertr. von ANTJE ELLERMANN.
Nachw. von PIERRE-PAUL SAGAVE und ERICH PFEIFER-BELLI. Hamburg–München
1965

Dictionnaire des idées recues suivi du catalogue des idées chic. Paris 1911. In: FLAUBERT,
Bouvard et Pécuchet. 1911 – 2. éd. Texte établi d'après le manuscrit original de
Gustave Flaubert par E. L. FERRÈRE. Paris 1913
Wörterbuch der Gemeinplätze. Dictionnaire des idées recues. Franz. u. deutsch. Ge-
folgt von Katalog der schicken Ideen. Übers. u. eingel. von DIRK MÜLDNER. Mün-
chen 1968

Bibliomanie. In: FLAUBERT, Œuvres de jeunesse inédits. Paris 1914
Der Büchernarr. Deutsch von JOHANN FRERKING. Mit Lithogr. von Alfred Kubin.
Hannover 1921 (Die Silbergäule. 101–106)
Bücherwahn. In: Bücherwahn. 3 Erzählungen. – Nodier–Flaubert–Asselineau … Hg.
von HANS MARQUARDT. übers. aus d. Franz. von HELGARD ROST. Berlin 1975 [Enth.:
Charles Nodier: Der Bibliomane. Gustave Flaubert: Bücherwahn. Charles Asseli-
neau: Die Hölle des Bibliomanen.]

3. Lebenszeugnisse

Les Carnets. Publiés par LOUIS BERTRAND. Paris 1910
Tagebücher. Einzige autor. deutsche Gesamtausgabe. Aus dem Nachlaß Flauberts
besorgt von ERNST WILHELM FISCHER. 3 Bde. Potsdam 1919–1920
Souvenirs, notes et pensées intimes. Avant-propos de LUCIE CHEVALLEY-SABATIER.
Paris 1965 [Aus dem Nachlaß]
Erinnerungen, Aufzeichnungen und geheime Gedanken. Eingel. von LUCIE CHEVAL-
LEY-SABATIER. Deutsch von ANTJE ELLERMANN. Wiesbaden 1966

Correspondance. 4 vols. Paris 1887–1893

Correspondance. Nouvelle édition augmentée. (Édition Conard.) 9 vols. Paris 1926–1933

Correspondance. Supplément. Recueillie, classée et annotée par RENÉ DUMESNIL, JEAN POMMIER et CLAUDE DIGEON. 4 vols. Paris 1954

NESSELSTRAUSS, BRUNO: Flauberts Briefe. 1871–1880. Versuch einer Chronologie. Halle 1921

Lettres à George Sand. Précédés d'une étude par GUY DE MAUPASSANT. Paris 1884

Lettres à sa nièce Caroline. Paris 1906

Flaubert et ses éditeurs Michel Lévy et Georges Charpentier. Lettres inédites à Georges Charpentier. Publiées par RENÉ DESCHARMES. Paris 1911

Lettres inédites à la Princesse Mathilde. Préface de M. le comte JOSEPH PRIMOLI. Paris 1927

Lettres à Maupassant. Commentées par GEORGES NORMANDY. Paris 1942

Lettres inédites à Tourguénoff. Monaco 1946

Lettres inédites à Maxime Du Camp, Frédéric Fovard, Adèle Husson et l'excellent M. Baudry. Publiees par AURIANT. Paris 1948

Lettres inédites à Raoul Duval Commentées par GEORGES NORMANDY. Paris 1950

Lettres inédites de Gustave Flaubert à son éditeur Michel Levy Correspondance prés. par JACQUES SUFFEL. Paris 1965

Deutsche Briefausgabe in der unter 2. a) genannten Ausgabe von ERNST WILHELM FISCHER

Briefe an George Sand. Deutsch von ELSE VON HOLLANDER. Mit einem Essay von HEINRICH MANN. Potsdam 1919 – Neuausg.: Weimar 1956

Jugendbriefe. Deutsch von ERNST WILHELM FISCHER. Potsdam 1923

Briefe an Hippolyte Taine. Übers. von ERNST WILHELM FISCHER. Wiesbaden 1954

Briefe. Hg. u. übers. von HELMUT SCHEFFEL. Stuttgart 1964 (Neue Bibliothek der Weltliteratur)

COMMANVILLE, Mme CAROLINE: Souvenirs intimes sue mon oncle. Paris 1895

DU CAMP, MAXIME: Souvenirs littéraires. 2 vols. Paris 1882–1883

FELIX, JULIEN: Gustave Flaubert. Notes et souvenirs. Rouen 1880

In memoriam Gustave Flaubert. Von CAROLINE FRANKLIN-GROUT, GUY DE MAUPASSANT, EDMOND et JULES DE GONCOURT, ÉMILE ZOLA. Hg. von ERNST WILHELM FISCHER. Leipzig 1913

BERTRAND, GEORGES-ÉMILE: Les jours de Flaubert. Documents iconographiques recueillis, annotés et appuyés de notices biographiques. Préface de RENÉ DUMESNIL. Paris 1947

Album Flaubert. Iconographie réunie et comm. par JEAN BRUNEAU et JEAN A. DUCOURNEAU. Paris 1972 (Album de la Péiade. 11)

4. Biographien, Gesamtdarstellungen und allgemeine Würdigungen

BACHELIN, HENRI: Flaubert. Paris 1909

BART, BENJAMIN FRANKLIN: Flaubert. Syracuse, N. Y. 1967

BERTRAND, LOUIS: Gustave Flaubert. Avec des fragments inédits. Paris 1912 Flaubert à Paris ou le Mort vivant. Paris 1921

BOURGET, PAUL: Gustave Flaubert. Discours. Paris 1921

BROMBERT, VICTOR: Flaubert, par lui-même. Paris 1971 (Écrivains de toujours. 4)

BRUNEAU, JEAN: Les débuts littéraires de Gustave Flaubert 1831–1845. Paris 1962

CANU, JEAN: Flaubert, auteur dramatique. Paris 1946

COLLING, ALFRED: Gustave Flaubert. Paris 1941 (Collection L'homme et son œuvre)

DESCHARMES, RENÉ: Le centenaire de Gustave Flaubert. Paris 1921

Flaubert, sa vie, son caractère, ses idées avant 1857. Paris 1909

DESCHARMES, RENÉ, und RENÉ DUMESNIL: Autour de Flaubert. Étude historique et documentaire. 2 vols. Paris 1912

DIGEON, CLAUDE: Flaubert. Paris 1970 (Collection Connaissance des lettres. 61)

DUMESNIL, RENÉ: Flaubert. Son hérédité, son milieu, sa méthode. Paris 1906

Gustave Flaubert. L'homme et l'œuvre. Paris 1932 – Neuausg.: 1967

FAGUET, ÉMILE: Flaubert. Paris 1899

Flaubert. Textes rec. et présentés par RAYMONDE DEBRAY-GENETTE Paris 1970

GAULTIER, JULES DE: La génie de Flaubert. Paris 1913

GUILLÉMIN, HENRI: Flaubert devant la vie et devant Dieu. Paris 1939 – Neuausg.: Préf. de FRANÇOIS MAURIAC. Paris 1962

Flaubert vivant. Neuchâtel 1943

HERVAL, RENÉ: Flaubert. Paris 1943

LE SIDANER, LOUIS: Gustave Flaubert. Paris 1931

MARTINEAU, RENÉ: Flaubert à Chenonceaux. Paris 1911

MAYNIAL, ÉDOUARD: La jeunesse de Flaubert. Paris 1913

Flaubert. Paris 1943

MERKER, EMIL: Flaubert. Urach 1948 (Die Dichter. 1)

NADEAU, MAURICE: Gustave Flaubert, écrivain. Essai. Paris 1969

REBOUSSIN, MARCEL: Le drame spirituel de Flaubert. Paris 1973

ROBERT, MARTHE, und ARTHUR ADAMOV: L'art et la vie de Gustave Flaubert. In: Cahiers Renaud Barrault 59 (1967), S. 66–105

SARTRE, JEAN-PAUL: L'idiot de la famille. Gustave Flaubert de 1821 à 1857. T. 1–3. Paris 1971–72 – Dt.: Der Idiot der Familie. Gustave Flaubert 1821–1857. I. Die Konstitution. Deutsch von TRAUGOTT KÖNIG. Reinbek 1977 (das neue buch. 78)

SHANKS, LOUIS PIAGET: Flaubert's youth 1821–1845. Baltimore 1927

SÖDERJELM, F.: Gustave Flaubert. Helsingfors 1908

STARKIE, ENID: Gustave Flaubert. Kindheit, Lehrzeit, frühe Meisterschaft. Deutsch von ROSEMARIE WINTERBERG. Hamburg–Düsseldorf 1971

THIBAUDET, ALBERT: Gustave Flaubert. Sa vie, ses romans, son style. Paris 1922 – Neuausg.: 1965

TILLETT, MARGARET G.: On reading Flaubert. London 1961

WASSERMANN, JULIE: Flaubert. Ein Selbstporträt nach seinen Briefen. Berlin 1907

WETHERILL, PETER: Flaubert et la création littéraire. Paris 1967

ZOLA, ÉMILE: Gustave Flaubert. (Aus dem Franz.) Leipzig 1916 (Insel Bücherei. 205)

5. Untersuchungen

a) Zu einzelnen Problemen

AHLSTRÖM, ANNA: Étude sur la langue de Flaubert. Mâcon 1909

BERTRAND, LOUIS: Gustave Flaubert. Ses voyages en Orient et en Afrique. In: Revue hebdomadaire 2 (1911), S. 465–494

BERTL, KLAUS DIETER: Gustave Flaubert. Die Zeitstruktur in seinen erzählenden Dichtungen. Bonn 1974 (Abhandlungen zur Kunst-, Musik- und Literaturwissenschaft. 161)

BINSWANGER, PAUL: Die ästhetische Problematik Flauberts. Untersuchung zum Problem von Sprache und Stil in der Literatur. [Diss.] Heidelberg 1934

BRAULT, J. F. R.: Considérations médicales sur la sensibilité de Flaubert. Bordeaux 1932

BROMBERT, VICTOR: The novels of Flaubert. A study of themes and techniques. Princeton, N. J. 1966

DANGER, PIERRE: Sensations et objets dans le roman de Flaubert. Paris 1973

DETHLOFF, UWE: Das Romanwerk Gustave Flauberts. Die Entwicklung der Personendarstellung von «Novembre» bis «L'Éducation sentimentale» 1869. München 1976

DIGEON, CLAUDE: Le dernier visage de Flaubert. Paris 1946

DUMESNIL, RENÉ: En marge de Flaubert. Paris 1929

FERRERE, ÉTIENNE-LOUIS: L'esthétique de Gustave Flaubert. Paris 1913 – Repr. 1967

FISCHER, ERNST WILHELM: Études sur Flaubert inédit. Leipzig 1908

FRELICH, HÉLÈNE: Flaubert d'après sa correspondance. Thèse. Paris 1933

FREY, GERHARD WALTER: Die ästhetische Begriffswelt Flauberts. Studien zu der ästhetischen Terminologie der Briefe Flauberts. München 1972 (Freiburger Schriften zur romanischen Philologie. 21)

GALERANT: Flaubert vu par les médecins d'aujourd'hui. In: Europe 47 (1969), S. 107–112

GANS, ERIC LAWRENCE: The discovery of illusion. Flaubert's early works. 1835–1837. Berkeley 1971 (University-of-California-Publications in modern philology. 100)

GÉRARD-GAILLY, ÉMILE: Flaubert et Les Fantomes de Trouville. Paris 1930

GOTHOT-MERSCH, CLAUDINE: Le dialoque dans l'œuvre de Flaubert. In: Europe 47 (1969), S. 112–121

GUDDORF, HELENE: Der Stil Flauberts. Bochum 1933 (Arbeiten zur romanischen Philologie. 2)

GUYOT, HENRI: Gustave Flaubert. Du rôle que l'intelligence a joué dans sa vie et dans son œuvre. Paris 1910

HOFFMANN, CHARLOTTE: Der Briefstil Flauberts in den Jahren 1830 bis 1862. [Diss.] Leipzig 1941

JOURDAN, LOUIS: Essai sur la névrose de Flaubert. Montpellier 1922

LAPIERRE, CHARLES: Esquisse sur Flaubert intime. Evreux 1898

LAUMET, LUCIEN: La sensibilité de Flaubert. Alençon 1951

LEHMANN, RUDOLF: Die Formelemente des Stils von Flaubert in den Romanen und Novellen. Marburg 1911

LEVAILLANT, JEAN: Flaubert et la matière. In: Europe 47 (1969), S. 202–209

LIETZ, JUTTA: Zur Farbsymbolik in «Madame Bovary». In: Romanistisches Jahrbuch 18 (1967), S. 89–96

NEUKOMM, GERDA: Zum Stil Flauberts. In: Trivium 1 (1943), S. 44–58

POMMIER, JEAN: Les maladies de Flaubert. In: Revue d'histoire littéraire de la France 72

(1972), S. 298–299

REDFERN, WALTER D.: People and things in Flaubert. In: The French review 44 (1971),
Special issue No. 2, S. 79–96

SERVAIS, TONI-HUBERT: Gustave Flauberts Urteile über die französische Literatur in
seiner «Correspondance». Münster 1936

SHERRINGTON, ROBERT JAMES: Three novels by Flaubert. A study of techniques. Oxford
1970

STEIN, HANNO AUGUST: Die Gegenstandswelt im Werk Flauberts. [Diss.] Köln 1938

VIDALENC, JEAN: Gustave Flaubert, historien de la révolution de 1848. In: Europe 47
(1969), S. 51–67

WAGNER, BURKHART: Innenbereich und Äußerung. Flaubertsche Formen indirekter
Darstellung und Grundtypen der erlebten Rede. München 1972 (Freiburger Schriften zur romanischen Philologie. 18)

WARTBURG, WALTER VON: Flaubert als Gestalter. In: Deutsche Vierteljahrsschrift 19
(1941), S. 208–217

WILLIAMS, JOHN R.: Flaubert and the religion of art. In: The French review 41 (1967),
S. 38–47

ZUNKER, LOUISE DOROTHEA: Flauberts Kunsttheorie in ihrem Werden. [Diss.] Münster
1931

b) Zu einzelnen Werken

BANCROFT, W. JANE: Flaubert's «Legende de Saint Julien»: The duality of the artist-
saint. In: Esprit créateur 10 (1970), S. 75–84

BART, BENJAMIN F.: Psyche into myth: Humanity and animality in Flaubert's «Saint-
Julien». In: Kentucky Romance quarterly 20 (1973), S. 317–342

BENEDETTO, LUIGI: Le origini di «Salammbô». Studio sul realismo storico di Gustave
Flaubert. Firenze 1920

BERNHEIMER, CHARLES: Linguistic realism in Flaubert's «Bouvard et Pécuchet». In:
Novel 7 (1974), S. 143–158

BEYERLE, MARIANNE: «Madame Bovary» als Roman der Versuchung. Frankfurt a. M.
1975 (Analecta romanica. 37)

BLOSSOM, F. A.: La composition de Salammbô d'après la correspondance. Paris 1914

BÖKER, UWE: Die Zeit in Flauberts «Un Cœur simple». In: Neuphilologische Mittei-
lungen 69 (1968), S. 129–148

BONNEFIS, PHILIPPE: Récit et histoire dans «Madame Bovary». In: Linguistique et
littérature. Colloque de Cluny. Paris 1969. S. 157–163 (La nouvelle critique. Num.
spec. 1969)

BORGES, JORGE LUIS: Verteidigung des Romans «Bouvard et Pécuchet». In: BORGES,
Das Eine und die Vielen. Essays zur Literatur. München 1966. S. 101–107

BROMBERT, VICTOR: La première «Éducation sentimentale». Roman de l'artiste. In:
Europe 47 (1969), S. 22–31

BRUNEAU, JEAN: Le «Conte oriental» de Gustave Flaubert. Documents inédits. Paris
1973

BUTOR, MICHEL: La forme de «La tentation». In: Esprit créateur 10 (1970), S. 3–12

CARLUT, CHARLES: La correspondance de Flaubert. Étude et répertoire critique. Paris
1969

CENTO, ALBERT: Commentaire de «Bouvard et Pécuchet». Pub. par Lea Caminiti
Pennarola, sous la dir. de l'Institut de Philologie Moderne de l'Université de Naples.

Paris 1973 (Romanica neapolitana. 8)

CLEREMBRAY, FÉLIX: Flaubertisme et bovarysme. Rouen 1912

COGNY, PIERRE: «L'éducation sentimentale» de Flaubert. Le monde en creux. Paris 1975

COLEMAN, A: Flaubert's literary development in the light of his «Mémoires d'un Fou», «Novembre» and «Éducation sentimentale». Paris 1914

CORTLAND, PETER: The sentimental adventure. An examination of Flaubert's «Éducation sentimentale». The Hague 1967 (Studies in French literature. 15)

DEBRAY-GENETTE, RAYMONDE: Du mode narratif dans les «Trois contes». In: Littérature 2 (1971), S. 39–62

DEMOREST, D. L.: A travers les plans, manuscrits et dossiers de «Bouvard et Pécuchet». Paris 1931

DOUËL, MARTIAL: Au pays de «Salammbô». Paris 1911

DOUVLET, GEORGES: La composition de «Salammbô» d'après la «Correspondance» de Flaubert. Paris 1894

DUGAN, J. R.: «Salammbô», a study in immobility. In: Zeitschrift für französische Sprache und Literatur 79 (1969), S. 193–206

DUMESNIL, RENÉ: Flaubert et «Madame Bovary». Paris 1944

«Madame Bovary» et son temps. Paris 1911

La publication de «Madame Bovary». Amiens 1928

«L'Éducation sentimentale» de Gustave Flaubert. Paris 1936

DUQUETTE, JEAN-PIERRE: Flaubert, ou l'architecture du vide. Une lecture de «L'éducation sentimentale». Montreal 1972

DURRY, MARIE-JEANNE: Flaubert et ses projets inédits. Paris 1950

FAIRLIE, ALISON: Flaubert: Madame Bovary. London 1962 (Studies in French literature. 8)

FAY, PERCIVAL, und A. COLEMAN: Source and structure of Flaubert's «Salammbô». Baltimore 1914

FELLOWS, OTIS: «Madame Bovary» cent ans après. In: FELLOWS, From Voltaire to La nouvelle critique: Problems and personalities. Genève 1970. S. 154–158

FELMAN, SHOSHANA: Modernité du lieu commun. En marge du Flaubert: «Novembre». In: Littérature 20 (1975), S. 32–48

FISCHER, ERNST WILHELM: Flauberts «Versuchung des heiligen Antonius» nach ihrem Ursprung, ihren verschiedenen Faßungen und ihrer Bedeutung für den Dichter. Marburg 1903

GANS, ERIC: «Éducation sentimentale»: The hero as storyteller. In: Modern language notes 89 (1974), S. 614–625

GAULTIER, JULES DE: La philosophie du bovarysme. Paris 1911

Le bovarysme. La psychologie dans l'œuvre de Flaubert. Paris 1893

GOTHOT-MERSCH, CLAUDINE: La genèse de «Madame Bovary». Paris 1966

GROSSHÄUSER, WILHELM: Flaubertismus und Bovarysmus. Tübingen 1923

HARDT, MANFRED: Flauberts Spätwerk. Untersuchungen zu «Bouvard et Pécuchet». Frankfurt a. M. 1970 (Analecta romanica. 27)

HERBERHOLZ, MARGARETE: Dichtung und Wahrheit in Flauberts «Madame Bovary». Bochum 1934 (Arbeiten zur romanischen Philologie. 13)

HERVAL, RENÉ: Les véritables origines de «Madame Bovary». Paris 1958

JAY, BRUCE LOUIS: Anti-history and the method of «Salammbô». In: The Romanic review 63 (1972), S. 20–33

LAERE, FRANÇOIS VAN: Du «Député» au «Candidat», ou trente ans après. In: Littérature et société. Recueil d'études en l'honneur de Bernard Guyon. Paris 1973. S. 119–133

Laubenthal, Wilhelm: Gustave Flaubert: «Un cœur simple». La structure de l'œuvre. In: Die neueren Sprachen 67 (1968), S. 438–443

Lefèbvre, Charles: Flaubertisme et bovarysme. Rouen 1912

Neefs, Jacques: «Salammbô», textes critiques. In: Littérature 15 (1974), S. 52–64

Pasquet, André: Ernest Pinard et le procès de Madame Bovary. Paris 1949

Les procès de Madame Bovary. Discours prononcé par M. André Thierry. Paris 1965

Reik, Theodor: Flaubert und seine «Versuchung des heiligen Antonius». Ein Beitrag zur Künstlerpsychologie. Minden 1912

Sachs, Murray: Flaubert's «Trois contes»: The reconquest of art. In: Esprit créateur 10 (1970), S. 62–74

Sonnenfeld, Albert: «L'éducation sentimentale»: Un siècle d'actualité. In: French review 44 (1970), S. 299–309

Steegmüller, Francis: Flaubert and «Madame Bovary». A double portrait. New York 1939

Suhner, Heidi: L'immagination du feu, ou la dialectique du soleil et de la lune dans «Salammbô» de Gustave Flaubert. Zürich 1970

Tillett, Margaret: An approach to «Hérodias». In: French studies 21 (1967), S. 24–31

Valéry, Paul: La «tentation de Saint-Antoine». Paris 1942

Vial, André: Le dictionnaire de Flaubert ou le rire d' Emma Bovary. Paris 1974

Wake, C. H.: Symbolism in Flaubert's «Hérodias»: An interpretation. In: Forum for modern language studies 4 (1968), S. 322-329

Wittig, Monique: A propos de «Bouvard et Pécuchet». In: Cahiers Renaud Barrault 59 (1967), S. 113–122

6. Beziehungen und Wirkungen

Albalat, Antoine: Gustave Flaubert et ses amis. Avec de lettres inédites. Paris 1927

Angot, Albert: Un ami de Gustave Flaubert. Louis Bouilhet, sa vie, ses œuvres. Paris 1885

Bart, Benjamin Franklin: Louis Bouilhet and the reaction of «Salammbô». In: Symposium 27 (1973), S. 197–213

Chauvelot, Robert: Gustave Flaubert et Alphonse Daudet. Monaco 1927

Chevalley-Sabatier, Lucie: Gustave Flaubert et sa sœur Caroline. In: Revue hebdomadaire 12 (1936), S. 166–201

Cook, David A.: James and Flaubert: The evolution of perception. In: Comparative literature 25 (1973), S. 289–307

Cross, Richard K.: Flaubert and Joyce. The rite of fiction. Princeton, N. J. 1971 (Princeton essays in European and comparative literature. 3)

Degoumois, Léon: Flaubert à l'école de Goethe. Genève 1923

Descharmes, René: Un ami de Gustave Flaubert, Alfred Le Poittevin, œuvres inédites, précédées d' une introduction sur sa vie et son caractère. Paris 1909

Doutchev, Nicolai: Gustave Flaubert en Bulgarie. In: Europe 47 (1969), S. 249–252

Frère, Étienne: Louis Bouilhet, son milieu, ses hérédités, l'amitié de Flaubert. Paris 1908

Friedrich, Hugo: Drei Klassiker des französischen Romans. Stendhal, Balzac, Flaubert. Frankfurt a. M. 1939 – 6. Aufl. 1970

Gérard-Gailly, Émile: Autour de Gustave Flaubert. Les véhémence de Louise Colet.

Paris 1934

Le grand amour de Flaubert. Paris 1944

GOEDICKE, HORST: Der Einfluß Flauberts und Maupassants auf Joseph Conrad. Hamburg 1969

GOOD, GRAHAM: Sartre's Flaubert, Flaubert's Sartre. In: Novel 7 (1974), S. 175–186

HYSLOP, LOIS BOE: Baudelaire: «Madame Bovary c'est moi?» In: Kentucky Romance quarterly 20 (1973), S. 343–358

JACKSON, ERNEST: The critical reception of Gustave Flaubert in the United States. 1860–1960. The Hague 1966 (Studies in French literature. 9)

JOST, FRANÇOIS: Littérature et suicide. De «Werther» à «Madame Bovary». In: Revue de littérature comparée 42 (1968), S. 161–198

LAERE, FRANÇOIS VAN: Le Flaubert «programmé» de Sartre. In: Australian journal of French studies 11 (1974), S. 109–117

MANN, HEINRICH: Eine Freundschaft. Flaubert und George Sand. München 1905 – Neuausg. u. d. T.: Flaubert und George Sand, ein Essay. Leipzig 1971 (Insel-Bücherei. 919)

MELANG, WALTER: Flaubert als Begründer des literarischen «Impressionismus» in Frankreich. [Diss.] Münster 1933

MIGNOT, ALBERT: Ernest Chevalier. Son amitié avec Gustave Flaubert. Paris 1888

MINGELGRUN, ALBERT: Kafka à la rencontre de Flaubert. In: Europe 49 (1971), S. 168–178

RICHARD, JEAN-PIERRE: Stendhal et Flaubert. Littérature et sensation. Préf. de GEORGES POULET. Paris 1970

SPALIKOWSKI, EDMOND: Autour de Flaubert. Rouen 1933

WETHERILL, PETER M.: Montaigne and Flaubert. In: Studi francesi. N. S. 18 (1974), S. 416–428

YVON, PAUL: L'influence de Flaubert en Angleterre. Caen 1939

NAMENREGISTER

Die kursiv gesetzten Zahlen bezeichnen die Abbildungen,
die hochgestellten Ziffern verweisen auf die Fußnoten

Adam, Mme 54
Alexis, Paul 54
d'Annebault, Danycan 9
Appian 112
d'Arcet, Jean 23
d'Arcet 23
Aubineau 87
d'Avezac 114

Balzac, Honoré de 116, 130, 133, *149*
Banville, Théodore de 120, *123*
Barbey d'Aurevilly, Jules 30, 35, 40, 87, 103
Barrès, Maurice 126
Baudelaire, Charles 36, 87, 103
Bergerat, Émile 14, 42
Berlioz, Hector 107
Bloy, Léon 52
Bonaparte, Jérôme 30[1]
Bonaparte, Mathilde, Prinzessin 30, 35, 41, 49, 119, *41*
Bosquet, Amélie 30, 31
Bouilhet, Louis 22, 30, 36, 37, 39, 40, 78, 102, 118, *79*
Bourget, Paul 105
Breughel d. Ä., Pieter 73
Buddha (Siddharta Gautama) 68
Buloz, François 87
Byron, George Gordon Lord 101

Cahen 114, 115
Callot, Jacques 73
Cambremer de Croixmare, Camille 8
Carvalho (Léon Carvaille) 37
Cassagnac, Bernard-Adolphe Granier de 87
Céard, Henri 36, 54
Charpentier, Georges 37 f
Chéruel 14
Chevalier, Ernest 12, 22
Choderlos de Laclos, Pierre 119
Clairville 107
Cloquet, M. 21, 24
Cloquet, Mme 21, 24

Colet, Louise 28 f, 33, 54, *29*
Collier, Henriette 24, 52
Commanville, Caroline 11, 39, 55, *38*
Commanville 39
Constant de Rebecque, Benjamin 107
Coppée, François 18
Cousin, Victor 28

Darcet s. u. d'Arcet
Daudet, Alphonse 36
Daudet, Mme Alphonse 14
Detourbey, Jeanne s. u. Jeanne de Tourbey
Didon, Pater 54
Diodor 115
Dreyfous, Maurice 14, 49
Dubosc, Georges 49, 126, 128
Du Camp, Maxime 22 f, 25, 32 f, 55, 57, 78, 79, 83, 119, 120, *25*
Dumaine 37
Dumesnil, René 20, 28, 54, 55, 73, 101, 107, 126, 128
Duplan, Jules 38
Duplan 38
Dupuytren, Baron Guillaume 7
Dureau de la Malle 111, 112

Faguet, Émile 103 f
Falbe 111
Feuillet, Octave 80, 107
Feydeau, Ernest 36, 54, 101
Flaubert, Achille 11, 20, 26, *26*
Flaubert, Achille-Cléophas 7, 10, 11, 12, 18, 20, 31, 40, *9*
Flaubert, Caroline (Mutter) 7, 10, 12, 29, 33, 40, *10*
Flaubert, Caroline (Schwester) 11, 12, 14, 22, 31, *23*
Fleuriot, Caroline s. u. Caroline Flaubert (Mutter)
Fleuriot, Dr. 7 f, *10*
Fortin, Dr. 55
Foucauld, Eulalie 24, 33
Foucault, Élisa 24, 58, 59, 120

165

Fournier, Marc 36
France, Anatole (Jacques-Anatole Thibault) 51, 53, 67, 126
Froehner, M. 107, 111

Gautier, Judith 35
Gautier, Théophile 30, 36, 54, 60, 99, 115
des Genettes, Mme 30, 39
Goncourt, Edmond Huot de 36, 51, 52, 57, 101, 105, 121
Goncourt, Jules Huot de 25, 36, 51, 52, 57, 101, 105, 121
Gourmont, Remy de 146
Goya y Lucientes, Francisco José de 46
Gozlan, Léon 133

Hammard, Caroline s. u. Caroline Commanville
Hamard, Émile 11, 31
Hamilkar Barkas 100, 115
Hanem, Rouchouk 24
Hannibal 106
Hellot, Dr. 55
Hennique 36, 54
Herodes Antipas, Tetrarch von Galiläa und Peräa 130 f
Hippokrates 115
Holbein d. J., Hans 130
Hostein 36
Hugo, Victor 23, 30, 55, 72, 80, 99
Huysmans, Joris-Karl 36, 54

Jesus 68, 70, 72, 97, 128
Johannes der Täufer 130
Jones, Jennifer (Phyllis Isley) 89
Judée 120
Julie 12, 135

Karr, Alphonse 28

Lamartine, Alphonse de 35
Langlois, Eustache 128
Laporte 38 f, 55, 130
Laumonier, Dr. 7, 10
Laurencin 107
Leconte de Lisle, Charles 68, 72
Legrain 73

Le Poittevin, Alfred 22, 57, *58*
Lévy, Michel 36, 37, 38, 85, 101

Mani 68
Mathilde, Prinzessin s. u. Mathilde Bonaparte
Maupassant, Guy de 10, 24, 28, 36, 54, 126, *37*
Mazade 87
Meissonier, Ernest 135
Mendès, Catulle 35
Mérimée, Prosper 126
Michelet, Jules 14
Mignot 12
Mille, Pierre 91
Mirabeau, Honoré-Gabriel Riqueti, Comte de 52
Mirbeau, Octave-Henri-Marie 54
Montanus 68
Musset, Alfred de 35, 60, 134

Napoleon I., Kaiser der Franzosen 30*1*
Napoleon III., Kaiser der Franzosen 35
Nelot, Adolphe 107
Noriac 37

Origenes 68
d'Osmoy, Charles 149

Parain 12, 20
Pausanias 114
Pinard, Ernest 84, *85*
Plinius Secundus, Gaius 112, 114, 115
Poittevin, Laure 36
Poittevin, M. de 10
Pradier, James 23, 28
Pradier, Louise 23, *82*
Prokop 112
Proudhon, Pierre-Joseph 30

Rabelais, François 53
Racine, Jean 101
Reyer (Ernest Rey) 107
Ribera, Jusepe de 46
Rochegrosse, Georges 107
Roujen 14

Sabatier, Apollonie 30, *31*

Sainte-Beuve, Charles-Augustin 30, 35, 40, 85, 100, 103, 106, 107, 102
Saint-Valry 126
Salome 130 f
Sand, George (Aurore Dupin, Baronne Dudevant) 31, 35, 45, 54, 73, 120, 134, *134*
Sandeau, Jules 80, 134
Schlésinger, Élisa s. u. Élisa Foucault
Schlésinger, Maurice 24, 120 f
Sénard 84, *84*
Stendhal (Henri Beyle) 119, 149

Taine, Hippolyte 14, 42, 52
Tertullian, Quintus Septimius Florens 68
Theophrastos 115

Tizian (Tiziano Vecelli) 43
Tourbey, Jeanne de 30
Tourneux, Dr. 55
Troubat, Jules 100
Turgenjev, Ivan S. 36, 120

Valdés Leal, Juan de (Juan de Valdés Nisa Leal) 46
Vallée, Bourdet de 20
Villiers de L'Isle-Adam, Auguste, Comte de 67
Voltaire (François-Marie Arouet) 53, 103, 109, 126

Weinschenk 37

Zola, Émile 30, 36, 50, 53 f, 87

QUELLENNACHWEIS DER ABBILDUNGEN

Bibliothèque Nationale: 18/19, 50/51, 82, 90
Archiv für Kunst und Geschichte: 10, 69, 102
Roger-Viollet:95, 108, 129, 138
Historisches Bildarchiv: 41, 56
Ullstein-Bilderdienst: 47
Historia-Photo: 140
Metro-Goldwyn-Mayer: 89
Pol Neveux: 112
Slg. Lambert: 96
Alle übrigen Abbildungen wurden vom Verlag Éditions du Seuil, Paris, zur Verfügung
gestellt

das neue buch
rowohlt

Herausgegeben
von Jürgen Manthey

Peter Rühmkorf
Die Jahre die Ihr kennt
Anfälle und Erinnerungen [1]

Das Mädchen aus der Volkskommune
Chinesische Comics [2]

Sergej Tretjakov
Die Arbeit des Schriftstellers
Aufsätze, Reportagen, Porträts [3]

Hans Christoph Buch
Kritische Wälder
Essays, Kritiken, Glossen [4]

Tom Wolfe
Radical Chic und Mau bei der
Wohlfahrtsbehörde [5]

David Cooper
Der Tod der Familie [6]

Peter Gorsen
Sexualästhetik
Zur bürgerlichen Rezeption von
Obszönität und Pornographie [7]

Velimir Chlebnikov
Werke. I Poesie [8]
II Prosa, Schriften, Briefe [9]

Philip Roth
Unsere Gang. Die Story von Trick
E. Dixon und den Seinen [10]

Karla Fohrbeck
Andreas J. Wiesand
Der Autorenreport [11]

Elfriede Jelinek
Michael.
Ein Jugendbuch
für die Infantilgesellschaft [12]

R. Buckminster Fuller
Bedienungsanleitung für
das Raumschiff Erde
und andere Schriften [13]

Ed Sanders
The Family
Die Geschichte von
Charles Manson und seiner
Strand-Buggy-Streitmacht [14]

Parteilichkeit der Literatur
oder Parteiliteratur?
Materialien zu einer
undogmatischen marxistischen
Ästhetik. Hg.: H. Chr. Buch [15]

Hermann Peter Piwitt
Rothschilds
Roman [16]

Carl Einstein
Die Fabrikation der Fiktionen
Gesammelte Werke
in Einzelausgaben [17]

Peter Turrini
Erlebnisse in der Mundhöhle
Roman [18]

Nicolas Born
Das Auge des Entdeckers
Gedichte.
Zeichnungen von D. Masuhr [21]

James Baldwin
Eine Straße und kein Name [23]

Gruppe Cinéthique
Filmische Avantgarde und
politische Praxis [24]

Ronald D. Laing
Knoten [25]

Michael Schneider
Neurose und Klassenkampf
Materialistische Kritik der
Psychoanalyse [26]

Paul Nizan
Für eine neue Kultur
Aufsätze zu Literatur und Politik
in Frankreich [27]

John Barth
Ambrose im Juxhaus
Fiktionen für den Druck,
das Tonband und die
menschliche Stimme [28]

Ronald Fraser
Im Versteck [29]

Lu Hsün
Der Einsturz der Lei-feng-Pagode
Essays über Literatur und
Revolution in China [32]

Heinz Brüggemann
Literarische Technik und soziale
Revolution. Versuche über das
Verhältnis von Kunstproduktion,
Marxismus und literarischer
Tradition in den theoretischen
Schriften Bertolt Brechts [33]

Ron Padgett
Große Feuerbälle [34]

Hartmut Lange
Die Revolution als Geisterschiff
Massenemanzipation u. Kunst [36]

Günter Wallraff / Jens Hagen
Was wollt ihr denn, ihr lebt ja noch
Chronik einer
Industrieansiedlung [37]

Literaturmagazin I
Für eine neue Literatur – gegen den
spätbürgerlichen Literaturbetrieb
Hg.: Hans Christoph Buch [38]

Renate Rasp
Chinchilla, Leitfaden zur
praktischen Ausübung [39]

Klaus Staeck
Die Reichen müssen noch reicher
werden. Politische Plakate [40]

Wolfgang Harich
Jean Pauls Revolutionsdichtung
Versuch einer neuen Deutung
seiner heroischen Romane [41]

Thomas Pynchon
Die Versteigerung von N° 49
Roman [42]

Gustav von Wangenheim
Da liegt der Hund begraben
und andere Stücke. Aus dem
Repertoire der ‹Truppe 31› [44]

John Berger
Glanz und Elend des Malers
Pablo Picasso [45]

Rolf Hochhuth
Lysistrate und die Nato
Komödie [46]

Joris Ivens
Die Kamera und ich
Autobiographie eines Filmers [47]

Burkhard Driest
Die Verrohung des Franz Blum
Bericht [48]

Literaturmagazin 2
Von Goethe lernen?
Fragen der Klassikrezeption
Hg.: Hans Christoph Buch [49]

Proletarische Lebensläufe
Autobiographische Dokumente
zur Entstehung der
Zweiten Kultur in Deutschland
Band 1: Anfänge bis 1914 [50]
Band 2: 1914–1945 [61]
Hg.: Wolfgang Emmerich

Jürgen Theobaldy
Blaue Flecken. Gedichte [51]

Walter Fähnders / Martin Rector
Linksradikalismus und Literatur
Untersuchungen zur Geschichte
der sozialistischen Literatur in der
Weimarer Republik
2 Bde. / Bd. 1 [52], Bd. 2 [58]

Günter Seuren
Der Jagdherr liegt im Sterben
Gedichte [53]

Sozialisation der Ausgeschlossenen
Praxis einer neuen Psychiatrie
Hg.: Agostino Pirella [54]

Viktor Šklóvskij
Ejzenštejn
60 Abb. [55]

Literaturmagazin 3
«Die Phantasie an die Macht»
Literatur als Utopie
Hg.: Nicolas Born [57]

Politische Karikatur in der BRD
Hg.: Thomas Fecht [59]

Louis-Ferdinand Céline
Rigodon. Roman [60]

Michael Schneider
Die lange Wut zum langen Marsch
Aufsätze zur sozialistischen
Politik und Literatur [62]

Rolf Dieter Brinkmann
Westwärts 1 & 2. Gedichte [63]

Elfriede Jelinek
Die Liebhaberinnen. Roman [64]

Peter Rühmkorf
Walther von der Vogelweide,
Klopstock und ich [65]

Literaturmagazin 4
Die Literatur nach dem
Tod der Literatur
Bilanz der Politisierung
Hg.: Hans Christoph Buch [66]

Johannes Schenk
Jona [67]

Rolf Hochhuth
Tod eines Jägers [68]

Harold Pinter
Niemandsland
Fünf Theaterstücke [69]

Jan Christ
Asphaltgründe. Erzählungen [70]

Hermann Peter Piwitt
Boccherini und andere Bürger-
pflichten. Essays [71]

Literaturmagazin 5
Das Vergehen von Hören und
Sehen. Aspekte der
Kulturvernichtung [72]

Kenneth Koch
Vielen Dank
Gedichte und Spiele [73]

Thomas Pynchon
V.
Roman [74]

Rolf Haufs
Die Geschwindigkeit eines
einzigen Tages. Gedichte [75]

Konrad Bayer
Das Gesamtwerk
Hg.: Gerhard Rühm [76]

Literaturmagazin 6
Die Literatur und die
Wissenschaften
Hg.: Nicolas Born und
Heinz Schlaffer [77]

Jean-Paul Sartre
Der Idiot der Familie
Gustave Flaubert 1821–1857
Bd. 1 Die Konstellation [78]
Bd. 2 Der Personalisation 1 [89]
Bd. 3 Die Personalisation 2 [90]

Louis-Ferdinand Céline
Kanonenfutter [79]

Reiner Kunze
Sensible Wege
Achtundvierzig Gedichte
und ein Zyklus [80]

Tom Stoppard
Travesties. Schauspiel [81]

Günter Herburger
Ziele. Gedichte [82]

James Baldwin
Teufelswerk
Betrachtungen zur Rolle der
Farbigen im Film [83]

Maria Erlenberger
Der Hunger nach Wahnsinn
Ein Bericht [84]

Peter Schneider
Atempause
Versuch, meine Gedanken über
Literatur und Kunst zu ordnen [86]

Literaturmagazin 8
Die Sprache des Großen Bruders
Gibt es ein ost-westliches
Kartell der Unterdrückung?
Hg.: Nicolas Born und
Jürgen Manthey [91]

Gwyn A. Williams
Goya. Mit 98 Abb. [92]

Georges Bataille
Das obszöne Werk [93]

Rolf Dieter Brinkmann
Rom, Blicke [94]

JEAN-PAUL SARTRE

Als Buchausgaben liegen zur Zeit vor:

Gesammelte Erzählungen
Sonderausgabe · 288 Seiten · Geb.

Kritik der dialektischen Vernunft Band I
Theorie der gesellschaftlichen Praxis
880 Seiten · Geb.

Das Sein und das Nichts
Versuch einer phänomenologischen Ontologie
Erste vollständige deutsche Ausgabe · 788 Seiten · Geb.

Das Imaginäre
Phänomenologische Psychologie der Einbildungskraft · 304 Seiten · Geb.

Gesammelte Dramen
Sonderausgabe
Die Fliegen · Bei geschlossenen Türen · Tote ohne Begräbnis · Die ehr-
bare Dirne · Die schmutzigen Hände · Der Teufel und der liebe Gott ·
Kean · Nekrassow · Die Eingeschlossenen · Die Troerinnen des Euripides
768 Seiten · Geb.

Als Rowohlt Paperback erschienen:

Kolonialismus und Neokolonialismus
Sieben Essays · Rowohlt Paperback 68* · 128 Seiten

Situationen
Essays · Erweiterte Neuausgabe · Rowohlt Paperback 46* · 300 Seiten

In der Reihe «das neue buch» erschien:

Der Idiot der Familie
Gustave Flaubert 1821–1857. I. Die Konstitution
das neue buch Band 78*

In der Reihe «rowohlts monographien» erschien:

Jean-Paul Sartre
in Selbstzeugnissen und Bilddokumenten dargestellt von
Walter Biemel · rowohlts monographien Band 87*

Als Taschenbuchausgabe erschien:

Jean-Paul Sartre / Philippe Gavi / Pierre Victor

Der Intellektuelle als Revolutionär
Streitgespräche · rororo Band 1994*

* Eine Veröffentlichung des Rowohlt Taschenbuch Verlages

ROWOHLT

124/28—28a

JEAN-PAUL SARTRE

Als rororo Taschenbuchausgaben erschienen:

Die Mauer
Erzählungen · rororo Band 1569

Die Wörter
Mit einer Nachbemerkung von Hans Mayer · rororo Band 1000

Der Ekel
Roman · rororo Band 581

Zeit der Reife
Roman · rororo Band 454

Der Aufschub
Roman · rororo Band 503

Der Pfahl im Fleische
Roman · rororo Band 526

Das Spiel ist aus
[Les Jeux sont faits] · *rororo Band 59*

Die Fliegen / Die schmutzigen Hände
Zwei Dramen · rororo theater Band 418

Bei geschlossenen Türen / Tote ohne Begräbnis / Die ehrbare Dirne
Drei Dramen · rororo theater Band 788

Die Eingeschlossenen
[Les Séquestrés d'Altona] · *Schauspiel · rororo theater Band 551*

Porträts und Perspektiven
Essays · rororo Band 1443

Bewußtsein und Selbsterkenntnis
Ein Essay · rororo Band 1649

Mai '68 und die Folgen
Reden, Interviews, Aufsätze · Band I u. II · rororo Band 1757 u. 1758

Was ist Literatur?
Essays · rowohlts deutsche enzyklopädie Band 65

Marxismus und Existentialismus
Versuch einer Methodik · rowohlts deutsche enzyklopädie Band 196

ROWOHLT TASCHENBUCH VERLAG

ALBERT CAMUS
NOBELPREISTRÄGER

FRAGEN DER ZEIT
Sonderausgabe. 224 Seiten. Geb.

LITERARISCHE ESSAYS
Licht und Schatten. Hochzeit des Lichts. Heimkehr nach Tipasa
Sonderausgabe. 208 Seiten. Geb.

GESAMMELTE ERZÄHLUNGEN
Inhalt: Der Fall / Das Exil und das Reich
Sonderausgabe. 256 Seiten. Geb.

TAGEBUCH I
Mai 1935–Februar 1942
208 Seiten. Geb.

DER GLÜCKLICHE TOD
Roman. (Cahiers Albert Camus I)
Nachwort und Anmerkungen von Jean Sarocchi
Sonderausgabe. 192 Seiten. Geb.

DRAMEN
Caligula. Das Mißverständnis.
Der Belagerungszustand. Die Gerechten. Die Besessenen
Sonderausgabe. 352 Seiten. Geb.

Als Taschenbuch-Ausgaben erschienen:

DIE PEST
Roman. «rowohlts rotations romane» Band 15

DER FREMDE
Erzählung. «rowohlts rotations romane» Band 432

KLEINE PROSA
«rowohlts rotations romane» Band 441

DER FALL
Roman. «rowohlts rotations romane» Band 1044

VERTEIDIGUNG DER FREIHEIT
Politische Essays. «rowohlts rotations romane» Band 1096

DER MENSCH IN DER REVOLTE
Essays. Neu bearbeitete Ausgabe. «rowohlts rotations romane» Band 1216

TAGEBÜCHER 1935–1951
«rowohlts rotations romane» Band 1474

DER MYTHOS VON SISYPHOS
Ein Versuch über das Absurde. «rowohlts deutsche enzyklopädie» Bd. 90

Ferner erschien:

Morvan Lebesque, ALBERT CAMUS
Dargestellt in Selbstzeugnissen und 70 Bilddokumenten
«rowohlts monographien» Band 50

ROWOHLT